Katastrophen im Spätmittelalter

Katastrophen im Spätmittelalter

von Gerhard Fouquet und Gabriel Zeilinger

172 Seiten mit 11 Farb- und 12 Schwarzweißabbildungen

Bibliografische Information der Deutschen Nationalbibliothek
Die Deutsche Nationalbibliothek verzeichnet diese Publikation
in der Deutschen Nationalbibliografie; detaillierte bibliografische Daten
sind im Internet über <*http://dnb.d-nb.de*> abrufbar.

Weitere Publikationen aus unserem Programm finden Sie unter:
www.zabern.de

ISBN 978-3-8053-4362-6

Gestaltung: Vollnhals Fotosatz, Neustadt a. d. Donau
Umschlaggestaltung: Ines von Ketelhodt, k und m design, Flörsheim am Main
Druck: Firmengruppe Appl, aprinta druck GmbH und Co.KG, Wemding

Printed on fade resistant and archival quality paper (PH 7 neutral) · tcf

Lizenzausgabe für die WBG (Wissenschaftliche Buchgesellschaft), Darmstadt

Umschlaggestaltung: Peter Lohse, Heppenheim
Umschlagmotiv: Buch-Illustration eines Paares mit Beulenpest © Corbis

ISBN 978-3-534-24699-1

www.wbg-wissenverbindet.de

Elektronisch sind folgende Ausgaben erhältlich:
eBook (PDF): 978-3-8053-4406-7 (für den Buchhandel)
eBook (ePub): 978-3-8053-4407-4 (für den Buchhandel)
eBook (PDF): 978-3-534-72943-2 (für Mitglieder der WBG)
eBook (ePub): 978-3-534-72944-9 (für Mitglieder der WBG)

Inhalt

Vorwort

Zu Beginn dieses Buchprojektes stand zu erwarten, dass während des Schreibens und der Herstellung des Buches neue Katastrophen – natürliche und soziale – über die Welt hereinbrechen werden. Leider ist es auch so gekommen: das verheerende Erdbeben in Haiti, die schweren Überflutungen in China und Pakistan, die riesigen Waldbrände in Russland, in Deutschland die Tod bringende Massenpanik auf der Duisburger ‚Loveparade', schließlich die Erdbeben-, Tsunami- und Reaktorkatastrophe in Japan, mit der unsere Einleitung beginnt. Doch dies ist nicht ‚das Buch zur Katastrophe'. Es ist ein Buch über Katastrophen und ihre praktische wie mentale Bewältigung vornehmlich im Spätmittelalter, das wegen des Erfahrungsgegenstandes gleichwohl einige Brücken in unsere Zeit zu schlagen vermag. Dies zeigte sich auch am Tag der Druckmontage dieses Buches, als die Meldung die Runde machte, es sei einem internationalen Forscherteam gelungen, das Bakterium „Yersinia pestis" nun gesichert in einem Londoner Pestgrab des 14. Jahrhunderts nachzuweisen.

Es war unsere Absicht, ein Buch für alle interessierten Leser und Leserinnen zu schreiben. Im Mittelpunkt stehen Erzählungen über einzelne Extremereignisse des Spätmittelalters. Deshalb war es uns wichtig, die zeitgenössischen Quellen nicht nur zum Ausgangspunkt wissenschaftlicher Analyse zu machen. Wir haben sie vielmehr als Zeugnisse zeitgenössischer Katastrophenwahrnehmung zum Ausgangspunkt unserer Betrachtungen genommen. Zur besseren Verständlichkeit haben wir längere Quellenzitate ins Neuhochdeutsche übertragen und sie derart übersetzt oder normalisiert in Anführungszeichen gesetzt. Besonders prägnante Wendungen haben wir im Original belassen und in kursiver Schrift kenntlich gemacht. Dem Charakter des Buches entsprechend haben wir Verweise auf die Forschungsliteratur spärlich gehalten, aber uns stets bemüht, Hinweise zum Weiterlesen und Nachschlagen zu geben.

Schließlich ist vielen Menschen herzlich Dank zu sagen, die geholfen haben, dieses Buch entstehen zu lassen: Stefan Weinfurter hatte die Freundlichkeit, die Verbindung vom Verlag Philipp von Zabern nach Kiel herzustellen. Die Verlagsmitarbeiter waren freundliche und kompetente Begleiter von Anbeginn an. Die studentischen Hilfskräfte der Kieler Professur für Wirtschafts- und Sozialgeschichte – allen voran Lena Klaus und Julia Mazurek – sowie Franka Zacharias haben großen Einsatz in Quellen- und Literaturbeschaffung, Bildmanagement und Korrekturarbeit geleistet.

Der Mühe einer Gesamtlektüre des Manuskriptes unterzog sich auch Ulf Dirlmeier. Er starb am 21. Februar 2011. Ihm, dem akademischen Vater und Großvater, sei dieses Buch in ehrenvoller Erinnerung gewidmet.

Flintbek/Eckernförde
am Mittwoch vor Egidii 2011

Einleitung – Katastrophen als ‚conditio humana'

> „Erdbeben und Tsunami in Japan: Eine Katastrophe mit unabsehbaren Folgen. Ein gewaltiges Erdbeben mit unabsehbaren Folgen schockiert Japan und die Welt: Der Erdstoß der Stärke 8,9 löste einen Tsunami aus. Eine gewaltige Flutwelle überspülte die Ostküste der japanischen Hauptinsel Honschu. Nach ersten offiziellen Angaben kamen Hunderte Menschen ums Leben. Zahlreiche Bewohner der Küstenregionen und betroffenen Städte wurden verletzt. Der ARD-Korrespondent Philipp Abresch berichtete, es würden viele weitere Opfer befürchtet." (ARD Tagesschau extra, 12.30 Uhr, 11. März 2011).

> „Item als man nach Christi Geburt eintausend dreihundert und sechsunddreißig Jahre zählte, da erhob sich auf das Fest Simonis und Jude [28. Oktober 1336] ein großer Sturm, der verursachte große Schäden, der warf große (Stein-)Häuser, Holzbauten und Türme nieder und fällte große Bäume in den Wäldern." (Tilemann Elhen von Wolfhagen, Limburger Chronik, vor 1398)[1]

Die ersten Monate des Jahres 2011 waren in der Wahrnehmung der globalen Öffentlichkeit von einer Katastrophe größten Ausmaßes geprägt: Am 11. März wurde Japan von einem bislang in dieser Stärke (9,0) für unwahrscheinlich gehaltenen Erdbeben vor seiner Nordostküste erschüttert mit verheerenden Folgen: Es erhob sich ein gewaltiger Tsunami, der zusammen mit dem Beben weite Teile der Nordostküste überflutete, ungefähr achtundzwanzigtausend Menschen das Leben kostete und Hunderttausende ihrer Habe beraubte. Der Tsunami verursachte eine Kernschmelze im Atomkraftwerk Fukushima, wodurch Meer und Region schwer verstrahlt wurden und Hunderttausenden wohl auf Dauer die Heimat nahm. Die materiellen Schäden werden auf rund 220 Milliarden Euro geschätzt – die teuerste Naturkatastrophe bisher. Selbst wenn die Wahrnehmungsweisen und Erklärungsansätze zu Katastrophen und ihren Folgen heutzutage grundsätzlich andere sind als im Mittelalter, so gehört die Katastrophenerfahrung der Betroffenen selbst doch zu den wenigen Aspekten menschlichen Lebens, die tatsächlich Gemeinsamkeiten über die Epochen der Geschichte hinweg erzeugen. Das wird eindringlich verdeutlicht in der Erdbeben-Meldung der ‚Tagesschau' vom März 2011 und in der Reminiszenz an einen Sturm im Jahre 1338, mit der Tilemann Elhen seine Limburger Chronik beginnt.

Was mit so unaufhaltsamer, plötzlicher Gewalt in das Alltagsleben eindringt, was diesen Zustand des Unbewussten radikal in Frage stellt und Geschichte auch als Teil der Geographie erweist, hat Menschen noch nie ruhen lassen. Katastrophen gehören ganz zentral zur „conditio humana“[2], zu den natürlichen und kulturellen Grundgegebenheiten menschlicher Existenz. Sie sind ‚mitten im Leben‘, man hat mit ihnen zu rechnen. Katastrophen reißen Betroffene wie Beobachter aus dem Immergleichen des Alltags und fordern nach Bewältigung ihres zerstörerischen Werks. Sie bieten auch Überlieferungschancen, sie erzeugen sozusagen Quellen. Doch solcher Überlieferung waren die wissenschaftlich akzeptierten Erinnerungsräume mediävistischer Forschung lange verschlossen, Katastrophennachrichten eigneten sich bestenfalls für Jubiläen, für national- oder lokalgeschichtliche Traditionspflege. Lucien Febvre hat zwar schon 1922 eine verstärkte Hinwendung der historischen Forschung zu den geographischen Grundlagen der Geschichte gefordert[3], die Mediävistik hat sich diesen Perspektiven freilich erst seit den 1970er Jahren geöffnet und als Humanwissenschaft vornehmlich die Auswirkungen der anthropogenen Umweltveränderungen auf die Daseinsbedingungen der Menschen untersucht. Die Fragen richteten sich darauf, wie sich die wirtschaftenden Individuen und Gemeinschaften die Natur (Klima, Boden, Flora und Fauna) aneigneten, wie sie in natürliche Prozesse eingriffen, wie überhaupt die Zeitgenossen ihre natürliche Umwelt wahrnahmen und von ihr beeinflusst wurden.[4] In den 1990er Jahren entwickelte man in Konsequenz des sozialwissenschaftlichen Konzeptes ‚Historische Kulturwissenschaft‘ eine ‚Kulturgeschichte der Natur‘.[5] Doch erst in den letzten Jahren fielen die methodischen Überlegungen, die Arno Borst seit 1974 unter dem Eindruck der Mentalitätsgeschichte über die extremen Ausnahmezustände im Verhältnis von ‚Natur‘ und ‚Mensch‘ vorlegte[6], auch in der deutschsprachigen Mittelalterforschung auf fruchtbaren Boden.[7]

In diesem Buch werden mittelalterliche Katastrophenerfahrungen anhand von Quellenzeugnissen vornehmlich vom 13. bis zum beginnenden 16. Jahrhundert erzählt und analysiert. Als ‚Katastrophen‘ verstehen wir dabei jene „Extremereignisse“[8], die nicht nur im materiellen Sinne zerstörerisch waren, sondern auch deutliche Auswirkungen auf die Lebensformen zumindest einer sozialen Gruppe am Ort des Geschehens hatten. Daher werden neben Naturkatastrophen, zu denen man auch Seuchen zählen kann, überdies Stadtbrände oder wirtschaftliche Extremlagen wie Teuerung und Hungerkrisen – sei es als eigenständiges Phänomen oder als Folgeerscheinung anderer Extremereignisse – betrachtet. Anders als in vielen Büchern zum Thema werden aber auch der Krieg, die soziale Katastrophe schlechthin, und die Geldkrise als öffentliche wie individuelle Extremereignisse berücksichtigt. Und schließlich sollen, in bewusster Überschreitung des hier angewandten Katastrophenverständnisses, mit den ‚Schiffskatastrophen' die wohl häufigsten und schwersten Verkehrsunglücke des Mittelalters erwähnt werden.

Mittelalterliche Menschen in ihrem „gefährdeten Alltag"[9]

Wesentlich ungeschützter als in den Industrieländern unserer Zeit waren die Menschen im europäischen Mittelalter den physischen Konsequenzen von Wetter- und Witterungskapriolen, von Erdbeben und Bränden, von Epidemien und Kriegen ausgesetzt. Trotz aller mittelalterlichen Dynamik u. a. in Landwirtschaft, Landesausbau und Urbanisierung waren die Lebensbedingungen in jener Epoche weithin hart: „Der Ablauf des Menschenlebens blieb das ganze Mittelalter hindurch von Eingriffen von Natur und Geschichte aufs höchste gefährdet".[10] So kann es nicht wundern, dass in vielen Chroniken der Epoche Nachrichten über Frost und Fluten, Hagel und Hunger gleich neben Königskrönungen und Kirchenspaltungen stehen. „Winterkälte [war eben] für die Menschen mehr als Zähneklappern in dünnwandigen Häusern".[11] Dies gilt im Besonderen für den bäuerlichen Lebenskreis, in dem das Leben in der, mit der und oft genug auch gegen die Natur zu gestalten, ja zu behaupten war. Die karolingischen Reichsannalen geben für das Jahr 820 an, eine überaus feuchte Witterung habe zur Folge gehabt, dass „unter Mensch und Tier" fast im ganzen Frankenreich eine heftige Seuche grassierte: „Auch das Getreide und Gemüse ging bei dem fortwährenden Regen zugrunde und konnte entweder nicht eingeheimst werden oder es verfaulte in den Scheuern. Nicht besser stand es mit dem Wein, der in diesem Jahre einen höchst spärlichen Ertrag gab und dabei noch wegen des Mangels an Wärme herb und sauer wurde. In einigen Gegenden aber war, da das Wasser von den ausgetretenen Flüssen noch in der Ebene stand, die Herbstaussaat ganz unmöglich". Auch im Jahr darauf wurde die Lage nicht besser und zu alldem kam noch ein sehr kalter und langer Winter.[12] Die Auswirkungen für die Ernährungslage und körperliche Verfassung der Menschen müssen in der Folge verheerend gewesen sein – eine drastische Zunahme von Krankheit und Tod in Westeuropa!

Die Mönche, die in der nordfranzösischen Abtei St. Bertin die Reichsannalen fortschrieben, notierten im Jahr 846: „Während des ganzen Winters bis fast zum Anfang des Mai herrschte ein heftiger Nordwind zum Schaden der Saaten und Weingärten. Im unteren Gallien fielen eindringende Wölfe mit größter

Frechheit die Menschen an".[13] Die früh- und hochmittelalterliche Erfahrung der Rodung und des Lebens in den noch weiten Waldgebieten des Kontinents, der mühseligen Urbarmachung des Landes, der bescheidenen Anfänge von Dörfern war dabei wohl mentalitätsprägend: „Angst war eine Grunderfahrung des bäuerlichen Daseins"[14] im Mittelalter.

Solche über Jahrhunderte hinweg zu Lebensformen geronnenen Erfahrungen scheinen in der Jenseitsvision des holsteinischen Bauern Gottschalk vom Ende des 12. Jahrhunderts auf, die in zwei von Klerikern verfassten Versionen überliefert ist: Gottschalk war Ende 1189 schon ein alter und kranker Mann, als er – in das Bauernaufgebot Heinrichs des Löwen gezwungen – bei der Belagerung der Burg Segeberg das Bewusstsein verlor und für fünf Tage leblos dalag. Doch seine Nachbarn nahmen ihn auf einem Karren wieder mit in das Heimatdorf Harrie bei Neumünster, wo er sich vorübergehend wieder erholte und allen, die es hören wollten, seine Nahtodvisionen erzählte. Seine Schilderung der Jenseitslandschaft wurde zwar von den aufzeichnenden Kirchenmännern zu einer bäuerlichen ‚via dolorosa' stilisiert, doch sie ist eben auch die transponierte Erfahrung seines bäuerlichen Lebens im Rodungsland Holsteins. Gottschalks Weg durch das Jenseits war nämlich genauso mühsam wie sein Leben und Arbeiten im diesseitigen Alltag: Der Bauer ging barfuß, zunächst über eine weite Heidefläche voller Dornen. Endlose Qualen teilte Gottschalk mit denen, die mit ihm durch dieses Distel- und Dornenfeld wandelten: „Manchmal wälzten sie sich sogar wie ein gefällter Stamm eine Weile hin und her, und wenn sie sich dann ein bißchen auf den Knien aufrichteten, vor dem rasenden Schmerz die Hände unter beide Knie schoben, um sie zu stützen, und unter ärgsten Qualen weiterkrochen, dann schmerzten ihnen nun auch die zerstochenen Hände von der Peinigung. Und standen sie auf und versuchten sie weiterzugehen, dann zerstachen sie sich bei jedem Schritt ebenso die Füße und brachen erneut zusammen; und so brachten sie in einem tränenreichen Auf und Nieder diesen Weg des Schreckens hinter sich".[15]

Besser ließ sich ein Fluss überwinden, der in Gottschalks Vision von eisernen Schneiden und Spitzen starrte. Er sei auf einem schmalen, langen Balken hinüberbalanciert. Das war ihm durch sein Erdendasein wohl vertraut, denn vermutlich hatte er beim Bau so mancher Brücke helfen müssen. Dann geriet Gottschalk an einen abschüssigen Hohlweg, voller Morast und Gestank, schmerzhaft stiegen ihm die Ausdünstungen zu Kopf. Schließlich gelangten der Bauer und seine Begleiter zu einem brennenden Landstück, einem Flächenbrand von schier unsagbarer Hitze und Grauen: Alles „brannte in sich selbst, aus sich selbst und durch sich selbst".[16] Was Gottschalk hier im Jenseits sah und erlebte, so darf man annehmen, war ein Spiegel der Eindrücke seines Lebens, das zu Zeiten ein vorweggenommenes Fegefeuer gewesen sein muss. Der Himmel, den Gottschalk nach dieser Drangsal erblickte, konnte für ihn nur eine Stadt sein – eine Stadt mit breiten, guten Straßen und schönen Gebäuden, eben wie die den Zeitgenossen bekannte Vorstellung vom ‚himmlischen Jerusalem'. Die sich ausbildenden Eliten der um 1200 in ganz Europa entstehenden und wachsenden Städte strebten wohl nach diesem geläufigen Idealbild, aber ihre Anfänge waren oft eher rudimentär, auch wenn sie manchem Landmann Bewunderung abnötigten.[17]

Doch selbst wenn man wie die Führungsgruppen in den inzwischen wohlbewehrten und vergleichsweise dicht bebauten Städten des Spätmittelalters den Unbilden der Natur weniger krass ausgesetzt war als die vielen Armen in der Stadt oder auf dem Land, blieben die natürlichen Unwägbarkeiten doch stets präsent und waren gefürchtet – nicht zuletzt wegen ihrer potentiellen sozialen Folgen. Gleichzeitig war die Erinnerung der Gemeinde an Katastrophen aber auch ein, wenn nicht das gemeinschafts- und identitätsstiftende Moment in vormodernen Städten.[18] So ist die sogenannte Würzburger Ratschronik des 15. und 16. Jahrhunderts voll von Nachrichten über Epidemien, extreme Wetterverhältnisse und ihre wirtschaftlichen Auswirkungen: Für das Jahr 1481 wurde notiert, dass es wegen des vorangegangenen strengen Winters nur wenig Wein gab, weil „hier und anderswo die Weingärten am Hang und im Tal erfroren waren". Zudem sei im ganzen Land vielfache Teuerung bei den Getreidepreisen entstanden, was sogleich eine Hungersnot nach sich ziehen musste. Nur durch energische Eingriffe der bischöflichen Herrschaft und des städtischen Rates konnte diese gemäßigt werden. Zwei Jahre später hingegen sah die Lage ganz anders aus: 1483 „gab es ausreichend Wein und Brot, weshalb ich," schreibt der Chronist, „Gott Lob, Ehr und Dank sage".[19] Freilich war es so eine Sache mit dem Verhältnis von Natureinwirkung und Preisen im 15. Jahrhundert. Gleich zu Beginn der Chronik notierte der Schreiber: „Es ist ein Sprichwort, […] dass es nichts Besseres als Sterben [durch Seuchen], Krieg führen und erfrorene Weinstöcke gebe. Und das mag wohl wahr sein, denn sollte in zehn Jahren niemand sterben, würde eine solche Not in der Welt herrschen, dass jedermann sich sorgte, er müsste vor Hunger sterben"[20]: die Überlebenden von Epidemien als Nutznießer der durch Nachfragerückgang sinkenden Preise – ein nicht nur aus den Ereignissen der ersten Pestpandemie 1348/52 wohl bekanntes Phänomen, wie wir noch sehen werden!

daß die leut alle sturben[21] – Die bedrohte Existenz in der Augsburger Chronik Burkard Zinks

Chronisten wie historische Zeitzeugen generell leiden in der Regel an Quellenamnesie, wie die moderne Gedächtnisforschung derartige Erscheinungen nennt. Sie vermischen ihre eigenen Erinnerungen, so lückenhaft sie auch immer sein mögen, mit angenommenen Vorstellungen von Gott und seiner Welt, mit herkömmlichen Meinungen des immer Gleichen, mit spektakulären und akzeptierten Erzählmustern, mit ihren Lebensformen und dem dadurch gelenkten Blick auf die Welt und mit manchem anderen mehr. Die derart erzeugten Mischungen werden dann, unbesehen, für den eigenen Gedächtnisinhalt genommen. Solche historischen Erzählungen sind daher keine bewussten Lügen, es sind Erzeugnisse verzerrender Gedächtnisbildung, mit denen historische Quellenkritik rechnen muss. Und doch sind gerade die Chroniken mit ihren spezifischen Erzählzusammenhängen faszinierende Fenster in die Vergangenheit.

Unter den deutschen Chronisten des Spätmittelalters nimmt der Augsburger Burkard Zink (1396–1474/75) eine besondere Stellung ein. In seiner in den 1450er und 1460er Jahren verfassten und in vier ‚Büchern' gegliederten Chronik, die einen Berichtszeitraum von 1368 bis 1468 hat, erzählt er meistenteils als Zeitgenosse über sein Leben, seine Familie, seine neue Heimatstadt Augsburg und seinen süddeutschen Nah- und Fernraum, folglich sowohl über vermeintlich ‚große' und vermeintlich ‚kleine' Begebenheiten. Der Sohn eines Memminger Handwerkers war nach Schul- und Wanderjahren 1419 gänzlich mittellos, weil um den Anteil am elterlichen Erbe gebracht, erneut nach Augsburg gekommen, blieb dort und arbeitete sich vom Hilfsschreiber und Kaufmannsgehilfen zum Faktor mehrerer großer Handelsfirmen empor. Zink war mit Haus und Kleinfamilie versehen, ging nacheinander vier Ehen ein und hatte insgesamt 20 Kinder, von denen wie damals häufig der Fall nur ein Teil den Vater überlebte. Seinen bemerkenswerten sozialen Aufstieg krönte er schließlich mit Ämtern der Reichsstadt Augsburg.[22] Uns interessieren hier aber vor allem seine Wahrnehmung und Schilderung von Katastrophen, die bisweilen schwere Auswirkungen selbst auf ihn und seine Familie hatten. Ein nur kursorischer tabellarischer Überblick über die von ihm notierten extremen, nur zum Teil katastrophalen Ereignisse vornehmlich in Oberdeutschland zeigt, selbst wenn man die vielen, fast ständig irgendwo in der Region wütenden Kriege und Fehden sowie einzelne vermerkte Häuserbrände abzieht und obendrein nur seine eigene Lebenszeit berücksichtigt, wie bedroht Zink Leben und Wohlergehen wahrnahm bzw. erinnerte. Damit ist er zwar durchaus typisch für seine Zeit und für die Neigung nicht nur der städtischen Chronistik im Mittelalter, das Besondere, eben auch das Katastrophale hervorzuheben. Aber Burkard Zink gewährt uns insbesondere in dem dezidiert autobiographischen dritten Buch seiner Chronik immer wieder auch Einblicke in sein Haus, in seine Familie und in ihre Katastrophenerfahrung.

1417	Viel Schnee in einem überaus kalten Winter schädigt das Korn. Dies führt zu hohen Kornpreisen.
1418	Der Schnee schmilzt spät, Teuerung bei Wein und Korn; Burkhart Zink (der Vater des Chronisten) stirbt an einer grassierenden ‚Pestilenz', Ernteausfälle in Folge der Seuche.
1419	Hochwasser und Überschwemmungen oberhalb von Meran beschädigen Häuser, Brücken etc.
1420	Großes Sterben in Augsburg (viele Menschen fliehen als Folge aus der Stadt).
1424	Haus des Hans Gossembrot an der Judengasse brennt nieder und 24 Gesellen werden bei Aufräumarbeiten erschlagen.
1429/30	Großes Sterben in Augsburg (unter den Toten auch Zinks Töchter Anna und Dorothea).
1433/34	Teuerung (besonders durch Anstieg der Kornpreise).
1437–39	Getreideknappheit und Teuerung in Oberdeutschland, Flandern und anderen Regionen, in der Folge Hungerkrise.
1438	Großes Sterben in Augsburg (angeblich 6.000 Tote, Zinks Sohn Konrad stirbt, während Zink und seine Frau genesen).
1442/43	Kalter und schneereicher Winter führt dazu, dass die Mühlen bei zugefrorenen Gewässern nicht mahlen können. Daher kommt es durch Mangel an Mehl und Brot zu einer Hungersnot.
1446	Raupenplage im Kohl; früh einsetzender Winter.
1447	Hall in Tirol brennt nieder (50 Tote); 36 Häuser in der Vorstadt von Landsberg am Lech abgebrannt; Gossensaß am Brenner verbrennt auch ganz.
1448	12.09.: Großer Hagel zerstört Früchte in Gärten, Bäume und Dächer (u. a. auch Glasfenster in der Lieb-Frauen-Kirche). Ein weiterer Hagel fordert auch Menschen und Vieh das Leben.

1450	Gnadenjahr zu Rom: Bei Gedränge auf der Tiberbrücke sterben mehr als 300 Menschen.
1457/58	Andauernde Münzverschlechterung (‚böse' Münze), Inflation, Hunger; außerdem Trockenheit.
1459	21. Mai: Beginn einer großen Kälte (Ware wie z. B. Wein erfriert); neue Münze führt auch zu Teuerung (niedrige Löhne für Arbeiter und Hunger in der Bevölkerung).
1460	18.–24.05.: Haus der Chor- oder Domherren und Karmelitenkloster brennen nieder; Tollwut verbreitet sich auf Menschen (mehrere Tote) und später auch auf Schweine, Verbot von Fleischverkäufen.
1462	27.08.: Großer Sturm in Augsburg und Umland; wieder Teuerung.
1462–63	Mehrere Seuchen suchen Augsburg heim, die *rot ruer* fordert viele Menschenleben in Augsburg angeblich bis zu 11.000 (wohl stark übertrieben).
1463	Raupenplage auf Obstbäumen.
1466	Mehltau an den Bäumen verdirbt wieder das Obst; Krankheit (Husten) fordert viele Kinderleben in Augsburg und Umgebung.
1467	Großes Sterben in Ulm, Memmingen und Umgebung.

Zunächst einmal fällt an diesem Kaleidoskop größerer wie kleinerer Katastrophenfälle auf, welch große Rolle Getreide- und Obstknappheit, Fleischteuerung, Münzverschlechterung und die Konsequenz all dessen, nämlich Hunger bei den ärmeren Schichten, in den Beobachtungen Burkard Zinks spielen. Zink wusste genau, wovon er sprach. Seine Tätigkeit als städtischer Korn- und Weinungelter in Augsburg, also als Zuständiger für die Erhebung der Verkaufs- bzw. Verbrauchssteuer auf Getreide und Wein, dürfte seinen Blick auf diese Probleme geschärft haben. Zudem hatte er eigene Erfahrungen mit der Hungerleiderei machen müssen. Er war jahrelang als wandernder Scholar und Kaufmannsgehilfe durch das Land gezogen: *ich petlet das prot.*[23]

Und harsch waren die Zustände nach klima- oder marktbedingten Lebensmittelverknappungen in und um Augsburg: Von 1437 bis 1439/40 herrschte in weiten Teilen des Reichs, ja Europas nach besonders kühlnasser Witterung ein ungeheurer Getreidemangel, wie noch eigens darzustellen sein wird.[24] Diese Marktsituation bewirkte einen extremen Anstieg der Getreidepreise.

Beides kam v. a. den Armen in Stadt und Land im wahrsten Sinne ‚teuer' zu stehen, bildete Getreide doch die Hauptgrundlage ihrer Speise. Die armen Leute aßen es vornehmlich als Muß, das ‚tägliche Brot' des ‚Vaterunsers' mussten sie erbetteln. Den Winter 1442/43 schildert Zink wieder als so hart. Man habe von Augsburg bis nach Venedig mit Schlitten fahren können. Da alle Gewässer gefroren waren, seien die Mühlen in Augsburg drei Wochen lang stillgestanden. Dies habe zu einem unerhörten Mangel an Grundnahrungsmitteln in der Stadt geführt. „Es war hier in der Stadt wegen des Hungerns eine so große Not unter den armen Leuten, sie hatten weder Brot noch Mehl. Acht Tage lang gab es zudem kein Fleisch und alle anderen Dinge, weil niemand bei der Kälte und dem Schnee unterwegs sein wollte. Gott, Herr, hilf uns und erbarm dich über uns!"[25]

Als guter Haushälter, der sich in wiederkehrenden Bilanzen über sein Leben, seine Vorräte und sein Vermögen Rechenschaft ablegte, gelang es Burkard Zink offenbar, seine Familie vor den schlimmsten Auswirkungen der Hungerkrisen in Augsburg zu bewahren. Gegen die alle paar Jahre wiederkehrenden Epidemien, gegen die Pest und gegen die schrecklichen *sterb*, die die Menschen auch immer heimsuchen mochten, waren Zink und seiner Familie freilich nicht immer hilfreiche Kräutlein gewachsen. Zinks Vater starb 1418 in Memmingen an der *pestilentz*, von der zwölf Jahre später auch Anna und Dorothea, seine neun und drei Jahre alten Töchter aus der ersten Ehe mit Elisabeth Störkler, dahingerafft wurden.[26] 1438 kam ein ‚großes Sterben', eine besonders letale Seuche nach Augsburg, an der ungefähr 6.000 Menschen gestorben sein sollen. „Und ich, Burkard Zink, lag auch schwerkrank darnieder." Er habe besonders an zwei Stellen an Symptomen gelitten: *an dem hals und an dem bain bei den gemächten* (Genitalien). Wenn es sich dabei naheliegenderweise um starke, schmerzhafte Lymphknotenschwellungen handelte, könnten diese als Indiz auf die ‚echte' Pest gedeutet werden. Zink und seine zu der Zeit hochschwangere und ebenfalls angesteckte Frau wurden so schwach, dass man beiden bereits die Sterbesakramente erteilte. *Doch gab Gott zu, daß wir baide wider gesunt wurden, Gott sei gelopt.*[27] Der kleine Sohn Konrad hatte nicht genügend Widerstandskräfte, er starb an der Krankheit. Die Trauer und das Leid der Eltern über den Tod des Kindes bzw. wie so oft mehrerer Kinder muss genauso groß wie zu allen Zeiten gewesen sein, selbst wenn man in den Selbstzeugnissen jener Zeit (noch) nicht viele Worte dafür fand. Die lange behauptete vermeintliche Schicksalsergebenheit oder gar die Gefühlsarmut des Mittelalters sind typische Kopfgeburten der Neuzeit und ihres Modernisierungsmythos.[28] In einem Brief ließ Martin Luther kurz nach dem Tod seiner nur knapp acht Monate alten Tochter Elisabeth im August 1528 seiner Trauer freien Lauf: „Gestorben ist mir mein Töchterlein Elisabethchen; es ist seltsam, welch trauriges, fast weibisches Herz sie in mir hinterlassen hat, so bewegt mich der Jammer über sie. Nie zuvor hätte ich geglaubt, daß die väterlichen Herzen bei ihren Kindern so weich werden".[29]

In Augsburg schildert Burkard Zink besonders ausführlich das neuerlich heftige Seuchenjahr 1462, in dem gleich drei schwere Epidemien in der Stadt grassierten und entsprechend viele Tote zu beklagen waren: die wie auch immer geartete ‚Pestilenz', die „rote" Ruhr und noch eine Krankheit, die Zink mit Kopf- und Leibschmerzen und als vergleichsweise weniger tödlich beschreibt. Der Tod habe bis in das Jahr 1463 hinein alle Alters- und Sozialgruppen heimgesucht, „aber es starben doch mehr junge denn alte Menschen". Als die Todesraten im Sommer 1463 noch einmal anschwollen, *ward den reichen leuten grausen* und viele von ihnen seien aus der Stadt geflohen – vermutlich auf ihre Landsitze in der Umgebung der Stadt. Der Augsburger Stadtadel handelte dabei so, wie Giovanni Boccaccio das Verhalten der Florentiner Elite während des ersten Pestumzuges 1348 in der Rahmenhandlung seines ‚Decamerone' beschrieb. Zink kommentiert die Flucht der Mächtigen nicht näher – schließlich war er in Kontor und Rathaus die rechte Hand dieser Leute. So ruft er retrospektiv noch einmal Gott um Hilfe an – nur um ihm wenige Zeilen später dafür zu danken, dass die Lebensmittelpreise damals so günstig gewesen seien. Als der gewissenhafte städtische Amtsträger, der Zink in diesen Jahren war, beschreibt er außerdem ausführlichst die Probleme, welche die Bestattung der vielen Toten in der Stadt bereitete: Es mussten nicht wenige Massengräber ausgehoben werden.[30] Vielleicht aus eigener Erfahrung heraus dauerten ihn besonders die vielen Kinder, welche im Herbst 1466 vermutlich einer Keuchhustenepidemie erlagen: *und sturben vil kind an dem huesten, also daß sie erstickten*.[31]

Doch Burkard Zink nahm auch katastrophale Ereignisse weit ab von Augsburg wahr, die er folglich nur vom Hörensagen kennen konnte. Freilich war das Hörensagen entlang der Augsburger Handelsrouten besonders dicht. So ist ihm ein heftiges Hochwasser im Passeiertal und in Meran im Jahre 1419 genauso einen Absatz wert wie der verheerende, von der Eisenschmiede außerhalb der Stadtmauer ausgehende Stadtbrand von Hall in Tirol 1447, bei dem über 50 Tote zu beklagen gewesen sein sollen. Über die eigentliche Kausalität aber war sich Burkard in diesem Fall ganz im Klaren: „Ich bin mir sicher, dass es eine Strafe und Plage von Gott wegen unserer großen Sünden war". Doch *es will sich laider niemant beßern*.[32] Die Sündhaftigkeit der Welt sei es auch gewesen, die so viele Gläubige zum Gnadenjahr 1450 nach Rom geführt habe. Dabei kam es an einem Tag auf einer Tiberbrücke zu einem heftigen Gedränge mit anschließender Panik, in der viele Menschen den Tod fanden. Seine beiden Gewährsmänner, die das Chaos überlebt hatten, seien noch beim Erzählen von dem grauenhaften Geschehen gezeichnet gewesen, schreibt Zink, weil etliche vor ihren Augen gestorben seien – im Heiligen Jahr, *es möchte Gott erbarmen.*[33]

Insgesamt zeigt sich, dass Burkard Zink wie praktisch alle seine Zeitgenossen Gottes Wirken als Motor der Naturereignisse ansah – „Gott argumentierte mit der Natur" für die Menschen im Mittelalter.[34] Wir werden das in den erzählten Exempeln von Extremereignissen dieses Buches immer wieder feststellen. In der vormodernen göttlichen Weltenmechanik mussten Extremereignisse, Katastrophen unweigerlich als Strafe angesehen werden. Aber es gab doch auch Ausnahmen: Ging es um die Folgen allzu menschlichen Handelns, wie etwa bei der bewusst herbeigeführten Emission schlechter, d. h. nicht werthaltiger Münzen durch die bayerischen Herzöge in den Jahren 1459/60, welche Inflation und Hunger bei den Armen zur Folge hatte, dann nennt Zink die Dinge durchaus bei ihrem irdischen Namen – „da ging es manchen schlecht und andere sind reich geworden" – Katastrophen also auch von Menschenhand![35]

Wassernöte – Basel, 14. Juni 1529 und 4. Juli 1530

Die Jahre 1529/30 – Wetter und Klima

In den Jahren um 1530 veränderte sich das Klima am südlichen Oberrhein: Eine exzeptionelle Warmphase löste die Kälteperioden mit großem Schneereichtum zwischen 1475 und 1497 sowie von 1511 bis 1520 ab.[36] Der Zeitgenosse Hans Stoltz berichtet in seiner Chronik des elsässischen Städtchens Gebweiler, ca. 45 Kilometer Luftlinie im Nordwesten Basels am Rand der Vogesen gelegen, in tagebuchartigen Notizen von den Witterungsbedingungen jener Jahre:[37] Die Winter seien warm und trocken gewesen ohne Eis und Schnee, man habe wie zur Sommerszeit im Hemd arbeiten können. 1530 soll schon im Februar die Baumblüte begonnen und das Getreide im März Ähren angesetzt haben. Viel Obst habe es im Sommer und Herbst gegeben. Auch die Getreideernte sei wie schon 1529 sehr gut ausgefallen, und dennoch habe aufgrund von Missernten in Oberitalien eine große Teuerung im Land geherrscht, weil das Getreide dorthin ausgeführt worden sei.

Hans Stoltz schreibt aber auch von ausgesprochenen Wetterextremen in jenen Jahren, von einem schweren Sturm, der am Sebastianstag (20. Januar) 1530 riesige Schäden in den Wäldern und an den Häusern angerichtet und etlichen Menschen den Tod gebracht habe – *kein mensch gedenckht ein solchen windt.* Auch von einem starken Kälteeinbruch wenige Wochen später, am 4. und 6. April, wusste er zu berichten. Erfroren sei dadurch manche Rebe am Boden. Und endlich: Im Jahre 1529 *auf sontag vor St. Vitz tag* [13. Juni], *da kam ein regen.*

Die Augenzeugen und das Schadensereignis

> „Als die sieben Tage vorbei waren, kam das Wasser der Flut über die Erde, im sechshundertsten Lebensjahr Noachs, am siebzehnten Tag des zweiten Monats. An diesem Tag brachen alle Quellen der gewaltigen Urflut auf, und die Schleusen des Himmels öffneten sich. Der Regen ergoss sich vierzig Tage und vierzig Nächte lang auf die Erde." (Genesis 7,10–12)

Am Morgen jenes 13. Juni 1529 öffneten sich auch über Basel die „cataractae caeli", die himmlischen Schleusen. Sturzbächen gleich brach der große Regen über die Stadt herein, das Unwetter tobte den ganzen Tag, ununterbrochen, „ohne Unterlass", hielt der Starkregen auch noch in der darauffolgenden Nacht an. So berichtet es der Basler Zunftmeister und Ratsherr Konrad Schnitt in seiner um 1533 entstandenen Reformationschronik.[38]

Am Tag danach, um die neunte Stunde am Vormittag des 14. Juni brachen die Wassermassen, *die ungestimmy des wassers*, gleich der gewaltigen biblischen ‚Urflut' über die Innenstadt Basels herein. Der Birsig, ein Zufluss des Rheins, führte „in schneller Eile ein großes Wasser" mit sich. Konrad Schnitt, der unbekannte Verfasser der Chronik des Fridolin Ryff, und Hans Stoltz aus Gebweiler berichten von diesem Schadensereignis, erzählen atemlos von der Topographie des Hochwassers:[39] Die Flut des Birsigs staute sich innerhalb einer Viertelstunde, so Hans Stoltz, vor den Gattereinlässen am Steinentor, das die Steinenvorstadt nach Süden hin zum offenen Land beschirmte. Sie riss, wie bei einem Hochwasser des Jahres 1267 geschehen, als noch Reuerinnen dort lebten[40], die Umfassungsmauer des Steinenklosters der Dominikanerinnen nieder und stürzte sich dann in die Vorstadt. Alle Häuser, auch das Barfüßerkloster wurden von den Wassermassen des Birsigs überschwemmt. Die Wasser eilten von der Steinenvorstadt aus in die Innenstadt, rauschten die Gerbergasse hinunter, vorbei am Wirtshaus zum Schnabel, sie stauten sich, Holz, Zweige, Stämme, *benck und trög*, auch ganze Brückenteile, mit sich führend, an den Dolen, den teilweise überdeckten Kanälen, des Birsigs auf Korn- und Fischmarktplatz. Die Flut schoss über die Dolen hinaus, an der Schiffslände bei der Rheinbrücke zwischen den Wirtshäusern *bim Blumen* und *by der Cronen* ergoss sie sich endlich in den Rhein – eine alles unter sich begrabende Wasserfurie, ein *erschrockenlich wasser*, so Konrad Schnitt. Die gesamte untere Stadt zwischen den Hügeln, auf denen Basel erbaut ist, war nach dem Verfasser der Chronik des Fridolin Ryff *etwan by zwo stund lang* überflutet.

> „Das Wasser schwoll an und stieg immer mehr auf der Erde (...)."
> (Genesis, 7,18)

Der Birsig entspringt im Jura am Nordhang der Blauen-Kette, fließt von Süd nach Nord durch die unteren Stadtteile Basels und mündet an der Schiffslände in den Rhein. Die Häuserzeilen entlang der Steinenvorstadt und der Gerbergasse waren direkt an den damals noch offenen Flusslauf gebaut, zahlreiche Brücken, Stege und Gewölbe überspannten ihn. Auf Korn- und Fischmarkt hatte der Rat den Birsig überbauen und eindolen lassen. Der Fluss war zu Beginn des

16. Jahrhunderts noch ein Wildwasser, vor den Toren Basels ohne festes Bett, mit Kiesbänken und Inseln, die die ‚Allmend' bildeten. Innerhalb der Stadt diente der Birsig Basel als ‚große Kloake', wie ihn Enea Silvio Piccolomini nannte. Fäkalien und Abwässer aus den Abtritten der anstoßenden Häuser, Einleitungen der umliegenden Stadtquartiere – allen Unrat der Stadt nahm der Fluss auf und schwemmte ihn in den Rhein.[41]

Am 14. Juni 1529 hatte das Birsigwasser, das sonst den Schmutz der Stadt glücklich hinwegtrug, Unglück nach Basel getragen. Das Hochwasser habe sich ungefähr *manshoch* in den Gassen und den Häusern gestaut, berichtet Konrad Schnitt. So *groß und starck* sei es gewesen, dass es ein beladenes Schiff hätte tragen mögen. Der unbekannte Verfasser der Chronik des Fridolin Ryff, auch er wie Schnitt ein Augenzeuge der großen Flut und wahrscheinlich seit 1528 Angehöriger des Großen Rates, hatte genauer hingeschaut: In der Steinenvorstadt, so schreibt er, habe das Wasser über Mannshoch gestanden – mit der Hand habe ein Mann, der *uff dem herdt stund*, die Wasserhöhe ermessen können. In der Gerbergasse und auf dem Fischmarkt, wo sich die Flut bis zum ‚Wirtshaus zur Krone' an der Schiffslände am Rhein einem ‚See' gleich darbot, war das Wasser nach den Beobachtungen des Anonymus dagegen *eins halben mans hoch,* am Rathaus hatte es sich *eins mans hoch* aufgestaut.

Was sehen Augenzeugen? Schäden: Menschen und Tiere – das ‚Gemeine Gut'

> „Das Wasser war fünfzehn Ellen über die Berge hinaus angeschwollen und hatte sie zugedeckt. Da verendeten alle Wesen aus Fleisch, die sich auf der Erde geregt hatten, Vögel, Vieh und sonstige Tiere, alles, wovon die Erde gewimmelt hatte, und auch alle Menschen." (Genesis, 7,20–21)

Beim Herannahen der Flut, als sich der Birsig vor dem Steinentor gewaltig aufstaute, versuchten einige Männer offenbar in großer Eile die beiden Gatter, mit denen der Einlass des Birsigs durch die Stadtmauer am Steinentor verschlossen war, hochzuziehen. Das Wasser sollte *basz seinen louff* nehmen, wie Konrad Schnitt berichtet. Doch das Gewölbe über den Einlasskanälen, auf denen die Leute arbeiteten, brach plötzlich unter ihnen zusammen: Sie stürzten in den reißenden Fluss – *etlich*, sagt Schnitt, konnten sich schwimmend retten, *und ettliche ertrancken.* Auch dabei mochte der Ryffsche Chronist der bessere Beobachter sein: Er zählt *dry burger*, die an diesem Ort zu

Befestigte Stadt und ‚wilde' Natur – das Steinentor und der Einfluss des Birsigs in Basel (vor 1865)

Tode gekommen seien. In ihren überfluteten Häusern hatten sich derweil die Bewohner in die oberen Stockwerke geflüchtet, so hoch hinaus, wie es irgend ging. Und dennoch glaubte nach dem Anonymus niemand, dass er *sicher wer.* Panik hatte das so plötzlich hereinbrechende Hochwasser unter den Menschen verbreitet.

Auch zahlreiche Tiere wurden Opfer der Flut – Rösser, Schweine und Hühner. Der Autor der Chronik des Fridolin Ryff gedenkt besonders eines Pferdes, es gehörte dem Knecht im öffentlichen Kaufhaus Basels. Das Ross fiel durch das unter den Wassermassen zusammenbrechende Gewölbe, das den Birsig am Kaufhaus überdeckte, hinab in die Flut und ertrank. Und Konrad Schnitt will Hühner beobachtet haben, *so das wasser emportrug* – man habe sie lebendig auf dem Kornmarktplatz umherschwimmen sehen.

Die Häuser von Bürgern und Einwohnern, die Werkstätten der Handwerker, die Läden der Krämer – alles stand *durch und durch* im Wasser. Es kam offenbar zu schweren Schäden am Inventar, am Handwerkszeug, an gelagerten Waren: Alles wurde nass, das Hochwasser habe *vil* Gut fortgetragen, denn, kommentiert der Anonymus der Ryffschen Chronik, *wasz es ergreyff, must hinweg.* Hinweggetragen wurde auch der neue, sich gerade im Bau befindende

Brunnen auf dem Kornmarkt – *stock, dach, trog und alsz* – mitsamt dem Gerüst, das der städtische Bauhof zu dessen Errichtung aufgeschlagen hatte. Man fand die Teile, als sich das Wasser verlaufen hatte, hinter der ‚Schal', dem öffentlichen Schlachthaus, wieder, dessen Metzgerbänke gleichfalls von der Flut weggespült worden waren.

Überhaupt widmen die Augenzeugen viel Aufmerksamkeit den Beeinträchtigungen am ‚Gemeinen Gut', den Schäden an Stadtmauer, Birsiggewölben, Brücken und Straßen. Überall im Stadtgebiet sei die Straßenpflasterung, so berichten sie, aufgerissen worden. Als die Flut wich, hätten sich Löcher aufgetan, die rund um den Fischmarktbrunnen so tief gewesen seien, dass man, wie Konrad Schnitt betont, die steinerne Überwölbung des Birsigs gesehen habe, worauf der Fischmarkt ruhte. Der Verfasser der Chronik des Fridolin Ryff beklagt besonders die Schäden im Kaufhaus. Zu schnell sei die Flut gekommen, so dass viele Waren, die dort lagerten, Samt, Seidenstoffe, Tuche und anderes, nicht hätten in Sicherheit gebracht werden können. Doch beließ man es nicht bei derlei einzelnen Schadensnachrichten – Beobachter von Katastrophen sind seit jeher gierig auf die ‚große Zahl'. Und so erzählte man sich denn im entfernten Gebweiler über das Basler Unglück: *mit hundert taussendt gulden möcht man den schaden nicht bezahlen*. Von *wahrhafftigen leüth*, von Augenzeugen, habe er solches gehört, schreibt Hans Stoltz. Die Gesamteinnahmen der Stadt Basel betrugen im Haushaltsjahr 1529/30 gerade einmal 18.374 Rheinische Gulden.[42] Insgesamt aber muss das Ausmaß der Zerstörung schon sehr groß gewesen sein. Denn die eher unverdächtigen Aufzeichnungen einer Untersuchungskommission aus Ratsherren und Werkmeistern, die der Basler Rat offenbar Wochen nach der Katastrophe im Juli 1530 damit beauftragte, die Schäden an öffentlichen Bauwerken und Anlagen aufzunehmen, geben auch in ihrer Ausschnitthaftigkeit einen guten Eindruck von den Folgen der Flut. Da fand man zahlreiche Gewölbe und Brücken der Birsig-Überbauung *mechtig boß*, was besonders dort problematisch war, wo wie am Fischmarkt Häuser darauf gegründet worden waren. An den Mauern der Stadtbefestigung beklagten die Sachverständigen, dass die Wasserflut durch Unterspülungen zahlreiche Löcher hinterlassen und vorgelagerte Wallanlagen hinweggetragen hatte. An der Barfüßermühle fehlten die Wasserräder und zahlreiche *privets*, die Abtrittgruben städtischer Häuser, waren voll vom Geschiebe des Birsigs.[43]

Welche Wahrnehmungen und Vorstellungen leiten Augenzeugen?

Das Birsig-Hochwasser war für die Zeitgenossen offenbar ein völlig überraschendes Schadensereignis. Niemand, behauptet Konrad Schnitt, hätte mit einem solchen Wasser gerechnet, denn davon sei vorher niemals etwas *gehört* worden. Und Andreas Lettsch sekundiert in seiner Chronik: *kain sollich gewesser* sei in ihr gesehen worden, seit die Stadt Basel bestehe.[44] Doch der Birsig war auch zuvor kein ruhiger Wasserlauf: Hochwasser hatte es 1339 gegeben, als der Fluss den Franziskaner-Kirchhof aufwühlte und die Toten aus ihren Gräbern riss. Überschwemmungen ereigneten sich 1374, 1446, 1491 und 1519, doch keines von jenen Ereignissen war offenbar so verheerend gewesen.[45] Für den Autor der Ryffschen Chronik war das Schadensereignis denn auch *erbermglich und grusamlich und erschrockenlich*, Bezeichnungen für ein Geschehen, das eigentlich nur als Vorzeichen für das Ende der Zeiten gedeutet werden konnte. Jedermann, sagt denn auch der Anonymus, *meint, die welt wolt undergegangen sin.* In den Aufzeichnungen eines durch die Reformation gebeutelten Basler Kartäusers von ca. 1532[46] wird die Katastrophe von 1529 und die im Jahr darauf, am 4. Juli 1530, erneut über Basel hereinbrechende Flut in einem Bild als Gottesurteil wider den neuen Glauben gedeutet. Er benennt damit, indem er von der uralten pauschalierenden Verbindung von Unglück und Sündenstrafe abweicht, eine für ihn sehr konkrete Sünde: Nach dem ersten Hochwasser, schreibt der Kartäuser, habe man eine vor den Toren liegende Kapelle abgebrochen, um mit ihren Formsteinen das Gewölbe und die Brücke beim Barfüßerkloster wieder zu errichten. Und als man gerade die letzten Steine in das Gewölbe eingesetzt habe, sei in der Nacht darauf die zweite Birsigflut gekommen, habe das Gewölbe zerrissen und die Steine in den Rhein geschwemmt.[47]

Das Birsighochwasser war nicht das einzige Vorzeichen vom Ende der Zeiten in jenem Jahr 1529, von dem die Chronisten berichten: Da herrschte eine große Teuerung in ganz Süd- und Südwestdeutschland, die bis 1534 anhalten sollte. Sie traf besonders die vielen Armen und führte trotz städtischer Interventionen zu einer Hungersnot: „da weinten die Leute (selbst) wegen Hafer vor Hunger", schreibt Hans Stoltz in Gebweiler – Hafer war in der Hierarchie der Getreidenahrung eine der geringsten Sorten.[48] Da erschütterte am späten Nachmittag des 11. Septembers ein Erdbeben Basel und die Region. Da kam gleichfalls im Spätsommer und Frühherbst von den Niederlanden her und das Rheintal hinauf bis ins obere Elsass eine den europäischen Kontinent bis ins 19. Jahrhundert in Schrecken setzende Epidemie, Englischer Schweiß genannt, an der 1529 viele Menschen, u. a. auch der Speyerer Bischof Pfalzgraf Georg, den ‚jähen Tod' fanden. Da folgten dieser Seuche die Diphtherie, von Zeitgenossen wie Hans Stoltz *brüne* (Bräune) genannt, und die vom Mutterkornbrand (Ergotismus) verursachte schwere neurologische Störung des Veitstanzes, der *daubsucht*. Und endlich – da belagerten, auch in Basel beobachtet, vom 27. September bis zum 14. Oktober die Osmanen unter Sultan Süleyman I. dem Prächtigen die Stadt Wien.[49] Bei all dem, bei Teuerung und Hunger, bei Epidemien und Naturkatastrophen, hielt Hans Stoltz darauf, dass es kein Wunder gewesen wäre, wenn *Gott hett die weldt laßen undergehen.*[50]

Am Tag danach – Hilfen? Lehren?

> „Am siebenundzwanzigsten Tag des zweiten Monats war die Erde trocken. Da sprach Gott zu Noach: Komm heraus aus der Arche, du, deine Frau, deine Söhne und die Frauen deiner Söhne! Bring mit dir alle Tiere heraus, alle Wesen aus Fleisch, die Vögel, das Vieh und alle Kriechtiere, die sich auf der Erde regen. Auf der Erde soll es von ihnen wimmeln; sie sollen fruchtbar sein und sich auf der Erde vermehren. Da kam Noach heraus." (Genesis, 8,14–18)

Doch was ‚lernten' die Basler von den Hochwassern des Birsigs tatsächlich, die am 14. Juni 1529 und mit schwächerer Wucht am 4. Juli 1530 die Stadt heimsuchten? Welche Erfahrungen daraus setzten sie ‚am Tag danach' in einen aktiven Katastrophenschutz um? Dem Autor der Chronik des Fridolin Ryff war bei dem Schadensereignis von 1529 aufgefallen, dass den Fluten *nieman werren* konnte, keiner konnte ihnen wehren. Hilflos seien die Menschen angesichts der Größe, der Schnelligkeit und der Tiefe des Wassers gewesen, keiner sei deswegen *dem andren* […] *zu hilff kumen*. Doch erst nach der offenkundig werdenden erneuten Taten- und Hilflosigkeit angesichts des zweiten Hochwassers vom Juli 1530 fällte der Basler Rat offenbar weiterreichende Beschlüsse über die Räumung und den Ausbau des Birsigs: Künftige Schäden sollten dadurch eingedämmt werden, wobei die Ratsherren wohl wussten, wie Konrad Schnitt dies in seiner Chronik kommentiert, dass *dem wasser kein widerstand ze thund* sei.[51]

Nach dem Hochwasser vom 4. Juli 1530 teilte der Basler Rat am 9. Juli zwanzig Handlanger zu Nachtwachen am Birsig ein und ließ dreißig Männer für Räumungsarbeiten in der Stadt einstellen.[52] Der Rat allein aber sah sich mit dem Problem heillos überfordert. Daher wurde, wie der Verfasser der Ryffschen Chronik berichtet, *gemeinnen burgeren* […] *in allen zunfften und gesel-*

schafften, geistlich und weltlich, edel und unedel, geboten zu fronen.[53] Die Zünfte Großbasels und die Gesellschaften der kleinen Stadt jenseits des Rheins wechselten sich Tag für Tag ab. Wer es sich leisten konnte, schickte seinen Knecht dorthin oder löste sich mit Geld von der Fronpflicht. An die 200 Menschen sollen auf diese Weise täglich damit beschäftigt gewesen sein, *vil grümsz*, das durch den Birsig in die Stadt gespülte, teilweise mannshoch liegende Geschiebe, den unsäglichen, aus Birsig und übergetretenen Jauchegruben stammenden Morast, wegzuschaffen, mit Unterstützung der städtischen Werkleute auch den Schutt der zerborstenen Brücken und Gewölbe abzutragen. Konrad Schnitt hat bei der Abfuhr des Unrats in den Rhein über 20.000 Schubkarren gezählt.[54]

Danach ließ der Basler Rat vom Steinentor an bis nach Binningen (ca. 10 km) die Uferböschungen des Birsigs mit hölzernen Befestigungen einfassen, das Flussbett säubern und den Aushub hinter die Holzplanken am Ufer führen. Auch zu dieser großen Baumaßnahme mussten alle Zünfte und Gesellschaften sowie auch die Landschaft, die Untertanen Basels im Umland, Frondienste leisten. Konrad Schnitt beziffert die Kosten für Räumung und Ausbau des Birsigs auf 8.000 Rheinische Gulden. In den Stadtrechnungen werden sie „ohne Pfahleisen, Kreuzhacken, Hauen, Schaufeln, Wein und Brot", auch ohne den Frondienst, *so dy burger daran gton haben*, etwas nüchterner mit ca. 2.037 Rheinischen Gulden, immer noch bedeutend genug, namhaft gemacht.[55]

Der Basler Rat komplettierte seine gezielten Maßnahmen zum Hochwasserschutz in der sogenannten Wasserordnung vom 4. April 1531, in der die durch Zünfte und Gesellschaften zu übernehmenden Schutzmaßnahmen koordiniert wurden.[56] So war u. a. vorgesehen, dass bei der Alarmierung durch die Papstglocke im Münster je 15 Mann aus den Vorstädten sofort zum Steinentor und mithin zum Birsigeinlass im Süden der Stadt zu laufen hätten, um dort an drei festgelegten Plätzen angeschwemmtes Holz *und andern unrat* wegzuschaffen. Die Birsigbrücken, die Steinen-, Barfüßer-, Schinderbrücke etc., der Korn- und Fischmarkt sollten von den Zunftabordnungen und von 18 Mann der Kleinbasler Gesellschaften besetzt werden. Zünfte und Orte wurden dabei genau bezeichnet. Maurer, Zimmerer, Fischer und Schiffleute hatten sich entlang des Birsigs zu verteilen, vier Weidlinge waren für den Einsatz auf dem Fluss bereitzuhalten. Die Stadt, d. h. im wesentlichen der städtische Werkhof, hatte bestimmtes Gerät, z. B. Haken, Äxte, Seile etc. abzustellen.

Doch schon vor den Schrecknissen von 1529/30 hatten die Ratsherren keineswegs untätig den Gefährdungen ihrer Stadt durch Hochwasser und Eisgänge zugesehen: Spesen für Rettungsmannschaften wurden gezahlt – bei der *wassernot* im Juli 1519 beispielsweise waren zeitweise 178 Personen im

‚Erinnerungsort': Portal der Marktarkade des Basler Rathauses und die Hochwasserinschriften von 1529/30 (1537)

Einsatz –, die städtische Administration ließ Tagelöhner anstellen, um die Brücken zu enteisen, um die Joche der Rheinbrücke von angeschwemmtem Holz zu befreien, um die Brücken in den Hochwassernächten zu bewachen – *die rinbrug zu behuten, zu bewaren, das ysee ze brechen, holz abweisen*, so heißt es immer wieder in den Rechnungsbüchern des Basler Rates. Niemand im Rat dachte jedoch daran, für private Schäden Hilfe zu leisten. Die ethischen Vorstellungen des ‚Gemeinen Nutzen' beinhalteten ein derartiges Modell von Sozialpolitik nur sehr bedingt.

Ein Erinnerungsort

Katastrophen stiften Orte der Erinnerung: Im Jahre 1537 beauftragte der Basler Rat Conrad *den Zapfengiesser*, für den südlichen Pfeiler des mittleren Rathausportals zum Markt hin *von der gedechtnuss beder wassergrössinen* eine bronzene Gedenktafel zu gießen.[57] Sie ist heute noch erhalten und weist zwei Inschriften und zwei Markierungen auf. Das untere Zeichen bezeugt das Geschehen vom 13. und 14. Juli 1529: Der Birsig, so sagt die dazu gehörende Inschrift, sei *unversehenlicher wassergus halben so gros worden / […], davon einer / Stat Bassel un der Burgerschaft gros schad entstundt*. Die wenige Zentimeter darüber angebrachte zweite Markierung weist auf das Hochwasser vom 4. Juli 1530 hin, als, wie es in der entsprechenden Inschrift heißt, der Birsig *von einem berg Ann / Andern gieng*. Die Stadt hatte diese Katastrophen überstanden, und, so gut es ging, durch Wasserbaumaßnahmen eine größere Sicherheit geschaffen. Aber was würde wohl die Zukunft bringen? Die unter den Inschriften hängende zunehmende Mondsichel mit ihrem Männerprofil weist auf solche Unbeständigkeit alles Irdischen hin. Und so endet die zweite Inschrift mit der Bitte um den gnädigen Gott des Vaterunsers: *got behüt unß vor ubel alle zitt*.

Basel, der Rhein und seine Nebenflüsse – Hochwasser und Eisgänge

Basel lebte mit dem Rhein wie alle Städte und Dörfer, die in seinem Einzugsbereich und in dem seiner Nebenflüsse lagen. Der Fluss war ‚nützlich', er diente dem Transport von Menschen und Tieren, von Waren aller Art, er war die Schlagader des Handels. Man benutzte ihn auch als Kloake, in den die Abwässer direkt oder über die Zuflüsse geleitet wurden. Doch muss man sich vor wohlfeilen Bildern eines total verschmutzten Flusses hüten. Denn Fischer fristeten ihr Dasein vom Fischreichtum des Rheins, allen voran vom Salm – das Wasser schien zu kochen, wenn die atlantischen Winterlachse den Rhein hoch zu ihren Laichgebieten zogen. Die ‚Entsorgung' fast des ganzen Basler Stadtgebiets über den Birsig war eben ein Sonderfall, der Katastrophe geschuldet. Überdies: Auf dem Rhein führten Flößer große Holzverbände den Rhein hinunter nach Köln. Andere suchten ihr Glück an den Ufern des Stromes zu machen, Rheingold zu finden, das schon das Nibelungenlied besingt. Der Rhein war zugleich Quelle von Gefährdungen für die Anwohner: In Basel war der Fluss Ort von Bestrafungen und Hinrichtungen. Die Leichen von Selbstmördern wurden von der Brücke aus in den Fluss geworfen, der Rat ließ Diebinnen im Rhein ertränken, Gotteslästerung, Ehebruch oder Frauenraub wurden mit der Ehrenstrafe des sogenannten Schwemmens bedroht.[58] In den Rhein zog es auch Menschen, die ihrem Leben ein Ende machen wollten, und im Rhein ertranken Unglückliche, die ein zufälliges, grausames Schicksal geschlagen hatte. Johannes Gast, seit 1529 neugläubiger Diakon zu St. Alban in Basel[59], beobachtet in seinem nur in wenigen abschriftlichen Auszügen erhaltenen, lateinisch verfassten Tagebuch jene Misslichkeiten des irdischen Jammertales: Im Januar 1545 notiert er, dass eine schwermütige Frau, vom Teufel getrieben, sich in der Nacht in den Rhein gestürzt habe und dabei zu Tode gekommen sei. Im Juli des nämlichen Jahres ertrank im Rhein auch Siegfried, ein Dichter aus Wolfenbüttel. Er habe sich, so Gast, „unvorsichtig" in den tiefen Fluss gewagt, „obschon er nicht zu schwimmen verstand". Um Hilfe schreiend sei er in den Fluten untergegangen. Und im Januar 1546 sah Johannes Gast „ein leeres Schiff […] umgekehrt rheinabwärts" auf Basel zutreiben. Als das Schiff kenterte, hätten „sich der Schiffer und der Schiffspatron" gerettet, „während eine Frau und zwei Kinder untersanken und ertranken".[60]

Wie der Birsig so führte auch der Rhein zahlreiche Hochwasser. Nicht umsonst ist die Geschichte der um 1225 erbauten Basler Holzbrücke über den Rhein als „eine Folge von Katastrophen" bezeichnet worden.[61] Und so sind denn auch die Stadtchroniken voll von diesen Schreckensgeschichten: Ende Juni 1275 beispielsweise zerstörte ein Rheinhochwasser zwei Joche der Brücke, einhundert Menschen sollen dabei ertrunken sein.[62] Die ‚Größeren Jahrbücher von Colmar' berichten vom Rheinhochwasser am 4. August 1302: Die Fluten hätten einen Teil der Basler Brücke mit sich fortgerissen und in Breisach den Rheinübergang zerstört. In Straßburg sei das Wasser in viele Keller geströmt. Einer der Bürger hätte bei dieser Gelegenheit in seinem Gewölbe einen *lucium magnum*, einen kapitalen Hecht, gefangen. Einhundert Jahre später sollen bei einem Eisgang im Februar 1407 alle Brücken Basels zerstört worden sein.[63] Das südliche Oberrheingebiet scheint dagegen von dem „hydrologischen ‚Gau'" des Jahres 1342 nicht betroffen gewesen zu sein. Es war die größte historisch bezeugte Hochwasserkatastrophe Mitteleuropas mit gravierenden Einflüssen auf die Oberflächengestaltung wie tiefen Erosionsrinnen, die selbst heute noch die Landschaft prägen.[64] Die Basler und Straßburger Quellen berichten freilich von einem *große*[n] *waßer* 1343, im Jahr danach. Nach der Straßburger Chronik des Fritsche Closener kam es sogar im Juli und August jenen Jahres zu zwei ganz außergewöhnlichen Rheinhochwassern. Acht Tage lang hätte der Fluss bei der ersten Überschwemmung im Juli die Stadt drangsaliert.[65]

Die nachstehende Übersicht über die Wassernöte auf Rhein, Wiese, Birs und Birsig ist dagegen vornehmlich aus den nüchternen Einträgen in den Wochenausgabenbüchern des Basler Rates zwischen 1445 und 1549 gewonnen. Die erschreckend dichte Abfolge von Gefährdungen und Katastrophen besonders in den genannten Kälteperioden mit großem Schneereichtum zwischen 1475 und 1497 sowie von 1511 bis 1520 verdeutlicht sehr eindringlich diesen ständigen Kampf des Menschen gegen eine ungnädige Natur.[66] Doch selbst noch in der exzeptionellen Warmphase nach 1530 blieb Basel den Launen des reißenden Stromes und seiner Nebenflüsse ausgesetzt, den Eisgängen und Hochwassern – *dem großen waßer, dem großen* Rhein*, dem starcken* Rhein. Nahezu pausenlos war an der Rheinbrücke wie auch an den übrigen Stegen über Birs, Birsig und Wiese zu reparieren. Da solche Arbeiten städtisches Geld verschlangen, haben sich Nachrichten über die Schadensereignisse in den Ausgabenbüchern des Rates erhalten. Ungebärdig gab sich nicht nur der Oberlauf des Rheins, auch viel weiter stromabwärts versetzte der Fluss seine Anwohner in Angst und Schrecken. Große Hochwasser bzw. Eisgänge hielten beispielsweise Köln in den Jahren 1489, 1491, 1496 und 1503 in Atem. Der Augenzeuge Hilbrant Suderman notierte sie in seinem Tagebuch.[67] Gelegentlich sorgte die ungezügelte Natur zugleich auch für willkommene Abwechslung im täglichen Einerlei. Als 1565 in Köln ein Eisgang große Schäden verursachte, sollen nach den Aufzeichnungen des Kölner Juristen Hermann Weinsberg an einem einzigen Tag 2.000 Neugierige den Turm des Rathauses bestiegen haben: Man wollte das Schauspiel von Eis und Wasser sehen.[68]

Die Unbilden des Rheins machten auch manche Schifffahrt zu einer abenteuerlichen und beschwerlichen Reise. Als sich am 15. August 1480 Basler Adlige mit ihren Pferden zu einem Turnier nach Mainz einschifften, um sich auf dem bequemen Schiff mit lustvollem Spiel die Zeit zu vertreiben, gerieten sie in ein

Hochwasser. Dessen riesige Verwüstungen „an ganzen Dörfern, Kirchen, Äckern, Weiden, Holzungen und Wäldern, an Leuten und Gütern“ bestaunte die illustre Gesellschaft offenbar vom Schiff aus. Ein „großer Schrecken“, so der Verfasser dieses Berichts aus dem Hausbuch der Herren von Eptingen, sei „in allen Landen“ gewesen.[69] Die Chronisten übertreiben bei der Beschreibung der Rheinhochwasser keineswegs: Das direkt am Rhein liegende Neuenburg wurde nachweislich durch Hochwasserschäden katastrophalen Ausmaßes wie beispielsweise in den Jahren 1451 und 1496 sowie im Februar 1502, wo Teile des Städtchens hinweggespült wurden, ruiniert. Da halfen nur noch großzügige Abgabennachlässe von Seiten des habsburgischen Stadtherrn und finanzielle Hilfen des benachbarten Freiburg.[70] Doch nicht nur der Rhein, auch andere Flüsse und Bäche hielten spätmittelalterliche Städte in Atem: Würzburg beispielsweise bedrohten die Mainhochwasser im August 1342, als unter der Gewalt der Jahrtausendüberschwemmung die Brücke einstürzte. Wasserunbilden kamen im Juni 1433 und im März 1445, im Februar 1451 mit sehr großen Schäden, im Juli 1484 sowie in den Jahren 1486/87 und 1512.[71]

Hochwasser und Eisgänge bei Basel (1454–1542)[72]

1446 XII 28	Birsig	Hochwasser
1451 VIII 13	Rhein/Birs	Hochwasser
1454 VI 17	Rhein	Hochwasser
1456 VII 10/VIII 7	Rhein	Hochwasser
1457 II 19	Rhein	Eisgang
1457 VI 11	Rhein/Birs	Hochwasser
1460 V 24/VII 12/VIII 16	Rhein	Hochwasser
1460 XI 15	Rhein	Eisgang (?)
1461 I 17/II 14	Rhein	Eisgang
1462 I 30/II 6	Rhein	Eisgang
1464 XI 24	Rhein/Wiese	Eisgang
1466 VI 14	Rhein	Hochwasser
1469 VI 23/VII 1	Rhein	Hochwasser
1475 VI 3/VII 1	Rhein	Hochwasser
1477 IV 12	Rhein	Hochwasser
1477 VI 28/VIII 9	Rhein	Hochwasser
1479 VI 26	Rhein	Hochwasser
1480 VIII 5–12/IX 9–23	Rhein	Hochwasser

1481 I 13–20/II 17–23	Rhein	Eisgang
1481 V 26/VI 2–23/VII 7	Rhein	Hochwasser
1483 XI 29	Rhein	Eisgang
1485 VI 25–VII 16	Rhein	Hochwasser
1485 IX 3/X 22	Rhein	Hochwasser
1486 VIII 26	Rhein	Hochwasser (?)
1488 VI 28	Rhein	Hochwasser
1489 V 30–VIII 1	Rhein	Hochwasser
1489 XI 21	Rhein	Eisgang
1490 VII 10/VII 31/VIII 7	Rhein	Hochwasser
1491 I 1–29	Rhein	Hochwasser
1491 II 5–12	Rhein/Birsig	Hochwasser
1491 III 12	Birsig	Hochwasser
1491 VI 4/VII 1	Rhein	Hochwasser
1492 VI 23	Rhein	Hochwasser
1493 VI 15	Rhein	Hochwasser
1496 V 28	Rhein	Hochwasser
1496 VIII 6	Rhein	Hochwasser
1496 XII 17/1497 I 14	Rhein	Hochwasser (!)
1497 IV 8	Birs	Hochwasser
1501 VIII 21	Rhein	Hochwasser
1503 III 24	(?)	(?)
1506 XII 5	Rhein	Hochwasser (?)
1511 VI 28/VII 26–VIII 9	Rhein	Hochwasser
1511 IX 13	Rhein	Hochwasser
1512 VI 12–VII 3	Rhein	Hochwasser
1512 XI 27	Rhein	Hochwasser (?)
1513 II 5	Rhein	Eisgang (?)
1513 V 21/VI 18–25/VII 23	Rhein	Hochwasser
1514 I 14–II 4	Rhein	Eisgang
1514 III 11/IV 1	Rhein	Hochwasser (?)
1514 VI 10	Rhein	Hochwasser
1514 IX 16	Rhein	Hochwasser
1515 VI 16/VII 21–VIII 18	Rhein	Hochwasser
1516 XI 29	Rhein	Eisgang (?)
1518 III 6	Rhein	Eisgang (?)
1518 VII 3–10	Rhein	Hochwasser
1519 VII 1–VIII 20	Rhein	Hochwasser

1519 XII 3	Rhein	Eisgang (?)
1520 VI 2/VII 7	Rhein	Hochwasser
1526 VIII 4	Rhein	Hochwasser
1527 VI 22	Birsig	Hochwasser
1529 VI 14	Birsig	Hochwasser
1530 VI 25/VII 16	Birsig	Hochwasser
1531 VI 10	Birsig	Hochwasser
1533 III 1	Rhein/Birsig	Hochwasser
1533 IV 19	Rhein	Hochwasser
1533 VI 14	Rhein	Hochwasser
1541 VIII 27	Rhein	Hochwasser
1542 VIII 26	Rhein	Hochwasser

Sturmfluten – Mythos Rungholt

Rungholt

> „Heut bin ich über Rungholt gefahren, /Die Stadt ging unter vor fünfhundert Jahren, / Noch schlagen die Wellen da wild und empört, /Wie damals, als sie die Marschen zerstört. /Die Maschine des Dampfers schütterte, stöhnte, /Aus den Wassern rief es unheimlich und höhnte: Trutz, Blanke Hans.“ (Detlev von Liliencron)

Detlev von Liliencron, damals Hardesvogt auf Pellworm, gab 1882 in seinem berühmt gewordenen Gedicht dem sich seit dem 17. Jahrhundert um Rungholt rankenden Atlantis-Mythos, dem Mythos von der untergegangenen Insel-Stadt, den Ausdruck seiner Zeit, eine spätromantisch-lyrische Metamorphose.[73] Rungholt, ein Kirchspiel, das bei der heutigen Hallig Südfall zwischen Pellworm und Nordstrand lag, ist in den Sturmfluten des 14. Jahrhunderts untergegangen.[74] Der versunkene Ort steht in den Erinnerungen der Menschen Nordfrieslands seit dem Mittelalter für alle der Nordsee zum Opfer gefallenen Siedlungen. Der Platz ist ein besonderer Erinnerungsort, in dem das Allgemeine – menschliches Schicksal, göttliches Wirken und Naturgewalten – mit dem Lokalen und Besonderen, dem jahrhundertelangen Kampf der Nordfriesen mit der See, verwoben ist. Der Untergang Rungholts ist selbst Teil des Mythos.[75] Späte und widersprüchliche chronikalische Berichte über die Rungholt heimsuchenden Sturmfluten stehen neben deutlichen archäologischen Zeugnissen von Siedlung und Deich. Unbestechlich wirkende Registerauszüge kontrastieren mit Sagen und *praestigiae*, mit ‚Truggestalten‘. Diese sind schon 1623 von Matthias Boetius, Pastor auf Evensbüll, in seiner Sturmflutgeschichte Nordstrands über Rungholt notiert worden: „Mit allen unversehrten Häusern stehe diese Stadt im Bauche der Erde, und es tauche, wenn auch nicht immer, so doch dann und wann, der Kirchturm aus dem Wasser oder dem Ufer auf, und man sähe ihn bei klarer Luft ganz deutlich, sogar Glockenklang werde von Vorübergehenden gehört“.[76]

Klima – Meer – Küste: das 13. und 14. Jahrhundert

Anno 1338 do plagede Godt düsse Uthlande mit avergrothem hunger, heißt es in dem um 1547 abschriftlich überlieferten ‚Chronicon Eiderostadense vulgare‘.[77]

Die übergroße Hungersnot, die entsetzliche ‚Teuerung' in den Utlanden, den Marschgebieten, war für den anonymen Chronisten Eiderstedts Folge der ungeheueren Nässe jener Zeit. Unendlich scheinende Regenfälle sollen über die Küstenregion Nordfrieslands hingegangen sein. Eine Gerstengarbe sei nicht trocken geworden, selbst wenn man sie an ein Mühlensegel gebunden und sich „die Mühle nur mit der Garbe vierzig Tage und Nächte" gedreht hätte. Drei Jahre, so das ‚Chronicon', sei das Wasser in den tiefergelegenen Marschen gestanden. Kein *solt*, das als Handelsprodukt bekannte Friesensalz[78], habe aus der Torfasche der Moore gewonnen werden können, kein Getreide wollte auf den Feldern reifen. „Man fand viele Menschen tot liegen wie Vieh," schreibt der Chronist, „und die Maden krochen ihnen aus dem Mund." Und dies alles sei geschehen, weil die Menschen *Got den Heren nicht bekennen wolden*.

Chronisten des Spätmittelalters nahmen trotz ihrer biblischen Bildersprache – der strafende Gott, die vierzigtägige Sintflut (1. Mose 7,4), der Vergleich mit der Made aus Gottes Klage (Hosea 5,12) – Geschichte nicht mehr nur als Heilsgeschichte wahr. Geschichte bezog sich nun auch auf einen zunehmend säkularisierten und regional zuzuordnenden Horizont menschlichen Handelns. Witterungsverläufe, Naturkatastrophen bedeuteten für die Zeitgenossen wichtige Bezugspunkte und Konstanten in ihren historischen Erfahrungen direkt vor Ort. William Merle aus Driby im englischen Lincolnshire führte von 1337 bis 1344 das erste überlieferte Wettertagebuch.[79]

Die moderne Klimageschichte konnte das europäische 13. und 14. Jahrhundert in eine von ungefähr 400 bis 1500 reichende Klimaperiode einbetten.[80] Sie zeichnet sich zunächst durch ein Wärmeoptimum aus. Es erstreckte sich von ca. 950/1000 bis um 1300. Besonders die Jahrzehnte zwischen 1270 und 1311 sahen sehr warme und trockene Sommer. In England wurde Weinbau bis etwa in Höhe von Nottingham betrieben. Der Umschwung kam nicht auf einmal, er war aber von ungeheurer Dramatik. Die Klimaverschlechterung setzte um 1296 ein. Von 1303 bis 1306 und nochmals 1323 kam es im nördlichen Europa zu extrem kalten Wintern, sie wurden zu historischen Kuriosa: Die zugefrorene Ostsee konnte überquert werden. Wölfe sollen damals über das Eis des Skagerraks von Norwegen nach Dänemark gewandert sein. Die Jahre 1313/14 bis 1317 sahen außergewöhnlich feuchte Sommer- und überwiegend nasse Frühjahrs- und Herbstzeiten. In vielen Teilen Europas hungerten die Menschen. Auf diese Extremzeit folgten Jahrzehnte, die im langfristigen Mittel weiterhin von einer Verschlechterung des Klimas geprägt waren. Bitterkalte und extrem nasse Sommermonate brachten die Jahre 1338 und 1342 bis 1347. Für die Sommerkälte des Jahres 1347 gibt es in den letzten 700 Jahren überhaupt keine Parallele.

An den flachen Nordseeküsten stieg im ersten nachchristlichen Jahrtausend der Sturmflutspiegel an. Die Menschen in den tief liegenden Marschen vor den Geestrücken schützten sich, ihr Vieh, vornehmlich Rinder und Schafe, und ihre Siedlungsplätze durch Wurten, sie verbreiterten diese Wohnhügel zu Dorfwurten. Von Zeit zu Zeit erhöhten sie ihre Siedlungsplätze und passten sie so dem steigenden Meeresspiegel an.[81] Seit dem späten 11. Jahrhundert verschlechterten sich die Umweltbedingungen dramatisch. Die Bauern begannen, Ringdeiche um ihre Wurten zu ziehen. Solche lokalen Deiche, von den dort hausenden Familien gebaut und unterhalten, waren, wie die spärlichen archäologischen Überreste zeigen, nicht besonders hoch. Nur um ungefähr zwei Meter überragten sie das Mittel-Tidehochwasser, also die normal hoch auflaufende Flut. Die Deiche reichten aber mit ihren archäologisch nachgewiesenen flachen Böschungen aus, um nicht nur die anbrandende sommerliche Nordsee, sondern auch die schweren Sturmfluten im Winterhalbjahr abzuwehren.

Diesem Entwicklungsschritt mit dem Ziel, die bäuerliche Ökonomie und nicht nur den Siedlungsplatz dauernd zu schützen, folgte die Errichtung einer geschlossenen Deichlinie entlang der ganzen Nordseeküste im Laufe des 12. und 13. Jahrhunderts. Faszinierend ist, dass nicht die widrige Natur diesen Strategiewechsel erzwang, denn das Mittel-Tidehochwasser stieg in diesen Säkula nicht an, es sank sogar leicht.[82] Es waren vielmehr die wirtschaftenden Menschen, ihr ‚Hunger' nach urbarem Land angesichts einer günstigen demographischen Entwicklung. Überall in Europa schlossen sich während dieser Zeit Bauern gegen und mit ihren Herren zu Genossenschaften zusammen: Selbsttätige Dorfgemeinden entstanden auf dieser Grundlage, an den Küsten formten sich Deichgenossenschaften aus. Geschlossene Deichsysteme mit Schleusen hat man zuerst an der flandrischen und niederländischen Küste angelegt. Genossenschaftliche Zwangsverbände bewältigten die großen Aufgaben der Einpolderungen. Die durch Großgrundbesitzer vorangetriebenen Maßnahmen wurden Eindeichungsunternehmern übertragen. In den Niederlanden hat man durch die Einpolderungen im 13. und 14. Jahrhundert jeweils ca. 36.000 Hektar Land dem Meer abgerungen. In die amphibischen Elbmarschen Holsteins brachten die Kolonisten, die seit ungefähr 1150 das Land besiedelten, ihr Wissen über Deichbau und Entwässerung bereits mit. Die Elbmarschgebiete wurden sukzessive von Koog zu Koog bedeicht. Die Kunde von den Deichen drang als Wunder des Nordens bis nach Italien, selbst Dante berichtet über dieses Menschenwerk.

In Nordfriesland führte die Küstenlinie im Mittelalter von Sylt nach Eiderstedt. Seedeiche wurden dort, im Watt und auf den Inseln heute archäologisch noch nachweisbar, ebenfalls während des 12. und 13. Jahrhunderts durch

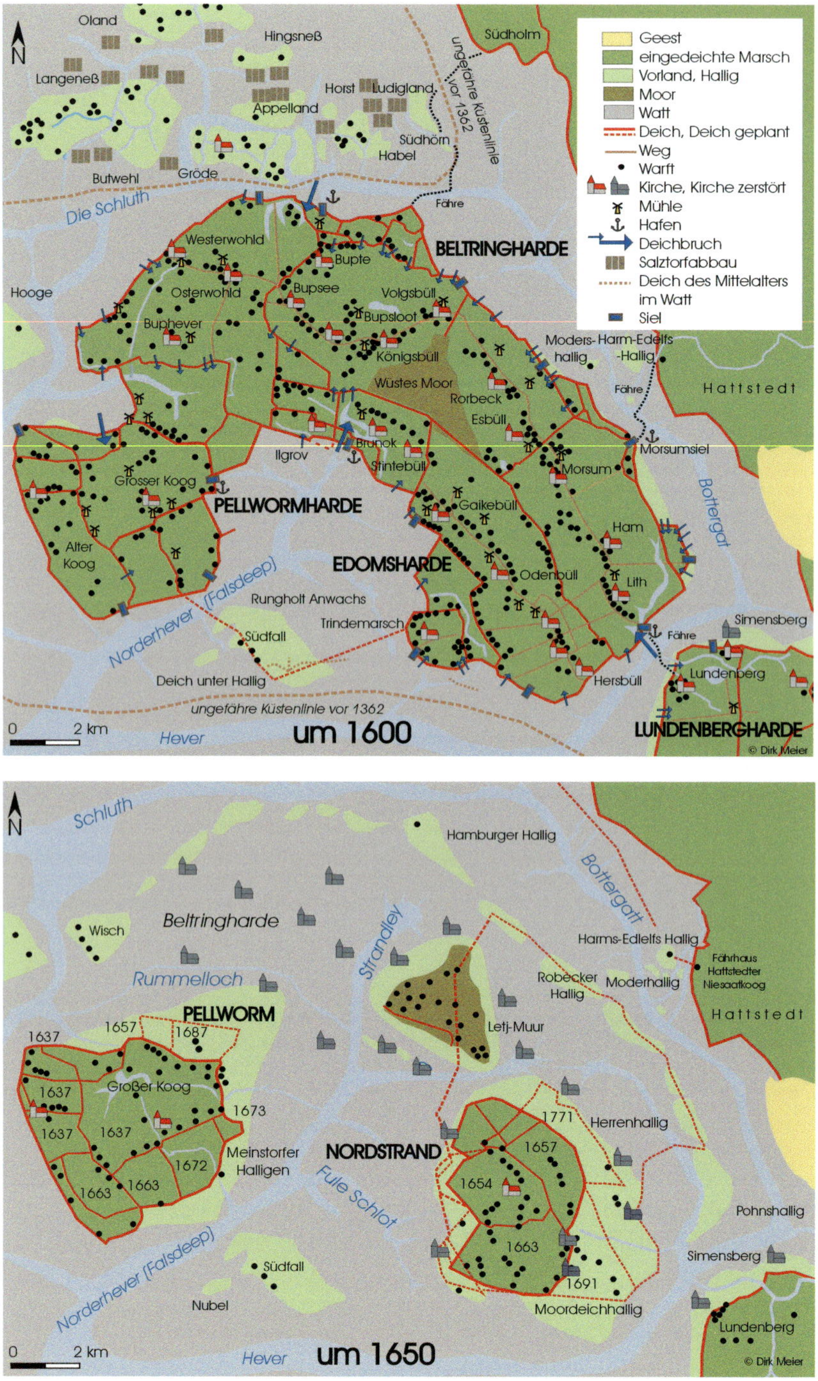

Rungholt und die Küstenlinie im 14. Jahrhundert – Nordstrand und Pellworm werden zu Inseln 300 Jahre später

genossenschaftliches Zusammenwirken der Bauern in ihren Marschhufensiedlungen errichtet. Freilich schützten die Deiche auch im Raum des späteren Alt-Nordstrand bei Rungholt nur kleinräumig und lokal Teile der Marsch gegen die Sturmfluten. Priele durchliefen das Marschgebiet, Randmoore trennten es von der höheren Geest.[83] Rungholt selbst, dessen Überreste, Hofwarften, Deiche, Ackerfluren, Wegespuren und eine Kirchwarft, die archäologische Forschung westlich und südlich der heutigen Hallig Südfall entdeckte, gehörte zur sogenannten Edomsharde, einem der 17 Gerichtsbezirke Nordfrieslands. Wirtschaftliche Beziehungen bestanden nach Hamburg und über den hansischen Handel nach Flandern.[84]

Die Eingriffe der Menschen in die Natur führen zu ihrer dauernden Bedrohung – eine alte, von menschlicher Vernunft aber stets missachtete Erfahrung. Denn je entschlossener Deichverbände und Herrschaft ihre Sicherheit in die Hände nahmen, je geschlossener sie also die Seedeichlinie gestalteten und je höher sie die Deiche aufwarfen, desto stärker stieg die Höhe der Sturmfluten an – gerade im Verhältnis zum eigentlichen Meeresspiegel. Das Wasser nämlich, das sich bei Sturmfluten vor der Bedeichung weit über das Land verteilen konnte, staute sich nun vor den Deichen. Und wenn die verhältnismäßig niedrigen Deichanlagen brachen, schoss das Meerwasser in die Marsch und riss stets nur schwer wieder zu schließende Wehlen (Seen) auf. Überdies kam hinzu, dass das Friesensalz eine wichtige Einnahmequelle der bäuerlichen Familien war. Aber je aktiver sich die wirtschaftenden Menschen verhielten und je großflächiger sie Salztorf abbauten, desto mehr erniedrigten sie im Verhältnis zum Mittel-Tidehochwasser die Landoberfläche, auf der sie lebten. Außerhalb der Deiche wurde das Land so zum Watt, das dem Gezeitenstrom ausgeliefert ist, und binnendeichs stellten die erniedrigten Flächen eine erhebliche Gefahrenzone dar. Denn bei Deichbrüchen lief dort das Wasser zusammen. Und da man es kaum wieder herauszuleiten vermochte, blieb es als Tümpel stehen und wusch bei den nächsten Hochwasserständen umgebende Moore aus. Auf diese Art bildeten sich immer größere Buchten, die das Land destabilisierten.

In dieser unheilvollen Verkettung von natürlichen Gegebenheiten der Küste, von katastrophalen Sturmfluten und vom Wollen der wirtschaftenden Menschen gegen die Natur ging Rungholt wie ungefähr 110 andere Siedlungsplätze, die heute zwischen Sylt und Eiderstedt nachgewiesen werden können, unter. Doch wann und wie geschah dies?

Sturmfluten – und kein Ende

Für die mittelalterliche Geschichte Nordstrands weiß der gelehrte Pfarrer Matthias Boetius aus Evensbüll 1623 von zehn großen Sturmfluten zu berichten.[85] Die „erste schriftlich aufgezeichnete" Flut sei 1204 geschehen. Boetius hielt sie „nach der Sintflut" für die „allergrößte", „da durch sie alle niedrigen Länder überschwemmt und unzählige Lebewesen ertrunken" seien. Die zweite Sturmflut habe sich 1216 ereignet. 10.000 Menschen seien dabei umgekommen, wobei sich Boetius nicht in der Tragik des Geschehens, aber im Jahr irrt – die erste Marcellusflut fiel am 16. Januar 1219 über die gesamte Nordseeküste her. Die dritte Flut, „sehr groß und schrecklich", sei 1300 geschehen. In ihr sollen „auf Nordstrand und den anderen benachbarten Landschaften mehrere Kirchdörfer untergegangen" sein. Die vierte, „ebenfalls schwer und anhaltend", habe 1354, die fünfte und sechste, nicht minder schrecklich, 1380 und am 19. November 1421 die Küste verheert. Die siebte Überschwemmung setzt Boetius in das Jahr 1426. Von dieser Weihnachtsflut (26. Dezember) „und ihren Einbrüchen sei die Insel [Nordstrand] in zwei Jahren überhaupt nicht frei geworden." Die achte Sturmflut sei am 1. November 1436, und „die neunte 1470, am 6. Januar", über Nordstrand hereingebrochen. Die zehnte und letzte Flut des Mittelalters endlich soll nach Boetius im Jahre 1483 über das Land gekommen sein.

Doch was sind solche Kataloge über Sturmfluten als historische Quellen wert? Sie finden sich in allen seit der Mitte des 16. Jahrhunderts überlieferten Chroniken Nordfrieslands. Matthias Boetius selbst hielt nur die Nachrichten über die Sturmflut von 1483 für sicher. Die Flut schien ihm „die allererste zu sein, deren Glaubwürdigkeit unverdächtig" sei. Denn man habe „Namen und Erinnerung von dem Tag her behalten, an dem sie die Insel befiel, der zweifellos der Tag des heiligen Gallus [16. Oktober] war." Auch will Boetius selbst nach ungefähr 140 Jahren Reste ihres Zerstörungswerkes gesehen haben.[86] Anton Heimreich, Prediger auf Nordstrandischmoor, sekundiert Boetius und ergänzt in seiner zuerst 1666 erschienenen ‚Nordfriesischen Chronik': Es könne *nicht für gewiß gesaget werden*, ob die Nachrichten über die Sturmfluten in Datierung, Lokalisierung und Schadensausmaßen zutreffend seien, *weil die geschriebenen Zahlen und geringen Schriften, die davon Nachricht geben, leichtlich haben verfälschet werden können.*[87]

Nichts ist unsicherer als die mündliche Überlieferung, die heute jeder Wattführer zwischen Nordstrand und Pellworm als historische Gewissheit im Munde führt: Rungholt sei 1362 in der ‚Großen Mandränke' untergegangen.

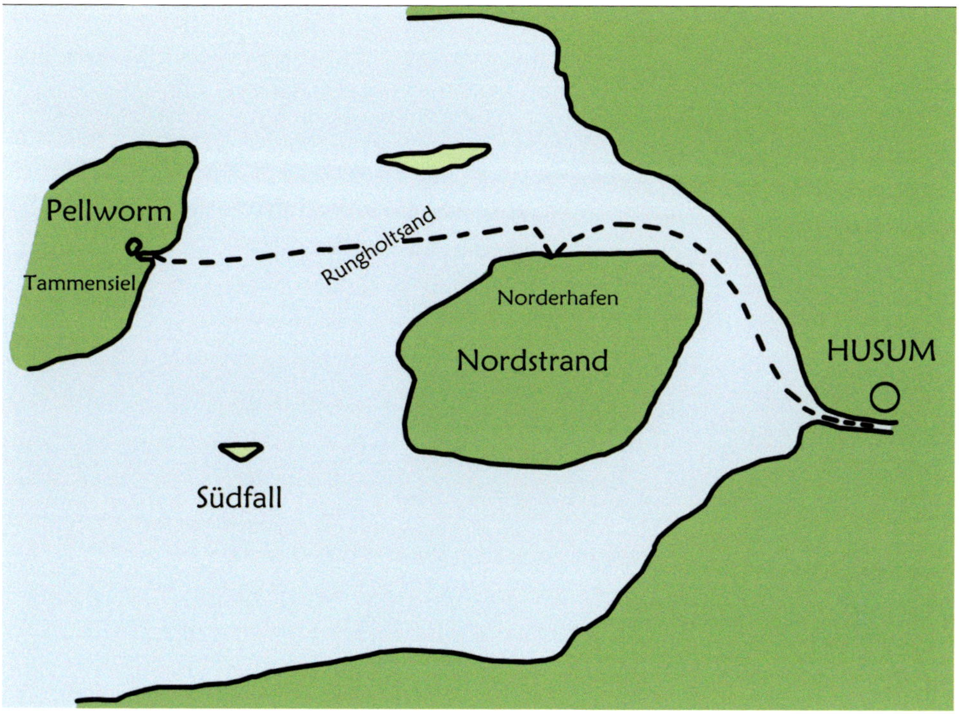

Rungholt und die Hallig Südfall zwischen Nordstrand und Pellworm

Schon der sogenannte ‚Catalogus vetustus', ein Verzeichnis aller Kirchen und Kapellen, die dem Bischof von Schleswig inkorporiert waren, ist in seiner Datierung nicht unproblematisch. In dem Katalog wird unter der *praepositura Strandensis* (Propstei Strande) auch *Rungeholt* genannt und wie viele andere Kirchorte mit der Randbemerkung *undergangn* versehen. Wie das Verzeichnis chronologisch einzuordnen ist, ob in die Zeit des Bischofs Nicolaus Brun (gest. 1367) und damit um 1362 oder in die des Bischofs Nicolaus Wulf (1429–1477) ist ebenso ungewiss wie der Umstand, wann die Randbemerkung eingetragen wurde.[88]

Das ‚Chronicon Eiderostadense', in dem seit ca. 1460 wohl Mitglieder eines Geschlechterverbandes Nachrichten aus der Geschichte der Landschaft eintrugen, ist die älteste überlieferte Chronik Nordfrieslands.[89] Nach der Beschreibung der großen Hungersnot von 1338 steht dort der bemerkenswerte Satz: *Do begunden de Uthlande ersten entwey to brekende.* Und in der Tat erzählen die unbekannten Verfasser der Chronik das Eindringen des Meeres in die nordfriesischen Marschen als eine Abfolge von Unglücken:[90] Gewaltige Sturmfluten, die Pest 1350, innere Konflikte der Geschlechterverbände und drückende Steuern durch König Waldemar IV. von Dänemark hätten die Kräfte der Menschennatur schier überfordert. In Angst und Schrecken seien die Bewohner durch göttliche Vorzeichen versetzt worden: durch eine große Finsternis am Walpurgistag 1393, durch einen Kometen 1400, durch einen großen Stern *int westen* 1402. Die Sturmfluten, so erzählt der Chronist, hätten 1341 mit einer *grothe*[n] *Mandrenke* begonnen. Am 16. Januar 1362 habe sich *de aldergrötheste Mandrenke* ereignet, *dat meiste volck* in den Utlanden sei damals ertrunken. Erneut seien *alle uthlande* nach den Vorzeichen einer Finsternis in der Walpurgisflut (1. Mai) von 1380 Teil der Nordsee geworden.

Die Chronisten des 17. Jahrhunderts, Matthias Boetius (1623), Peter Sax (1637) und Anton Heimreich (1666), kannten das ‚Chronicon' wie ihre unmittelbaren Vorgängerwerke, aber jeder schuf sich seine eigene Geschichte. Matthias Boetius hatte als Augenzeuge die schweren Sturmfluten der Jahre 1612 bis 1619 erlebt.[91] In seinem Werk über die ‚Sintflut auf Nordstrand' versucht er, das schwere irdische Geschick, die wiederkehrenden Wassersnöte, die Kriege und die inneren Streitigkeiten, die Sünden, Mord und Totschlag auf Nordstrand, den Eigen- wie den Gemeinsinn seiner Bewohner, mit dem göttlichen Heilsplan in Beziehung zu setzen. Das *vulgus*, das Volk, auf Nordstrand, schreibt Boetius, erzähle sich von 28 Dörfern (*pagi*), die im Jahre 1300 „zu einer und derselben Zeit" in einer Flut untergegangen seien. Man rechne dazu auch Rungholt. Sicherlich, so ergänzt Boetius, seien „Zeit und Weise" ungewiss, „von denen die Sage und ein paar kümmerliche Berichte erzählen". Aber wenn Leute bei Ebbe von der Trindermarsch zur Hallig Südfall liefen, könnten sie „auf Brunnen" und auf „Spuren von Wegen und Gräben" stoßen. „Ja", so der gelehrte Pastor weiter, „sie finden nicht selten Töpfe, Kessel und Schüsseln und anderes Hausgerät." Es sei daher glaubhaft, „wenn die Berichte erzählen, daß beinahe diese ganzen Ufer einmal mit Pflanzenwuchs bedeckt gewesen sind, daß sie als Felder und Weiden bestanden haben, mit Dörfern besetzt und mit festen Deichen umschlossen gewesen sind". Aber, bekräftigt Boetius noch einmal seine Skepsis, man dürfe nicht gewiss glauben, dass alle Siedlungsplätze „zu gleicher Zeit untergegangen" seien.[92] Überdies berichteten Leute, „sie hätten das bestimmt von ihren Vorfahren gehört: Im Jahre 1354 habe die allergrößte Wasserflut stattgefunden, die sie Mandrenkels geheißen haben". 50 Jahre hätten jene Hochwasser angehalten und an den Küsten über 200.000 Menschenleben vernichtet. Boetius zitiert das ‚Chronicon Eiderostadense' mit dem dreijährigen großen Regen der Jahre um 1338, behauptet, nach 1360 lese man nichts mehr von Sturmfluten, und er schließt daraus wie aus den „Widersprüchen" der

Küstenlandschaft als Vorstellung – die Nordfriesische Küste im Jahre 1240 in der Kartographie des 18. Jahrhunderts

mündlichen Überlieferung, dass Rungholt und die übrigen Dörfer in zahlreichen Hochwassern zwischen 1300 und 1354 Stück um Stück und eben nicht auf einmal ein Raub des Meeres geworden seien.[93]

Peter Sax (1637), und Anton Heimreich (1666) schreibt dies bei ihm ab, missbilligt aber die gewundene historische Argumentation von Matthias Boetius. Sie trifft aus heutiger Sicht freilich eher die Realität als das Argument einer einzigen entscheidenden Flut. Für Peter Sax, den Pastor in Koldenbüttel bei Friedrichstadt, steht sowohl in seiner ‚Beschreibung von Helgoland und Eiderstedt' als auch in seinen ‚Annales Eyderstadiensium' ein für alle Mal fest, dass Rungholt und die übrigen Siedlungsplätze in der Marcellusflut am 16. Januar 1300 untergegangen seien. Die *West-See*, schreibt Sax, habe sich *durch Sturmwinde erhoben*. Das Wasser sei *vier Ellen* über die Deiche gegangen. Es habe *grewlich gewütet*. In allen Marschen seien *Städte und Dörffer umbgeworffen, die Lande Dithmarschen, Eyderstett und Nordstrand von einander gerißen* worden. Und Anton Heimreich ergänzt, dass damals 7.600 Menschen ertrunken und 21 Wehlen *im Nordstrande eingerissen* seien.[94] Beide Chronisten würdigen zwar die berühmte Sturmflut vom 9. September 1362 als *die allergröseste Fluth* (Sax), die als *de Mandrankelse* (Heimreich) bezeichnet werde – Lundenberg sei damals von Nordstrand *abgerißen* –, aber mit Rungholt bringen sie diese Wassersnot nicht in Verbindung.[95]

Endlich weiß auch David Morand, Pastor auf Amrum (1686–1694), von der Sturmflut des 1362 berichten. Morand notierte auf den Rändern eines 1486 in Schleswig gedruckten Missales alltägliche Ereignisse, außergewöhnliche Umstände, auch Lektüreerlebnisse. Und so hatte er in der Sylter Chronik des Hans Kielholt aus der Mitte des 15. Jahrhunderts gelesen, dass an *Weinachten*, zu der Zeit, wann sich altes und neues Jahr scheiden, *alle dieße benachbahrte Länder* durch ein Hochwasser *von einander geschieden* worden seien. Das sei *Anno 1362* geschehen. Kielholt wusste das, so schreibt es Morand auf den Rand seines Messbuchs, *von guten und alten Leuten*. Und diese Leute erzählten sich auch eine sehr irdische Begründung für jene Sturmflut: Eine englische Königin habe *dieße Länder mit Waßer unterlauffen laßen*. Denn sie hätte den König von Dänemark nicht zum Mann bekommen, obwohl sie einander versprochen gewesen seien. Auch um 1450 dominierte das Gerücht sicheres Wissen. Und die Leute erinnerten nur noch eine große Flut an Weihnachten 1362, die unspezifisch Nordstrand, Pellworm, die Halligen, Amrum, Föhr, Sylt zu Eilanden machte. Aber Rungholt war, zumindest was Pastor Morand aus der Sylter Chronik berichtet, nicht Gegenstand des ‚Sagens' rund um Amrum gewesen.[96]

Warum ging Rungholt unter? – die Sage und die Wahrnehmungen der Chronisten

„Auf allen Märkten, auf allen Gassen /Lärmende Leute, betrunkene Massen. /Sie ziehn am Abend hinaus auf den Deich: /Wir trotzen dir, Blanker Hans, Nordseeteich! /Und wie sie drohend die Fäuste ballen, /Zieht leis aus dem Schlamm der Krake die Krallen. /Trutz, Blanke Hans." (Detlev von Liliencron)

Sagenhaftes, übermütiges, unmoralisches Rungholt – Anton Heimreich (1666) erzählt als erster Chronist ausführlich die Geschichte vom Untergang Rungholts, von der *der gemeine Mann* sich *auch noch in jetzigen Zeiten viel Wunderdinges* sage.[97]

Auf eine Zeit hätten *etliche muthwillige Gäste eine Sau, mit Urlaub* [Verlaub]*, sollen trunken gemachet und zu Bette geleget.* Darauf habe man *den Prediger lassen ersuchen, er möchte ihrem Kranken das Abendmahl reichen, und sich dabey verschworen, daß, wenn er bey seiner Ankunft ihren Willen nicht würde erfüllen, sie ihn in den Graben stoßen wollten. Wie aber der Prediger das Heilige Sakrament nicht so gräulich wollen mißbrauchen, und sie sich unter einander besprochen: ob man nicht sollte halten, was man geschworen? Und der Prediger daraus leichtlich gemerket, daß sie nichts Gutes mit ihm im Sinne hätten, hat er sich stillschweigens davon gemacht. Indem er aber wieder heim gehen wollen, und ihn zwo gottlose Buben, so im Kruge gesessen, gesehen, haben sie sich beredet, daß, so er nicht zu ihnen herein gehen würde, sie ihm die Haut wollten voll schlagen. Seyn darauf zu ihm hinaus gegangen, haben ihn mit Gewalt ins Haus gezogen, und gefraget, wo er gewesen? Und wie ers ihnen geklaget, wie man mit Gott und ihm habe geschimpfet, haben sie ihn gefraget, ob er das Heilige Sacrament bey sich hätte und ihn gebeten, daß er ihnen dasselbe möchte zeigen. Darauf er ihnen die Büchse gegeben, darin das Sacrament gewesen, welche sie voll Biers gegossen, und gotteslästerlich gesprochen, daß, so Gott darinnen sey, so müsse er auch mit ihnen saufen. Und wie der Prediger auf sein freundliches Anhalten die Büchse wieder bekommen, sey er damit zur Kirche gegangen und habe Gott angerufen, daß er diese gottlosen Leute wolle strafen. Darauf er in der folgenden Nacht sey gewarnet worden, sollte gehen, sey auch aufgestanden und davongegangen. Und habe sich also bald ein ungestümer Wind und hohes Wasser erhoben, dadurch das ganze Land Rungholt (oder, wie andere melden, ganze sieben Kirchspiele, worunter Rungholt das vornehmste gewesen) sey untergegangen, und niemand davon gekommen als gemeldeter Prediger und zwo (oder, wie andere setzen, seine Magd und drei) Jungfrauen, so den Abend zuvor von*

Rungholt aus auf Bopschlut zur Kirchmeß seyn gegangen, von welchen Backe Boisens Geschlecht zu Bopschlut soll entsprossen seyn, dessen Nachkommen theils noch jetziger Zeit in diesem Lande seyn vorhanden.

Der Volksmund – „Ganz merkwürdige Geschichten" seien über die Zerstörung Rungholts noch heute im Volk lebendig, urteilt Matthias Boetius 43 Jahre vor Anton Heimreichs Niederschrift jener „Altweiberträume". „Und die abergläubischen Leute meinen", fährt Boetius fort, die Stadt Rungholt, „werde so, wie sie war, wieder auftauchen und an ihre Stelle zurückkehren, noch vor Ende der Welt".[98] Mit diesen apokalyptischen Vorstellungen des 17. Jahrhunderts waren freilich nicht mehr die Schrecknisse des Mittelalters und ihre großen sozialreligiösen Endzeitbewegungen verbunden. Martin Luther sprach in Abkehr dieser traditionellen Bilder vom *lieben jüngsten Tag*. Und so mochte man wohl die Sage des wiederauftauchenden Rungholt gleich der Mär vom schlafenden Kaiser im Kyffhäuser als Vorzeichen für die freudig erwartete Erlösung am Ende der Zeiten, von der niemand Tag und Stunde wusste, forterzählt haben.[99]

Aber welchen Reim machten sich die Chronisten des 17. Jahrhunderts auf den Untergang Rungholts? Mit ihm hatten sie sich intensiv beschäftigt, sie hielten ihn im Kern für eine historische Realität, ohne den Zeitpunkt genauer bestimmen zu können. Matthias Boetius, Peter Sax und Anton Heimreich glaubten nicht an die Ammenmärchen, die man sich in ihrer Umgebung erzählte, und so versuchten sie ‚reale' Argumente über mögliche Ursachen zu finden. Nüchtern präsentierte schon Matthias Boetius seine Analyse: Für ihn stand fest, dass Rungholt und die übrigen Siedlungsplätze nicht in einer einzigen Sturmflut vernichtet worden sein können. Nach der Flut des Jahres 1300 hätten die Bewohner, so Boetius, wahrscheinlich vergeblich an der Ausbesserung der niedrigen Deiche und noch dazu mit unzureichendem technischen Wissen gearbeitet. Nie freilich hätten sie ihre auseinandergerissenen Deiche wieder schließen können, denn jedes Jahr seien sie von einer neuerlichen Überschwemmung heimgesucht worden. So sei Jahr ums Jahr ein Dorf nach dem anderen aufgegeben und aus dem Deichverband geworfen worden. Hunger und Teuerung hätten ein Übriges getan. „Da haben manche, meine ich," schreibt Boetius, „unter dem Drucke der Not die Hoffnung aufgegeben; andere, die der Beschwerlichkeiten überdrüssig waren, haben sich nach dem Festland oder anderswohin geflüchtet." Die zurückgebliebenen Einwohner seien dann in der Sturmflut von 1354 „umgekommen", sie seien „vertrieben und alles so zerstört und zerstreut worden, daß keine Spuren übriggeblieben sind".[100]

Peter Sax nimmt in seiner ‚Beschreibung' drei Ursachen an:[101] 1.) Die Deiche seien zu niedrig und technisch zu unreif gewesen. Noch vor 80 Jahren, schreibt er 1636, habe man noch nicht gewusst, den Deich *mit Stroe zu bedecken oder mit Soden zu beleggen.* 2.) Die Bewohner Rungholts und der übrigen Siedlungsplätze seien *von ihren Nachbahren, und denen, welche mit ihnen unter der Gefahr gelegen*, verlassen worden. Man habe, da ein entsprechendes Deichrecht fehlte, nicht versucht, die Seedeiche zu reparieren und mithin Rungholt und die Marschen direkt am Meer zu schützen, sondern die weiter landeinwärts liegenden Mitteldeiche erhöht. Dadurch hätten die Menschen gegen *ein Axioma universaliter*, ein allgemeines Gesetz, verstoßen: *Ie weiter ich das Waßer von meinem Lande kann abhalten, ie beßer ist eß.* Von vergleichbaren bedrückenden Erfahrungen zwischen Eigen- und Gemeinsinn bei Deichreparaturen zu Beginn des 17. Jahrhunderts berichtet auch Matthias Boetius.[102] 3.) Die Herrschaft endlich, Herzog Erich und sein zehnjähriger Nachfolger Waldemar, argumentiert Peter Sax, hätten auch angesichts ihrer Auseinandersetzungen mit dem Adel und aufgrund ihrer unzureichenden Einnahmen versagt. Von den Herren sei daher den Marschlanden *weinig hülff* gekommen. Sax spielt hier auf die nach dem Tod Herzog Erichs II. aufbrechenden Auseinandersetzungen im Herzogtum Schleswig um die Vormundschaft über den minderjährigen Herzog Waldemar III. sowie die aggressive Machtpolitik des Schauenburger Grafen Gerhard III. an.[103]

Die vierte Ursache für die Vernichtung Rungholts schreibt Anton Heimreich in seiner ‚Nordfriesischen Chronik' nieder, sie ist die konventionellste, seit dem Mittelalter tradierte Erklärung und bezieht sich direkt auf die Rungholt-Sage: Die *Hauptursache dieses Elendes* sei *die übermachte Sünde und Bosheit der Einwohner* gewesen. *Gottes heiliges Wort und die hochwürdigen Sacramente* hätten sie verachtet, die ihnen *von Gott verliehenen Güter* zu *Hoffahrt, Ueppigkeit und andern Sünden mißbrauchet.*[104]

„Ein einziger Schrei – die Stadt ist versunken. /Und Hunderttausende sind ertrunken. /Wo gestern noch Lärm und lustiger Tisch, /Schwamm andern Tags der stumme Fisch. /Heut bin ich über Rungholt gefahren. /Die Stadt ging unter vor fünfhundert Jahren. /Trutz, Blanke Hans?" (Detlev von Liliencron)

Schiffsuntergänge – Mittelmeer und Nordmeer

„Und siehe, da erhob sich ein gewaltiger Sturm auf dem See, so daß auch das Boot von Wellen zugedeckt wurde. Er aber schlief. Und sie traten zu ihm, weckten ihn auf und sprachen: Herr, hilf, wir kommen um! Da sagt er zu ihnen: Ihr Kleingläubigen, warum seid ihr so furchtsam? Und stand auf und bedrohte den Wind und das Meer. Da wurde es ganz stille.“ (Matthäus 8, 24–26)

Gefährliche Seefahrt

Sturm, Schiffbruch, Untergang und Ertrinken, aber auch Infektionen an Bord, Piraten und gegnerische Flotten sind seit Beginn der Seefahrt hautnahe oder in der Sorge präsente Begleiter aller Seeleute, deren Glaube und Aberglaube davon stark geprägt war und ist. Gleich mehrere Schutzheilige – Simon Petrus und Andreas für die Fischer und Schiffbrüchigen, Erasmus, Vinzenz von Valencia und Nikolaus von Myra für die Seeleute – stehen gegen die Angst und für das Schutzbedürfnis der Schiffsbesatzungen und -reisenden. Auch in der biblischen Geschichte geht nicht jede Fahrt so glimpflich aus wie bei der Stillung des Sturms durch Jesus auf dem See Genezareth. Der Schiffbruch auf Paulus' Fahrt nach Rom wird in der Apostelgeschichte (Kapitel 27) ausführlich und eindrücklich erzählt.

Die mittelalterlichen Quellen überliefern viele Schiffsunglücke. Eines der bekanntesten ist der Untergang des englischen Thronfolgers William Ende November 1120, nachdem er mit seinem Vater, König Henry I., auf einem erfolgreichen Heerzug in der Normandie unterwegs gewesen war. Bald nach Beginn der Rückfahrt der königlichen Flotte zur englischen Küste sank das ‚Weiße Schiff‘ des Kronprinzen, auf dem neben seinem (illegitimen) Halbbruder Richard auch viele weitere Adlige waren, kurz nach dem Auslaufen aus dem Hafen von Barfleur. Der normannische Chronist Ordericus Vitalis berichtet, es seien fast dreihundert Menschen an Bord gewesen. Der Thronfolger habe Wein ausgeteilt, wodurch die Besatzung angetrunken gewesen sei, als man am Abend verspätet ablegte und noch eilends das Flaggschiff mit dem König einholen wollte. Die gelinde gesagt gelöste Stimmung habe zu mangelnder Aufmerksamkeit geführt, so dass das Schiff noch in der Bucht einen Fels rammte, der ein Loch in die Bordwand riss. Die Fluten des Ärmelkanals drangen schnell in das

Schiff ein, es sank im Nu und riss fast alle, auch die Söhne des Königs, in den Tod. Trotz der Küstennähe bedingte wohl die Kombination aus Dunkelheit, Kälte, Alkohol und Winterkleidung, dass es angeblich nur zwei Überlebende gegeben habe.[105] Die Schiffskatastrophe sollte 1135 zur politischen Tragödie werden, als Henry I. ohne legitimen Nachfolger starb. Danach folgten fast 20 Jahre der „Anarchie“, des „Bürgerkriegs“, die von den Chronisten mit all ihren düsteren Folgen ausgemalt wurden – ob dieser Zustände sei im Volk sogar offen gesagt worden, „dass Christus und seine Heiligen schliefen“.[106]

Für die im Seehandel tätigen Kaufleute des Mittelalters war die Gefahr des Warenverlustes durch Schiffsuntergänge stets einzukalkulieren. So regeln die meisten mittelalterlichen Seerechte, allen voran die westfranzösischen ‚Rôles d'Oléron‘ des 13. Jahrhunderts, die Besitzansprüche und Fürsorgepflichten im Falle von Schiffbruch, Untergang oder Strandung.[107] Und die Bedeutung der Verteilung des maritimen Unternehmensrisikos auf mehrere Schultern ist für die Entwicklung von Seehandelsgesellschaften ab dem 12. Jahrhundert – die *colleganza* in Venedig und die *commenda* z. B. in Genua, die *wedderlegginge* im Ostseeraum – kaum zu überschätzen. Denn diese Seeversicherungen gaben den Rahmen für die Verfasstheit des hoch- und spätmittelalterlichen Fernhandels überhaupt vor.[108]

Die Seeversicherung schützte das Kapital, die Menschen auf den Schiffen standen dagegen in Gottes Hand. Und auf die Besatzungen lauerten nicht nur der Untergang des eigenen Fahrzeugs und damit der nasse Tod, sondern auch vielfältige tödliche Krankheiten auf See. Zu ihnen gesellte sich seit der zweiten Hälfte des 15. Jahrhunderts, als man die herkömmliche Küstenschifffahrt von Hafen zu Hafen zugunsten langer Schiffspassagen über die offenen, zu erobernden Ozeane aufgab, der Skorbut. Insbesondere die Besatzungen der portugiesischen Schiffe, die um 1500 den bis dahin in Europa unbekannten Seeweg um das Kap der Guten Hoffnung und über den Indischen Ozean ins gewürzreiche Südindien befuhren, litten infolge von Mangelernährung (nichts außer Schiffszwieback und Pökelfleisch) und der miserablen Hygiene an Bord unter dieser neuartigen Krankheit. Das war schon so bei der ersten Unternehmung Vasco da Gamas (1497/98)[109], und das passierte wieder bei der portugiesischen Indienfahrt im Jahre 1502. Von ihr berichtet ein unbekannter Deutscher, der auf einem der Schiffe die Expedition begleitete, dass man das „sieche Volk“ auf der Insel Anjidiva (vor der Küste von Nord-Kanara) von Bord gebracht habe. „Viele davon starben an einer fremden Krankheit.“ Und in der Tat rund ein Drittel der Seeleute war wohl von Skorbut befallen und viele fanden dabei den Tod. Sorgfältig und treffend listet der Chronist der Reise die Symptome dieses von ihm vorher noch nie gesehenen Krankheitsphänomens auf: „Zunächst wuchs ihnen [den Erkrankten] das Zahnfleisch vor die Zähne [es schwoll an], und alle Zähne wurden locker. Sie [die Kranken] wurden ganz lahm, so daß sie nicht gehen konnten. Die Beine schwollen ihnen beträchtlich an und wurden schwarz. Die Zähne stanken so sehr, daß es niemand bei ihnen [den Kranken] aushalten konnte [...].“ Auch die schier wundersame Heilung der von Skorbut befallenen, auf den Tod darniederliegenden Menschen fiel ihm auf: In Cannanore konnten Schiffsbesatzungen täglich Hühner, Fische und Obst gegen Zucker und andere Dinge eintauschen, „und sobald unsere Siechen die frische Speise aßen, wurden sie gesund“.[110]

Frische Lebensmittel gegen Skorbut, auch bessere Seekarten und eine entwickeltere nautische Kunst, das war das eine, das im Hier und Jetzt auf die Zeit größere Sicherheit bringen sollte. Auf der anderen, der älteren Seite stand das gemeinsame Gebetsgedenken in den Seefahrerbruderschaften vieler Küstenstädte auch für die Bewältigung von geschehenen Schiffsunglücken und der immer mitsegelnden Angst vor Krankheit und Tod. Ein Epitaph in der Lübecker Marienkirche, das an den Schiffbruch und Untergang des Hans Ben und seiner Mannschaft 1489 erinnert, gibt dieser Bewältigung die Gesichter der Betroffenen.

Pilger in schwerer See

Stürme und Schiffbruch erlitten auch manche Pilger unterwegs ins Heilige Land. Sogar Franz von Assisi strandete 1212 auf seiner ersten Heiliglandfahrt an der dalmatinischen Küste.[111] Über schwere See oder kleinere Unfälle mit dem Schiff informieren viele Pilgerberichte des Spätmittelalters.[112] Einen regelrechten Schiffbruch erlitt Graf Philipp von Katzenelnbogen auf seiner Pilgerfahrt 1433/34. Der von ihm in Auftrag gegebene, an der Präsentation der Gemäßheit einer Adelsreise und dem Ausweis des Besuchs möglichst vieler heiliger Stätten orientierte Bericht verzeichnet das Unglück in der üblichen Lakonik: Einen Tag nach Beginn der Rückreise aus Jaffa „zerbrach das Schiff und wir kamen mit großer Not an Land“. Die Überlebenden schleppten sich zum nächsten Dorf – „da lagen wir die Nacht mit großen Sorgen“.[113] Freilich hatte man offensichtlich zumindest die Geldbörse gerettet. Denn über Akkon, Beirut und Damaskus konnte die Reisegruppe Graf Philipps schließlich wieder nach Akkon reisen, wo sich eine Galeere für einen erneuten Rückreiseversuch in Richtung Venedig fand. Nach rascher Fahrt bis Rhodos kamen sie nach dem Ablegen

Christus, die Heiligen und das Meer: der Schiffbruch des Bergenfahrers Hans Ben auf einem Epitaph in der Marienkirche zu Lübeck (1489)

von dort alsbald wieder in einen schweren Sturm, so dass man nur schlingernd und mit Umwegen nach Kreta gelangte, ehe die weitere Route über die dalmatinische Küste nach Venedig gedeihlicher absolviert werden konnte – *des Got gelobt sy.*[114]

Hinter jedem Sturm lauerten Tod und Teufel. Und so mochte es häufig – glücklich davongekommene Pilger notierten dies in ihren Erlebnisberichten – nicht sein Bewenden damit haben, dass sich die Insassen der vom Sturm hin und her geworfenen Nussschalen auf die Knie warfen und zu allen Heiligen schrieen, damit die Naturgewalten besänftigt werden mögen. Erasmus von Rotterdam goss solches Verhalten in satirische Rhetorik. Auch Gelübde wurden abgelegt: für eine weitere Wallfahrt, für das Lesen von Messen, für die Stiftung von Altären – nur überleben mit Gottes Hilfe.[115]

Doch nicht nur Stürme hielt das Mittelmeer für fromme Wallfahrer als lebensbedrohliche Extremsituationen bereit, es gab dort auch noch manch andere Übel. In der zweiten Hälfte des 15. Jahrhunderts war das östliche Mittelmeer voller Gefahren: Osmanisch-venezianische Kriege und Kaperfahrten, die Schiffe von Freibeutern machten den europäischen Handel mit der Levante zu einem schwer kalkulierbaren Risiko.[116] Ein deutscher Adliger, der 1494 auf einer venezianischen Galeere die Route ins Heilige Land befuhr, hörte, wie er in seinem Reisebericht schreibt, zunächst nur von den Untaten der Seeräuber.[117] Am 14. Juli 1494 vor Limassol schien es dann tatsächlich zur ersten Feindberührung zu kommen. Dem Schiffspatron waren Gerüchte zugetragen worden, dass *Möerrauber unnd Türgkhen zwischen Ciperen unnd dem Heiligenn Lanndt auf weittem Möer auf uns hieltten.* In Windeseile wurde das fromme Pilgerschiff in eine wehrhafte schwimmende Festung verwandelt, gerüstet „mit Büchsen, Armbrüsten, Bögen, Spießen und Steinen nach dem Besten, wie wir es vermochten". Der adlige Reisende erzählt das durchaus mit Sinn für Dramatik. Denn schon wurde in der Ferne ein Segel gesichtet, das auf sie zuhielt und immer bedrohlicher daher kam. War die Stunde ritterlicher Bewährung gekommen? Doch was zwei Jahre später dem Luzerner Ratsherrn Hans Schürpf ‚vergönnt' war – Angriff eines osmanischen Kriegsschiffs auf die Pilgergaleere, stundenlanges Schießen, ungeheuere Dramatik, feindliche Pfeile vom Himmel wie dichtes Schneetreiben[118] –, blieb dem Adligen und seinen Mitreisenden im Jahre 1494 erspart. In dem sich nähernden Schiff ließ der Kapitän *die Seegel beye dem Schwanntz auf*[ziehen]*, zue ainem Zaichenn dess Friedes.* Allgemeines Aufatmen – es war eine venezianische Galeere, die aus Jaffa immerhin Neuigkeiten über den Sieg der Johanniter-Schiffe am 8. Juli 1494 mitbrachte: ein Piratenschiff aufgebracht, ungefähr 200 Seeräuber erschlagen.[119]

Doch der Tod holte während der Passage von 1494 die Ritterromantik des adligen Wallfahrers immer wieder ein. Auch dabei ist er genauer als viele andere schreibende Jerusalem-Pilger. 14 Todesfälle notierte der Reisende, Mitpilger, sechs Franzosen und vier Deutsche, ein Wallone und ein Mailänder, sowie ein Mitglied der Besatzung und ein Deutscher, der, auf der Rückreise in Zypern an Bord gekommen, lange Zeit in osmanischer Gefangenschaft gewesen war und, da nicht Pilgergenosse, als einziger im Meer bestattet wurde. Allein acht Pilger starben im Heiligen Land. Sie waren Hitze und Stress, mangelnder Hygiene, auch irgendwelchen Krankheiten erlegen.[120] Immerhin forderte 1494 die Pest keine Opfer wie bei der Wallfahrt des Jahres 1519, wo während der Rückfahrt die schreckliche Epidemie an Bord ausbrechen sollte und die Galeere „hinter sich eine tödliche Spur von über Bord geworfenen Toten" zurückließ.[121]

Gestrandet im „ersten Kreis des Paradieses" – Venezianer im Nordmeer 1431/32

Die Fährnisse der Seefahrt erlebte auch der venezianische Stadtadlige Pietro Querini am eigenen Leib, als er im Winter 1431/32 im Nordmeer havarierte. Querini entstammte einer Familie, die zu den vordersten Adelsgeschlechtern der Serenissima zählte und gerade im Levante-Handel stark engagiert war. Die Querini bedienten nicht zuletzt auch die Handelslinie von Venedig bzw. Kreta nach Flandern oder London im üblichen Austausch von Südweinen und Luxusgewürzen gegen Wolle und Tuche. Zu einer dieser Handelsfahrten stach Pietro Querini mit seinem Schiff, der Karacke „Querina", im April 1431 von Kreta aus mit dem Ziel Brügge in See. Über die durch gleich mehrere Havarien missglückte Seereise, den Tod eines Großteils der Mannschaft und die Erlebnisse der Überlebenden in Nordnorwegen sind zwei Berichte überliefert: Den einen verfasste Querini selbst, der zweite wurde von den Mitreisenden Christofalo Fioravante, dem Steuermann und *homo di consiglio*, und Nicolo de Michiele, dem Schreiber Querinis, im Dezember 1432, also kurz nach ihrer unverhofften Rückkehr, einem Florentiner namens Antonio di Chorado de Cardini in die Feder diktiert.[122]

Dem hier vorrangig betrachteten Bericht Pietro Querinis ist zunächst zu entnehmen, dass die Reise für ihn ohnehin vom Tod seines eigentlich zur Mitfahrt bestimmten Sohnes fünf Tage vor dem Auslaufen des Schiffs überschattet war. Dennoch ließ Querini am 25. April 1431 Kurs auf Gibraltar nehmen; am 2. Juni lief das mit Wein und Zypressenholz schwer beladene Handelsschiff vor Cadiz auf Grund. Das Malheur hatte einen Ruder- und Kielschaden zur Folge, so dass die „Querina“ im Hafen von Cadiz 25 Tage lang repariert werden musste. Querini berichtet, dass er wegen eines neuerlich ausgebrochenen Kriegs zwischen Genua und seiner Heimatstadt gezwungen gewesen sei, einige Bewaffnete anzuheuern und somit die Besatzung auf insgesamt 68 Mann zu erhöhen. Zur vermeintlichen Sicherheit wählte er für die Weiterfahrt einen von der Küste weit abgesetzten Kurs, um feindlichen Schiffen möglichst auszuweichen. Diese Probleme, zudem noch ungünstige Winde und erneute Schwierigkeiten mit der Ruderanlage führten dazu, dass man erst Ende August 1431 in Lissabon und Ende Oktober im nordwestspanischen Muros anlangte. Danach schien es für wenige Tage gut voran zu gehen, bis der vorherrschende Nordostwind so stark wurde, dass das Schiff wieder nicht unter der Küste segeln konnte. Am 10. November gingen nördlich der bretonischen Insel Ouessant die Ruderkrampen verloren. In dem aufziehenden Sturm wurde das nun nicht mehr steuerbare Schiff weit abgetrieben. Wie weit man vom Kurs abgekommen war, blieb den Schiffsinsassen zunächst verborgen.[123]

Querini schildert eindrücklich seine eigene, nur durch den Glauben gemilderte Verzweiflung, die an Bord um sich greifende Todesangst und die ganz praktischen Nöte wie die allmählich zur Neige gehenden Lebensmittel. „So war es unser Schicksal, dort auf dem weiten und rasenden Meer ohne Steuer zu liegen“. Offenbar reihte sich auf dem Nordatlantik, in den das Schiff abgetrieben war, ein Herbststurm nach dem anderen, die das durchaus zur sprichwörtlichen Nussschale gewordene Fahrzeug immer weiter nach Nordwesten schoben. Wochenlang trieb man so dahin, während weitere Ausrüstungsteile des „unglückseligen Schiffs“ weggeweht oder weggespült wurden. Am 25. November, dem Tag der Heiligen Katharina, deren Hilfe man auch bei der Suche nach Ertrunkenen erflehte, wurde es so schlimm, dass sich die Besatzung in ihr Schicksal ergab. Die Gottesmutter und viele Heilige wurden angerufen, wieder und wieder versprachen die Seeleute Gott und seinem Heiligenhimmel fromme Taten und Pilgerreisen. „Das hatte eine wunderbare Wirkung, so dass wir trotz der gewaltigen Raserei des Meeres vor dem Tod gerettet wurden“. Sie glaubten daran wie die Pilger, von denen wir schon berichteten. Und der Wind nahm tatsächlich etwas ab. Inzwischen wähnte man sich etliche hundert Seemeilen westlich von Irland. Anfang Dezember wurde dann gemeinsam beschlossen, die „letzten Mittel“ zu versuchen, nämlich Anker zu setzen, was misslang, und schließlich den letzten verbliebenen Mast zu kappen. So wollten die Seeleute verhindern, dass das immer wieder voll laufende Schiff kenterte. Schließlich half nichts mehr, als die zwei kleinen Beiboote zu Wasser zu lassen und die Besatzung auf diese zu verteilen. In das größere mit insgesamt 47 Mann stiegen auch Querini, sein Schreiber und sein Steuermann ein. Von dem kleineren Rettungsboot und seinen 21 Insassen sollten sie nichts und niemanden mehr sehen. Und das führungslos Wind und Wellen ausgelieferte Frachtschiff mit den zurückgelassenen Waren nahm sich die tückische See.[124]

In der Schaluppe Querinis wurde im Wechsel gerudert, mit bescheidenen Steuermöglichkeiten auf Ost gehalten und das ständig einsickernde Wasser geschöpft. Die Anstrengungen und die immer spärlicher bemessenen Rationen führten dazu, dass zahlreiche Seeleute an Erschöpfung starben – „sie fielen vor unseren Augen einfach tot um“. Am 29. Dezember war der letzte Wein ausgetrunken, Trinkwasser gab es schon länger nicht mehr und die Überlebenden bereiteten sich erneut auf das Ende vor. Doch am 4. und wieder am 5. Januar tauchten unerwartet Schatten am Horizont auf, die Hoffnung auf Land machten. Auf diese zuzurudern, erwies sich laut Querini freilich schon deshalb als schwierig, „weil der kurze Tag nur zwei Stunden währte“. Mal meinten sie etwas zu sehen, mal war da nur kaltes, dunkles Nichts. Am nächsten Tag, bezeichnenderweise an Epiphanias (6. Januar) 1432, kamen sie endlich in Küstennähe, doch das Land war zunächst nicht zu erreichen. Die Strömung sowie die vielen Unterwasserfelsen und gefluteten Schären machten dies schier unmöglich. Schließlich gelang es doch, das schwer in Mitleidenschaft genommene Schifflein auf einer kleinen, völlig schneebedeckten Schäre an ein zunächst rettendes Ufer zu setzen. Nach schier unglaublichen zwei Monaten auf dem sturmgepeitschten Nordmeer war dies ein Wunder, das für den Venezianer nur die Hand Gottes bewirkt haben konnte. „Ich versichere, dass ich soviel Schnee aß, wie ich nicht hätte auf den Schultern tragen können“. Von der ohnehin sehr dezimierten Mannschaft starben trotzdem in den nächsten Stunden nach der Landung weitere fünf an Erschöpfung.

Die restlichen 16 Männer waren jedoch noch nicht gerettet. Es gab nämlich kein Leben auf dem kleinen, vereisten Eiland. Da das Boot inzwischen gänzlich leck geschlagen war, konnten sie in den folgenden Tagen nicht mehr versuchen, auf eine andere, vielleicht ja bewohnte Schäre zu gelangen. Sie mussten hilflos die verbliebenen Reste an Schiffszwieback zusammen mit einigen wenigen Muscheln verzehren und sich aus Rudern und Fetzen zwei kümmerliche Zelte bauen. Noch einmal schien das Ende nah, erneut starben drei spanische Fahrtgenossen.[125]

Da entdeckte man elf elende Tage nach der Anlandung nicht nur einen großen, noch genießbaren Fisch am Strand, sondern auch eine kleine verlassene Fischerhütte, die nicht nur besseren Schutz im Nordwinter bot, sondern auch die Hoffnung auf nahe gelegene Siedlungen, auf Hilfe in der Not. Und die stellte sich für die Venezianer, die immer noch über ihren Aufenthaltsort im Unklaren waren, endlich auch ein: Denn auf der den Lofoten vorgelagerten Inselgruppe Røst sahen offenbar einige Fischer, dass auf einer der Schären Rauch aufstieg. Das musste mitten im Winter sofort Aufsehen erregen. Ein Boot wurde ausgeschickt, man fand die Gestrandeten. In der späteren Darstellung der glücklichen Heimkehrer war das Wunder der Rettung durch eine göttliche Traumbotschaft an einen der Fischersöhne von Røst ausgelöst worden. Die Verständigungsschwierigkeiten führten übrigens hernach dazu, dass die von der Schäre Sandø Geretteten meinten, diese hieße *l'ixola di Santi* – Insel der Heiligen.[126]

Die einheimischen Fischer waren ziemlich erschrocken über den Anblick der abgemagerten, zerzausten, fremdländisch aussehenden und unverständlich sprechenden Gestalten. Fremde bereiten zunächst immer Angst. Nur zwei von ihnen nahmen sie mit nach Røst. Einer war ein Flame, der sich mit einem dort lebenden Dominikanerpater, „der ein Deutscher war", verständigen konnte. Jener veranlasste seine Gemeinde während der sonntäglichen Messe, auch den Rest der inzwischen nur noch elf Überlebenden aufzusammeln. Am 3. Februar 1432 wurden die nun endlich Geretteten von den *citadini di Rustene*[127] abgeholt und aufgenommen – Pietro Querini im Haus des vermögendsten Fischers, nachdem er sich dem tatsächlich Latein sprechenden Priester als Schiffseigner zu erkennen gegeben hatte. Dort angekommen will sich der venezianische Aristokrat nach eigenem Bekunden vor der Frau des Hauses auf den Boden geworfen haben, die ihn aber peinlich berührt an das Feuer geführt und mit warmer Milch versorgt habe. Querini betont auch, dass er während des dreimonatigen Aufenthaltes in jenem Haus seinen Gastgebern stets im Haushalt geholfen, den Boden gefegt und sogar deren kleine Tochter geschaukelt habe. Für ihn war dies wohl ein angebrachtes Zeichen jener Demut, die er auch von seinen Schiffsleuten auf See und nach dem Schiffbruch immer gefordert hatte.[128]

Die zwei überlieferten Berichte von der Seereise, den Havarien und der Rettung des Pietro Querini und seiner zehn überlebenden Mitfahrer sind auch faszinierende Zeugnisse für die südeuropäische Nordlanderfahrung des 15. Jahrhunderts. Denn vor allem die Darstellung Querinis über die rund drei Monate an den rettenden Gestaden ist geradezu eine ‚Volkskunde' der Küste Nordnorwegens zu dieser Zeit. Bemerkenswerterweise war dieses Gebiet in der Wahrnehmung der Italiener bereits voll integriert in die Ökumene der lateinischen Christenheit. Laut Querini wohnten auf Røst rund 120 Menschen, von denen „zu Ostern 72 als gläubige und demütige Christen zum Altar gegangen" seien. Diese frommen Leute würden während der stets besuchten Sonntagsmessen im Gebet knien, immer die gebotenen Fastenzeiten einhalten und angeblich niemals fluchen – wohl der Eindruck eines nicht die Landeszunge sprechenden Fremden.[129]

Der Parallelbericht Fioravantes und de Michieles resümiert den Aufenthalt auf Røst damit, dass man dort *nel primo cerchio de paradixo* – im ersten Kreis des Paradieses – gewesen sei, fernab der venezianischen Bräuche.[130] Diese Wendung verrät auch die fraglos sehr dankbare, aber doch kulturell vorgeformte Sicht der urban-raffinierten Venezianer auf ihre nordnorwegischen Gastgeber; sie waren ihnen fromme Christen, aber eben ‚paradiesisch' einfache Leute.

Im Mai 1432, als die Tage für die Südländer schon unbegreiflich lange hell geworden waren, nahm man Abschied und die vormals Fremden wurden von den Inselbewohnern noch mit Fisch als Proviant und als kleines, in Münzen konvertierbares Handelsgut versorgt. Sie sollten nämlich, um in die Heimat zu gelangen, die saisonale Handelsfahrt der Fischer nach Bergen mitmachen, wo diese ihren Stockfisch zu Geld und anderen Waren machten – ein Wirtschaftskreislauf, der den Oberitalienern als Endkonsumenten des nordischen Fisches wohl bekannt sein musste. So fuhren die glücklichen Überlebenden also Richtung Bergen, und nun lief es einmal reibungslos mit der Seefahrt. Da bei Trondheim Kunde von erneut aufflammenden Spannungen zwischen ‚den Deutschen' und dem nordischen Unionskönig Erich von Pommern eingetroffen war, fasste die Gruppe den Entschluss, nicht über Bergen, sondern über Schweden in die Heimat zu reisen. Über die 53 Tage dauernde Wanderung von Trøndelag an die schwedische Ostseeküste berichtet Querini, dass sie wiederum überall freundliche und trotz Armut freigiebige Menschen getroffen und Hilfe erfahren hätten. In Stegeborg angelangt, trafen sie den für die Venezianer als ‚Landsmann' geltenden kroatischen Adligen Ivan Anž Frankopan. Der war zu dieser Zeit Burgvogt König Erichs in Stegeborg und empfing sie herzlich und zuvorkommend – ein Vorgeschmack auf die Heimkehr in die Lagunenstadt. Obwohl die Gruppe bereits durch Vadstena gekommen war, empfahl ihnen Ivan nach einigen Tagen der Ruhe, noch einmal zum Kloster der schwedisch-italienischen Heiligen Birgitta zurückzukehren, um die jährliche, von Querini farbenfroh geschilderte Wallfahrt zu erleben.

Danach wollten die unfreiwilligen Abenteurer auf dem schnellsten Weg nach Hause. Drei Mann – unter ihnen Fioravante und de Michiele – reisten über Rostock gen Heimat, die anderen mit Querini über Lödöse, London und Basel; alle elf Überlebenden kamen letzten Endes gut nach Hause. Seinen Bericht schließt Pietro Querini mit folgenden, sicherlich nicht nur als religiöser Topos zu verstehenden Worten: „Es war mein Gebet, dass Gott mich in seiner Gnade gesund nach Hause kommen und meine Angehörigen wohlauf finden lassen möge. So erging es mir auch, daher Ehre und Lobpreis dem Herrn in der Ewigkeit der Ewigkeiten. Amen".[131]

Die Erde bebt – Erlebnisse aus dem 14. und 15. Jahrhundert

„Und der siebte Engel goss seine Schale über die Luft. Da kam eine laute Stimme aus dem Tempel, die vom Thron her rief: Es ist geschehen. Und es folgten Blitze, Stimmen und Donner; es entstand ein gewaltiges Erdbeben, wie noch keines gewesen war, seitdem es Menschen auf der Erde gibt. So gewaltig war dieses Beben. Die große Stadt brach in drei Teile auseinander, und die Städte der Völker stürzten ein. Gott hatte sich an Babylon, die Große, erinnert und reichte ihr den Becher mit dem Wein seines rächenden Zornes.“ (Offenbarung des Johannes 16, 17–19)

Kreta, 1. Juli 1494
Was erleben Augenzeugen und was sehen sie?

Es ist der 1. Juli 1494, der Vorabend des Festes Mariä Heimsuchung – Mittagszeit in Kandia (heute Heraklion) auf Kreta. Jerusalempilger, am Vorabend mit ihrer venezianischen Galeere angekommen, sitzen in ihrer Herberge. Da, plötzlich – „die Kammer schüttelt, bewegt sich, die Mauern zerbersten“, Mobiliar, Hausgerät, alles fällt durcheinander. Die Pilger „sehen einander an“. Was ist los? Einen Augenblick nur – nichts als Entsetzen! Man hört Geschrei von draußen, alle fliehen – nichts wie hinaus, auf die Gasse. Draußen reißt die Pilger ein erneuter Erdstoß zu Boden, Häuser fallen in sich zusammen, sie versuchen aufzustehen, doch erneute Beben – vier an der Zahl in dichter Folge, sie zählen die Erdstöße – lassen sie immer wieder straucheln. Panik in der Stadt: „da herrschte großes Geschrei von Männern und Frauen, von jung und alt“, Jammern und Klagen. Die Erzählung bricht danach ab – mehrere Minuten lang, nichts als Betäubung.[132]

Der anonym bleibende Erzähler aus dem süddeutschen Niederadel sieht gleich einer ‚lebenden Kamera‘ das Beben, erzählt von dem unmittelbar, hautnah Erlebten. Er beobachtet sich auch selbst dabei, freilich aus der Erinnerung – Monate später. Sein Bericht setzt in dem Augenblick wieder ein, als Bewohner Heraklions damit begannen, der Naturkatastrophe und damit der Aussetzung jeglicher Ordnung, das überkommene Normengefüge christlicher Gemeinde entgegenzustellen. Sie bändigten Chaos und Furcht, so erzählt es der Anonymus, mit ihren Ritualen: Alle Glocken der Stadt wurden geläutet, Bittprozessionen gingen von den Kirchen aus durch die Gassen. Die Pilger liefen mit den

Prozessionen ihrer, der römisch-katholischen Konfession durch die zerstörte Stadt. Und die griechisch-orthodoxen Gläubigen trugen Ikonen durch Heraklion und riefen laut: „Kyrie eleison, Christe eleison“. Alle einte die Furcht, „es werde die ganze Insel versinken und untergehen“.

Augenzeugenberichte über Katastrophen wie die dichte Beschreibung als Selbstzeugnis des unbekannten Erzählers einer Pilgerreise nach Jerusalem sind selten im Mittelalter. Die mediävistische Umweltgeschichtsforschung hat es bei der Untersuchung von Naturkatastrophen vornehmlich mit raunenden, weil nachgeborenen oder weit weg vom Geschehen schreibenden Chronisten zu tun. Sie liefern, wenn überhaupt „nur widerwillig“ jene Informationen, mit denen in der Moderne Katastrophen beschrieben werden. Das haben wir schon gesehen.[133] Stattdessen bleiben die Nachrichten im Wahrnehmungsfilter ‚Gottes Zorn‘, wie er etwa in der eingangs zitierten Offenbarung des Johannes beschworen wird, häufig ganz bewusst im Ungefähren. Denn wer konnte schon um die Sinnhaftigkeit der durch die Natur erfahrenen göttlichen Strafen wissen?

Der anonyme Erzähler des Pilgerberichts deutet und bewältigt sein persönliches Erleben der ihn jäh, völlig unvorbereitet treffenden Naturkatastrophe zunächst durch die Einordnung des Geschehens in den Solidaritäts- und Identitätsraum seiner Reisegruppe aus deutschen Niederadligen. Ganz zum Schluss der Erzählsequenz vom ersten Katastrophentag auf Kreta schreibt er: Wir „sorgten uns deswegen an diesem Tag gar sehr“.[134] Das ‚Ich‘ tritt hinter dem ‚Wir‘ zurück. Als Adliger hatte man gelernt, in der Gruppe zu kämpfen und seine Affekte zu kontrollieren. Mit Lebensformen und ihrem Deutungsangebot konnte und kann auch Unvorhersehbares bewältigt werden. Der adlige Autor als Überlebender eines Erdbebens will seine adligen Leser oder Hörer belehren. Es ging ihm dabei neben der Katastrophe an sich auch und gerade um adlige Solidarität in jenen Nöten.

Wer verursacht wohl solche Bewegungen des Erdreichs? – die Wahrnehmung des niederadligen Erzählers

Im Mittelalter ging es nicht so sehr um die Frage ‚was‘, sondern ‚wer‘ ist die Ursache einer solchen Naturkatastrophe. Die Zeitzeugenschaft des adligen Jerusalempilgers ist darin ganz typisch. Denn einerseits erzählt er sein Erdbeben-Erlebnis auf Kreta als Exempel, wie einer vom Adel Gefahren besteht und verarbeitet. Andererseits ist sein Bericht exemplarisch für die zeitgenössische

Wahrnehmung von Gottes Natur und für das darin zum Ausdruck kommende religiöse Bewusstsein. Die erlebte Katastrophe auf Kreta ließ dem adligen Pilger keine Ruhe, er suchte nach der Erklärung, die ihm gemäß war. So forschte er zunächst einmal in der bereisten Umwelt des Mittelmeers nach Zeugnissen anderer Erdbeben, was in dieser Großregion wohl einfach fiel. Die neuere Forschung registriert im besonders erdbebengefährdeten Italien allein zwischen 1000 und 1350 242 Beben.[135] In Rhodos konnte der Jerusalempilger Gewährsleute nach einem Erdbeben am Lukastag, dem 18. Oktober, im Jahr zuvor, 1493, auf der Insel Kos befragen. Die erzählten ihm folgende Geschichte:[136] Vierzehn Tage vor der Naturkatastrophe sei auf Kos „ein alter Mann" erschienen, „den niemand gekannt hätte". Zwei brennende Kerzen habe er getragen. Als prophetischer Warner sei er aufgetreten: „Tut Buße wegen eurer Sünden! Ruft Gott an und sagt es auch eurer Obrigkeit! Bekehrt euch zu Gott oder am Sankt Lukastag […] wird über euch ein großes Erdbeben mit großen Plagen kommen!" Doch niemand, auch nicht die Herren, habe auf den Propheten hören wollen. Und so seien die Folgen unvermeidlich gewesen. Gott habe die Bewohner von Kos, wie es sein menschliches Sprachrohr vorhergesagt habe, am Lukastag mit einem Erdbeben bestraft.

Der Bericht des unbekannten Pilgers liest sich denn auch wie die Vorzeichen vom Ende der Zeiten im Lukas-Evangelium (21, 10–11): „Gewaltige Erdbeben" hätten sich erhoben. Die Stadt Kos, etliche Schlösser und Dörfer seien so schwer zerstört worden, dass die Überlebenden nicht mehr ihre Häuser und Hofstätten fanden. Und „schreckliche Dinge" seien geschehen: Die Berge hätten sich „gespalten" und „bis an die 2000 Personen" seien „verdorben".

Damit hat der adlige Pilgerreisende den archimedischen Punkt seiner deutenden Vernunft gefunden. Er bewältigte sein Erdbebenerlebnis auf Kreta durch die Heilsgeschichte, in der menschliches Schicksal und irdische Geschichte aufgehoben sind. Auf Rhodos erzählte man ihm am 21. September die Geschichte des Erdbebens auf Kos, in Jerusalem am Höhepunkt seiner Wallfahrt hatte er zuvor am 9. August an den heiligen Stätten des Leidens und Sterbens Christi den Ort entdeckt, wo beim Tod des Herrn „die großen Gebirge und Felsen zerrissen und gespalten wurden".[137] Die Dinge fügten sich für ihn in eins, das war seine Vernunft, das war seine Erklärung, Deutung und Bewältigung des Erdbebenerlebnisses auf Kreta. Und die Ausführlichkeit, mit der das zeittypische Deutungsmuster für Katastrophen, eben der Zorn Gottes, als Ursache begründet wird, erweckt den Eindruck, dass es dem unbekannten Verfasser um die besondere Glaubwürdigkeit seines Erlebnisberichts ging.

Basel, 18. Oktober 1356
Die Augenzeugen und das Schadensereignis

Am 18. Oktober 1356, mithin 138 Jahre vor dem unmittelbar individuellen Erleben zu Kandia, bleiben die Basler Augenzeugen und Chronisten immerhin des schwersten, historisch dokumentierten Starkbebens nördlich der Alpen wortkarg. *Der ertpidem*, schreibt ein Anonymus im sogenannten ‚Roten Buch', das der Basler Rat nach der Katastrophe und dem Verlust des Archivs im November 1357 neu anlegen ließ, „begann am Dienstag nach Gallus, das war am Tag des Evangelisten Lukas". Basel sei durch das Beben zerstört worden.[138] Doch schon geraume Zeit vor diesem ersten, unmittelbaren Basler Augenzeugenbericht verfasste in den letzten Monaten des Jahres 1356 der Franziskaner Jean de Roquetaillade ein Werk mit dem Titel ‚Vademecum in tribulatione'. In diesem „librunculus", diesem „Büchlein", ‚Begleiter der Drangsal' prophezeit der auf Schloss Bagnol (unweit Avignons) in päpstlicher Gefangenschaft einsitzende Barfüßer die „künftige Zerstörung verschiedener berühmter Städte im Erdkreis" und nennt als Vorbild für jene Verwüstungen die Stadt Basel: Sie sei „in diesem Jahr […] durch ein unerhörtes Erdbeben während ungefähr zehn Stunden erschüttert und von Grund auf zerstört" worden.[139] Und Francesco Petrarca sekundiert in seinem um 1357 entstandenen Werk ‚Fromme Muße': Basel, „jene edle, halblateinische Stadt", sei „nun nichts als Berge von Gestein und Schweigen und Entsetzen".[140] Doch ähnlich wie bei Petrarca, der die Stadt am Rheinknie zwar noch kurz vor dem Beben, aber nie mehr danach besuchte, so problematisch bleibt überhaupt das Bild der Chroniken über den Ablauf und das ganze Ausmaß der Katastrophe. Die Chronisten haben sich auch nicht in dem geradezu erstaunlichen Ausmaß wie beim Erdbeben vom 25. Januar 1348 zu Wort gemeldet, das in Kärnten, Krain und Friaul schwerste Zerstörungen anrichtete, insgesamt ca. 10.000 Menschen das Leben gekostet haben soll und von den Zeitgenossen als Teil jenes mit Pest, Geißler und Judenmord gekennzeichneten Entsetzens dieser Zeit erzählt wurde.[141]

Unter den Chronisten als Zeitzeugen der Basler Katastrophe hält nur Heinrich von Diessenhofen Details für berichtenswert. Er hatte in Konstanz, wo er seit 1341 als Domherr residierte, genauere Auskünfte für seine von 1338/44 bis 1361 fortlaufend geführte Chronik in Basel eingeholt, ja er vermochte das Beben selbst noch in der Stadt am Bodensee genau zu registrieren.[142] Diessenhofen interessieren Orte, Tageszeiten, Kausalketten: Am 18. Oktober 1356 nachmittags zwischen Mittagsmahl und Vesper habe das erste „große Erdbeben" Konstanz erschüttert, bis zur nachmittäglichen Vesper seien zwei kleinere

Die Erde bebt – Basel 1356 in der Vorstellung der Chronik Christian Wurstisens (1580)

Stöße wahrgenommen worden und während des Vesperläutens hätten sich vier weitere, diesmal wieder stärkere Erdbewegungen eingestellt. In der folgenden Nacht sei bis Mitternacht noch sechsmal die Erde erschüttert worden – der erste Stoß sei stärker als die übrigen gewesen. Am nächsten Tag, dem 19. Oktober, habe man schließlich noch zwei Nachbeben verspürt, das eine direkt nach Mittag, das andere nach der Vesperzeit.

Was ist nun in und mit der Stadt Basel geschehen? Die für diese Zeit um 1388 verfassten ‚Kleineren Basler Annalen' geben eine eindringliche Beschreibung von der unter den Erdstößen zusammenstürzenden Stadt: „Als die Leute aus ihren Häusern fliehen wollten, da waren ja die Häuser noch hoch. Und wenn ein Erdstoß kam, fielen die oberen [vorkragenden] Stockwerke gegen- und ineinander und die unteren Etagen an der Straße blieben stehen."[143] Bewegt sind die Schilderungen des Konstanzers Heinrich von Diessenhofen: „Viele Menschen flohen in Schrecken auch wegen der nachfolgenden Beben, die sich an dem genannten Tag ereigneten, hinaus auf die Felder, um dort bis nach der Vesperzeit auf das Ende der Heimsuchung zu warten. Da erhob sich im Kloster St. Alban, das an diesem Tag vernichtet worden war, Feuer, ebenso in anderen eingestürzten Häusern. Als jene, die geflohen waren, dies sahen, wollten sie ihren Besitz retten, sie liefen wieder [in die Stadt zurück], um sowohl beim Brandschutz zu helfen als auch Habe zu bergen, am meisten aber um jene Menschen zu retten, die vom ersten

Beben verschüttet worden waren. Und als sie sich bis zur ersten Nachtstunde abgemüht hatten, kam wiederum ein sehr großer Erdstoß, der die meisten Menschen ebenso überraschte wie der erste und die Häuser, die standgehalten hatten, niederwarf".[144]

Erdbeben und Feuer waren indes nicht die einzigen Katastrophen, die Basel in diesen Stunden heimsuchten. Der Basler Dominikaner Konrad von Waltenkofen, der zu Beginn des Jahres 1360 ein ‚Alphabetum narrationum' verfasste, schreibt darin wahrscheinlich ebenfalls als Augenzeuge des Geschehens von 1356: Nach den „schrecklichen" Beben und dem Feuer „überfiel [die Stadt] als drittes Übel" das Wasser des durch Trümmer aufgestauten Birsigs. Der mitten durch die Stadt fließende Bach sei über seine Ufer getreten, habe die Keller der Häuser in der Steinenvorstadt und in den tiefer liegenden Gassen der inneren Stadt überflutet und die dorthin vor dem Feuer geflüchteten Habseligkeiten der Bewohner vernichtet[145] – „allein gegen die Gewalt der Natur hat nichts festen Bestand", meinte Francesco Petrarca im Jahre 1368.[146]

Erdbeben – Was sehen Chronisten als Zeitzeugen? Schäden: Menschen und Tiere – das ‚Gemeine Gut'

Die „heilige Stadt Basel", versichert Heinrich von Diessenhofen, sei schon durch das erste Beben am Nachmittag des 18. Oktobers zerstört worden. Alle Kirchen mit Ausnahme des Dominikanerklosters und der Kapelle der Johanniter, beide in der Vorstadt „ze Krüz", lägen in Trümmern.[147] Der Anonymus im ‚Roten Buch' ergänzt, hierin ein besserer, weil näherer Beobachter als Diessenhofen: „Türme und Steinhäuser in der Innerstadt und den Vorstädten wurden [von dem ersten Beben] größtenteils zerstört".[148] In den um 1356 entstandenen ‚Historischen Denkwürdigkeiten' aus dem unterelsässischen Kloster Altdorf wird gewiss übertrieben davon berichtet, dass in Basel die Stadtmauer *totaliter* zusammengebrochen sei.[149] Und die ‚Größern Basler Annalen' (allerdings in einer Redaktion vom Beginn des 16. Jahrhunderts) zeugen sehr eindringlich davon, dass die Erdstöße an allen Türmen und größeren steinernen Gebäuden Bauschäden, zumindest Mauerrisse hervorgerufen hätten.[150] Das alles könnte darauf hinweisen, dass die vielen Fachwerkhäuser in der Stadt aufgrund ihrer elastischeren Bauweise den Erdstößen besser standgehalten haben mochten. Doch auch sie fielen wie der Rest der Stadt dem nach den ersten Beben ausbrechenden Großfeuer zum Opfer. So steht es denn auch nahezu ausnahmslos in allen Chroniken: Das Erdbeben sei *vehemens*, *merkelich*, ja das *gröst* gewesen, „das jemals gesehen wurde", wie ein unbekannter Mainzer Chronist um 1400 eilfertig hinzusetzt, einer von vielen.[151]

Dunkel äußern sich die Chronisten über die Menschenverluste. Die im Hinblick auf Realitäten glaubwürdigsten Zeitzeugen, der Anonymus im ‚Roten Buch' und Heinrich von Diessenhofen, schweigen dazu. Diessenhofen interessiert nicht, ob die von ihm erwähnten Verschütteten auch gerettet werden konnten, während der mutmaßliche Augenzeuge Waltenkofen von „vielen verschütteten Menschen" spricht, die zu Tode gekommen seien. Auch der sonst etwas beredtere Straßburger Chronist Fritsche Closener bleibt bei den Zahlen im Ungefähren: „viele Leute und viel Vieh" seien verdorben.[152] Die unbestimmte Größenbezeichnung „viel" ist auch anderen zeitgenössischen Chroniken eigen.[153] Manche Chronisten meinten es genauer zu wissen: Für den schon genannten Autor der ‚Mainzer Chronik' bedeutet ‚viel' „mehr als 1.500" Tote, und Heinrich Taube, der von seiner ruhigen Eichstätter Dompfründe aus das ferne Geschehen verfolgte, tut es nicht unter *mille milia hominum*, also eine Million Menschen, um das Außergewöhnliche des Basler Bebens zu unterstreichen.[154] Bei dem unterentwickelten „Gefühl für den Werth genauer Zahlenfeststellungen" vor dem 19. Jahrhundert, von dem schon Karl Bücher, prominenter Vertreter der historischen Nationalökonomie, sprach[155], ist es dagegen auffallend, dass sich der auch sonst sehr informiert zeigende unbekannte Basler Autor in seinen Zusätzen zur ‚Sächsischen Weltchronik' mit *bi dryhundert* Toten bemerkenswert zurückhält. Und die ‚Kleineren Basler Annalen' nennen *me denne funfhundert menschen* als Opferzahlen.[156] Der gerade erwähnte Basler Anonymus erzählt sogar das Schicksal eines der Getöteten: Der, aus dem prominenten Ritter- und Bürgermeistergeschlecht von Bärenfels stammend, sei, als er vom Fischmarkt durch eine Stadtmauerpforte hinauf zum St. Petersplatz flüchtete, von einer herabfallenden Mauerzinne erschlagen worden. Nachweislich zu Tode kamen außerdem noch zwei weitere Menschen: der Domherr Johannes Christiani und Peter Münch, der Pfarrer von St. Martin.[157] Und so könnten insgesamt, nach all dem, was wir über das Basler Erdbeben von 1356 wissen, durchaus zwischen 300 und 500 Tote in einer Stadt mit ca. 8.000 Bewohnern zu beklagen gewesen sein, eine Verlustrate zwischen über 3 bis 6 Prozent.

Erdbeben – Was sehen die moderne seismologische Forschung und die Archäologie?

Die Chronisten übertrieben diesmal zumindest in der Tendenz nicht: Eine seismologische Studie ermittelte für das Beben von 1356 eine Stärke von 6,5 auf der Richter-Skala oder von 9 bis 10 auf der MSK-Skala. Es übertrifft damit alle seit 1021 bezeugten Erdbewegungen in der Region Basel, ja es gilt, wie erwähnt, als das schwerste der historisch bekannten Starkbeben nördlich der Alpen. Die genannte Untersuchung konnte auch erstmals den Herd jenes Bebens lokalisieren: eine seismisch aktive Bruchzone, die sich auf einer Länge von acht Kilometern vom Jura im Raume des Gempenplateaus und der östlichen Blauenkette aus in nordöstlicher Richtung quer durch das Birstal über Reinach zur südlichen Stadtgrenze Basels erstreckt.[158] Dieser naturwissenschaftliche Befund entspricht ebenfalls im wesentlichen den Beschreibungen der Chronisten des 14. Jahrhunderts: Heinrich von Diessenhofen macht zwar unbestimmt die Diö-

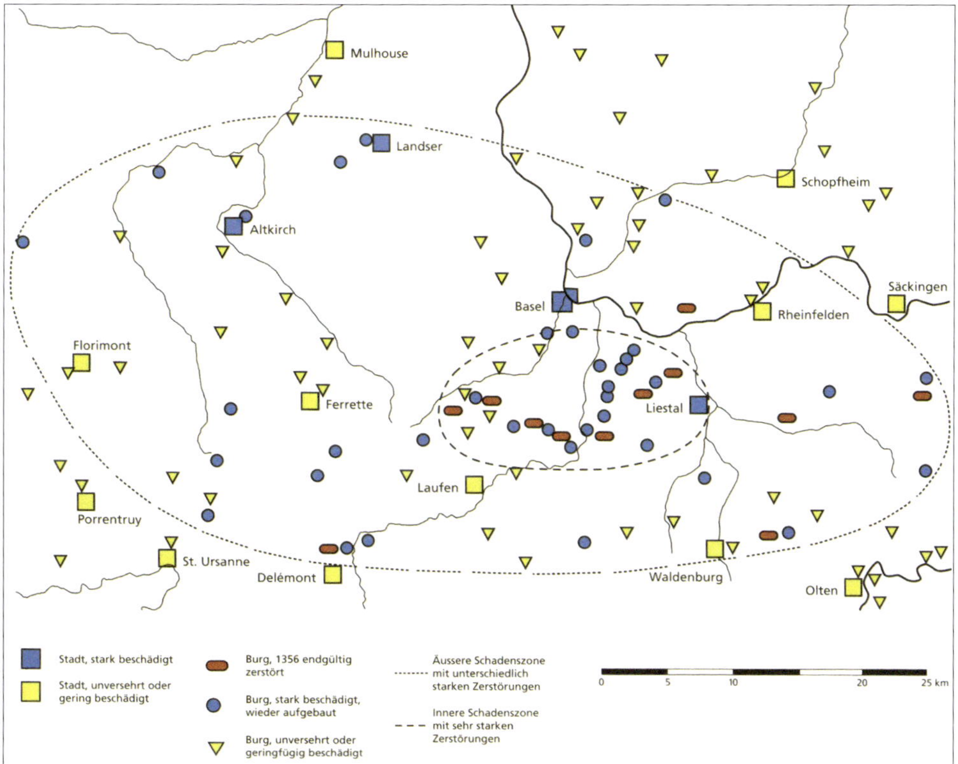

Erdbeben Basel 1356 – archäologisch nachweisbare Zerstörungen in der Region

zese Basel als Schadensraum aus, zählt aber dort 46 zerstörte Burgen, während der Straßburger Fritsche Closener auf ca. 60 feste Häuser kommt, die in Trümmer lägen.[159] Genauere Vorstellungen vom Schadensumkreis besitzt der mehrfach zitierte Anonymus im Basler ‚Roten Buch': Vier Meilen, also ca. 30 Kilometer, sollen es gewesen sein.[160]

Die archäologischen und bauanalytischen Befunde verdeutlichen die realen Ausmaße, die ganze entsetzliche Tragik des Erdbebens.[161] Die dokumentierten Schäden beschreiben ein Zerstörungsoval mit einer von Ost nach West verlaufenden Längsachse von 85 km und einer Nord-Süd-Ausdehnung von 45 km. Das Zentrum des dichtesten Zerstörungswerkes lag unmittelbar südlich von Basel. Die heute noch sichtbaren Bauschäden in dieser Zone sind tatsächlich an vielen Burgen nachzuweisen – im allgemeinen ‚Höhenburgensterben' der Zeit kam die Natur in dieser Region den Entscheidungen ihrer adligen und stadtadligen Besitzer zuvor. Die ländliche Bevölkerung dagegen war wohl weniger betroffen. Ihre eingeschossigen Wohn- und Wirtschaftsbauten aus Holz und Fachwerk dürften dem Beben weitgehend standgehalten haben. Im stolzen Basel freilich mit seinen Steinbauten fanden die Erdstöße ihre Opfer. Vor allem die hochragenden Türme und Tore der Stadtbefestigung, die Wohntürme einiger stadtadliger Geschlechter sowie die Kirchen haben schwer gelitten. Das Chorgewölbe des prächtigen Basler Münsters stürzte ein, schwer beschädigt wurden die Gewölbe des Querhauses sowie die Vierungs- und Chorflankentürme – sie mussten abgerissen werden. Die einstürzenden Westtürme rissen zwei Gewölbejoche des Hauptschiffs mit sich, eine schreckliche Schadensbilanz hatte das Beben dort eröffnet. Schwerst verwüstet wurde auch das Kloster St. Alban, während andere Kirchen mit leichten Blessuren davon kamen und den Gläubigen fromme Herberge bieten konnten.

Verheerender noch als die Erdstöße wirkte sich der davon ausgelöste Großbrand aus. Im Feuer verbrannte alles, was das Beben übriggelassen hatte. Insbesondere die ‚hölzerne' Stadt der Gewerbequartiere wurde ein Raub der Flammen. Die eingestürzten Gebäude und der Brandschutt legten die Infrastruktur lahm. Kaum passierbar waren die engen Gassen, die offenen Plätze nicht mehr zu erreichen. In der Stadt innerhalb der Ringmauern war das Leben erstorben, obwohl etliche Profan-, Kirchen- und Klosterbauten nicht oder nur wenig beschädigt wurden. Mit Fritsche Closener, dem Straßburger Chronisten, mag man resümieren: „Und die Stadt Basel war zerfallen, die Kirchen und die Häuser, die Ringmauern und die Türme. Dazu brach ein Feuer aus, alles brannte und wurde vernichtet etliche Tage lang".[162] Dieses Schreckensbild mit seinen finsteren Farben war gewiss keine übertriebene Fiktion, auch wenn die Bevölkerungsverluste etwa im Vergleich zu den Todesraten, die die zeitgenössischen Epidemien forderten, niedrig gewesen sein dürften.

Erdbeben – Welche Wahrnehmungen und Vorstellungen leiten Chronisten?

„Die Erde bebt, auch spalten sich die Steine, / Ihr harten Herzen, ihr sollt weinen, / Weint heimlich mit den Augen“.[163] Von dem, was die Geißler um 1350 sangen, wussten sich auch die kirchlichen Autoritäten einen Vers zu machen: Gottes Strafgericht, so ließ sich der Würzburger Bischof in einem Hirtenbrief vernehmen, zeige sich in Hunger, Erdbeben, Pest und Tod.[164] Und die Basler Gottesfreunde, religiöse Fanatiker, predigten mit dem Blick auf die ständig wiederkehrenden Katastrophen der Zeit dem Volk, sich von der Welt abzukehren und Buße zu tun.[165]

Angesichts des durch die Natur sinnenhaft erfahrbar werdenden göttlichen Zornes blieben die Chronisten mit dem Blick auf die Deutung jener Katastrophen beim bewusst Ungefähren. Raunend zog die ‚Mainzer Chronik‘ ihre Parallelen zwischen dem schlechten Weinjahr 1356, der Rückkehr der Pest, einem kalten, zeitigen Winter und dem Basler Erdbeben.[166] Wer konnte schon so genau um Gottes Ratschlüsse, die er durch die Natur demonstrierte, wissen? Die meisten zeitgenössischen Chronisten der Basler Tragödie sind sich sicher: Die Stadt am Rheinknie ist am 18. Oktober 1356 untergegangen. Die drei großen Erdstöße mit ihrer zerstörerischen Gewalt, der Großbrand und die Überschwemmung der Birsigniederung trugen ihre Scherflein zur Entfaltung des göttlichen Strafgerichtes bei. Für Enea Silvio Piccolomini kam in seiner zweiten, 1438 entstandenen Beschreibung Basels das Erdbeben von 1356 sogar als Ursache für eine zweite Gründung der uralten Stadt gleich: Überall neu sei Basel, im Stadtgebiet gebe es „kein Zeichen von Alter.“[167] Das Genus des ‚Städtelobs‘ hatte wohl auch darin den Blick für Realitäten und Realien verstellt. Denn Thomas Ebendorfer schreibt in seiner österreichischen Chronik, dass *indicia* des „sehr schweren Bebens“ bis zu den Tagen des Basler Konzils sichtbar gewesen seien. Ebendorfer wusste, wovon er sprach, hatte er doch von 1432 bis 1435 als Gesandter der Wiener Universität in der Stadt gelebt.[168]

Doch was für Thomas Ebendorfer nur noch die vergänglichen Indizien im Gang der Heilsgeschichte sein mochten, waren für die Zeitgenossen um 1356 die ganz real erlittenen, aber kaum zu deutenden Zeichen Gottes. Der Franziskaner Jean de Roquetaillade bezeichnete den im Gefolge des Erdbebens ausbrechenden Basler Großbrand als ein „den Eingeweiden der Erde“ entströmendes „wunderbares Feuer, dem höllischen ähnlich“.[169] Doch die göttlichen ‚Kollektivstrafen‘ trafen unterschiedslos alle, Laien wie Kleriker, die Frauenhäuser der Unzüchtigen ebenso wie die Kirchen der Frommen. ‚Vernünftig‘ ist es für Konrad von Waltenkofen, den mutmaßlichen Augenzeugen der Basler Katastrophe, durchaus, dass die Glocken im Dominikanerkloster dreimal schlugen, ohne von Menschenhand bewegt worden zu sein. Er erzählte keine Märe. Denn, notiert er, die Erdstöße seien so gewaltig gewesen. Waltenkofen war aber im Unterschied zu Francesco Petrarca, der den Untergang Basels „als einen unverhofften Schicksalsschlag […], als einen Willkürakt wohl gar der Fortuna“ interpretierte[170], auch überzeugt davon, dass diese Zeichen von Gottes Walten in der Natur Vorzeichen vom Ende der Zeiten seien, „wie der Herr sagt im Evangelium des hl. Lukas“ [21,10–11]: „Ein Volk wird sich gegen das andere erheben und ein Reich gegen das andere. Es wird gewaltige Erdbeben und an vielen Orten Seuchen und Hungersnöte geben; schreckliche Dinge werden geschehen, und am Himmel wird man gewaltige Zeichen sehen.“

Da mochten solche Geschichten Trost spenden, wie sie ein unbekannter Autor in den Basler Zusätzen zur ‚Sächsischen Weltchronik‘ über die Rettung eines Kindes auf der südlich Basels im Jura gelegenen Burg Pfeffingen erzählt: Eine Gräfin von Thierstein habe dort im Kindbett gelegen und sei in der Nacht des Bebens durch die Gewalt der Erschütterungen samt Burg, Töchterlein, Wiege und Magd ins Tal gerissen worden. Am Morgen sei der Basler Bischof Johannes Senn von Münsingen dort vorbeigeritten, um sich danach zu erkundigen, „ob sein Patenkind davon gekommen wäre“. Als es hieß: *Nein*, habe Bischof Johannes im Bergsturz nach dem Kind suchen lassen, und tatsächlich: Man fand den Säugling – weinend zwischen zwei großen Steinen liegend. Und später, setzt der Erzähler hinzu, „wurde es eine Ehefrau und hatte viele Kinder“. Dem Chronisten galt seine Geschichte als ‚wahr‘, das Lebenszeugnis der Gräfin von Thierstein stand dafür. Gott hatte ein Zeichen seiner unendlichen Güte gegeben, überhaupt, so versichert der Chronist, wären damals „viele Wunder“ in Basel geschehen.[171] Die Apokalypse freilich wollte sich nicht einstellen.

Vorerst hielten Chronosticha und Merksprüche in Schriftlichkeit und Mündlichkeit der Zeit die Erinnerung an das Extremereignis in Basel wach. So memoriert beispielsweise im ‚Kleinen Weißbuch‘ Basels ein Chronostichon Tag und Jahr des Bebens von 1356: *Lucas et cliccum* [eine Umstellung der Jahreszahl MCCCLVI, 1356]/ *Terre motum/ Dant tibi notum*. Noch dunkler schrieben viele Chronisten das Basler Erdbeben im Jahre 1356 in die Erinnerung ihrer Leser und Hörer mit dem Vers ein: *ein rinck* [Gürtelschnalle] *mit sinem dorn* [M]/ *drü ros issen us erkorn* [CCC]/ *ein zimmer ax* [L], *der krüegen zal* [IIIII]:/ *do verfiel basel über all.*[172]

Erdbeben – Das Wissen der Gelehrten

Ammenmärchen vom Ochsen Behemoth oder vom Riesenfisch Celebrant mit der Schwanzflosse im Maul, dessen Bewegungen unter der Erdkruste Beben auslösen sollten, wollte Konrad von Megenberg, der gelehrte Domherr in Regensburg, nicht erzählen. Es ging ihm bei der Erklärung des Erdbebens in seinem um 1350 entstandenen, viel gelesenen, auf Deutsch geschriebenen ‚Buch der Natur' darum, durch eigene Beobachtung abgesicherte, ‚wahre' Erkenntnisse über die Natur zu vermitteln und sie mit der gelehrten Überlieferung, beim Erdbeben mit den aristotelischen Modellen von Albertus Magnus und Thomas von Aquin, zu verbinden.[173] Freilich sind es ‚Wahrheiten' des Mittelalters, was auch sonst. Konrad von Megenberg glaubte an den Einfluss der Sterne auf das Schicksal der Menschen, er glaubte an die magische Wirkung von Edelsteinen, er glaubte an die Existenz von Meerungeheuern und Wundermenschen, er glaubte aber auch daran, die Ursachen der Erdbeben aus vernünftigen Regeln erklären zu können, die Gott seiner Schöpfung gegeben habe. Denn wie schon Vinzenz von Beauvais in seinem ‚Speculum maius' (1256–1259), der umfangreichsten Enzyklopädie des Mittelalters, es zum Ausdruck gebracht hatte, bestand die Aufgabe der Naturbeschreibung und -geschichte darin, die „unsichtbaren Ursachen der sinnlichen Dinge" zu erkunden. Man ging eben grundsätzlich nicht von der empirischen Erkenntnis der Natur aus und erforschte sie um ihrer selbst willen. Thomas von Aquin bezeichnete in seiner ‚Summa theologiae' (1266–1273) solches Tun denn auch als „eitle und vergängliche Wissbegierde". Man sei vielmehr gehalten, „eine Annäherung an die unsterblichen und dauernden Dinge" zu suchen. Es galt, in der Naturbeschreibung Gottes Schöpfung zu erkennen und sie praktisch für die Frömmigkeitserfahrung der Menschen und ihr Streben nach Heil zu nutzen.

Und diese Natur bestand auch nicht um ihrer selbst willen. Denn nach der religiösen Metaphysik der Zeit war der Mensch Anfang und Ende der Schöpfung. Er allein bildete das Zentrum des Wirkens Gottes in der Welt. Für die Menschen, um sie allein, war die ganze sichtbare Welt des Körperlichen erschaffen worden. Von daher war es ausschließlich Aufgabe mittelalterlicher Naturbeschreibung, die Natur als Zeichensprache Gottes zu erkunden und zu verstehen. Es ging mithin nicht darum, wie seit der ersten wissenschaftlichen Revolution der Mitte des 17. Jahrhunderts das Wirken der unveränderlichen Naturgesetze zu beobachten, sie mit Hilfe der Mathematik zu entschlüsseln und sie durch die Physik als Gefäß der entsprechenden Analysemethode, der Anwendung nämlich der Mathematik auf die Natur, zu erforschen. Im Mittelalter lag die Aufgabe vielmehr darin, in der Naturwelt die Geheimnisse Gottes zu ergründen. Und so gibt sich die Naturlehre des Mittelalters als eine Mischung von Empirie und Magie, von durchaus exakter Naturbeschreibung und christlichem Glauben.

Für Konrad von Megenberg und die von ihm rezipierte gelehrte Tradition galt es als ausgemacht, dass die Verdichtung und zugleich Ausdehnung von Dünsten in unterirdischen Kavernen Erdbeben verursache. Doch hätten die Sterne Einfluss auf jene Zustände der Dünste unter der Erde. Sie entstünden nämlich erst dann, wenn sich Mars, Jupiter, der *helfvater*, und Saturn jeweils in ihrem eigenen Haus befänden. Dadurch würde im Erdinneren ein so hoher Druck erzeugt, dass die Dünste ausbrächen und dabei Erdstöße bewirkten. Megenberg weiß von zweierlei Arten der Erdbeben: von langsamen, gleich dem sanften Rollen eines Schiffes ablaufenden Stößen, die nur wenige Schäden verursachten, und von schnell aufeinanderfolgenden Bewegungen, „ähnlich wie wenn einer dem anderen die Hände schüttelt“, hervorgerufen von hin und herjagenden Dünsten.[174] Solches Beben hätte riesige Schäden zur Folge.

Drei „Zeichen“ oder Begleiterscheinungen seien – Megenberg folgt dabei Albertus Magnus – für jenes Ausbrechen hoch aggregierter Dünste aus dem Erdinneren auszumachen: Zum einen „züngelt und wispelt es gleich hunderttausend Schlangen“ oder „brüllt und erschallt es ähnlich wie bei greulichen Ochsen“, zum anderen verdunkle oder röte sich die Sonne in auffallender Weise, zum dritten endlich stiegen aus der Erde vergiftete, weil durch langes Verweilen unter der Erde faulige Dünste auf, so „dass viele Leute davon sterben“.[175] Entstehens- und Wirkungsweise solcher giftiger Dünste, die von Medizin und Hygiene bis weit ins 19. Jahrhundert hinein als krankheitsverursachende Miasmen angenommen wurden, könne man, so Megenberg, an tiefen Brunnen beobachten. Wenn die lange nicht in Stand gehalten worden seien, stürben gelegentlich die ersten „Brunnenfeger, die da hinunterklimmen“.[176] Auch bei Bergknappen macht Megenberg die Wirkung der giftigen Miasmen, die er noch nicht als Grubengase identifizieren konnte, am empirischen Befund fest: Sie stürben häufig oder verhielten sich gleich Betrunkenen.

Diese Beobachtungen und tradierten Erkenntnisse exemplifiziert Megenberg als Zeitgenosse am Villacher Erdbeben vom 25. Januar 1348. Dort bei diesem Starkbeben mit seinen vierzigtägigen Nachbeben hätten sich eben über Jahre hinweg große Dunstmassen in den Bergen angesammelt. Und als die giftigen Dünste ausgebrochen seien, hätten sie neben den vernichtenden Erdstößen noch die Pest mit ihren furchtbaren Menschenopfern ins Land gebracht, eine Europa verheerende Pandemie. Für Megenberg im 14. Jahrhundert wie für die Mediziner des 19. Jahrhunderts stand fest: „Das gemeine Sterben kommt von der vergifteten Luft".[177] Erkennen könne man das, so Megenberg, zum Beispiel an den Geschwüren, die die Pestkranken in den Achselhöhlen befielen. Denn sie seien mit „Dünsten" angefüllt. Zu beobachten sei dies auch daran gewesen, dass die große Epidemie zuerst in den Hafenstädten ausgebrochen sei. Denn das Meer habe die der Erde entströmenden Dünste „dick" und „feucht" gemacht, so dass sie noch mehr faulten, was heißt: noch schädlicher wurden und sogar das Meerwasser vergiftet hätten. Gleichfalls mit derart sorgenvoller Feder hatte der Florentiner Giovanni Villani wohl zu Beginn des Jahres 1348 die ihm bekannt gewordenen Erdbeben Italiens im Jahre 1347 und die auch zu ihm gedrungenen Nachrichten über das Villacher Extremereignis in seiner Chronik notiert. Er resümierte: „Und sei dir klar darüber, Leser, daß die genannten durch das Erdbeben bedingten Katastrophen und Gefahren wichtige Vorzeichen darstellten, die von Gott kamen und Folgen seiner Entscheidungen waren." Doch, was Giovanni Villani, noch für „Zeichen und Wunder Gottes, die am Ende der Welt auftreten werden", hielt, deutete Matteo Villani, sein Bruder und Fortsetzer der Chronik, als die realen Ursachen der Pest. An ihr war Giovanni Villani wohl im April 1348 gestorben.[178]

Bei so viel beobachtender Naturbeschreibung, die für Megenberg „die Wahrheit" darstellte[179], wollte er keineswegs solche merkwürdigen Erklärungen für die Ursache der Pest wie das Heterostereotyp der Brunnenvergiftung durch die Juden gelten lassen. In Wien seien Juden wie Christen an der Pest gestorben, argumentiert er, der jüdische Friedhof habe sogar erweitert werden müssen. An soviel „Torheit" wollte selbst der Domherr Konrad von Megenberg, dem Judenfeindschaft selbstverständlich war, nicht glauben.[180] Auch das Pesthauchmodell des umbrischen Arztes Gentile da Foligno, nach dem krankmachende Ausdünstungen als Folge einer ungünstigen Konstellation von Mars, Jupiter und Saturn am 20. März 1345 von Meer und Land in die Luft gesogen und sich als ‚verdorbene Winde' wieder auf die Erde herabgesenkt hätten, lehnte Megenberg ab. Denn wo keine ungünstige Sternenkonstellation mehr, da auch keine Epidemie. Schließlich mochte sich der Domherr auch nicht mit der stereotypen Erklärung ‚Gottes Gewalt' so recht anfreunden. Wollte nämlich Gott die Welt wegen ihrer Sünden strafen, meinte Megenberg, dann könnte er es, wann immer er dies wollte, „in einem Augenblick" tun und nicht in einer unendlichen Folge von „Siechtagen". Zumal sei ja doch denjenigen nichts geschehen, die wie die Ritterschaft mit König Ludwig von Ungarn auf einem Rachefeldzug im Königreich Neapel 1348/49 gegessen und getrunken hätten „und in der Fülle lebten". Andere aber, die „hungerten, wie die Wallfahrer es tun pflegen, seien an „der bösen Luft" gestorben.

Und eine letzte ‚Lehre' hielt Konrad von Megenberg für seine Leser in Sachen Erdbeben bereit, die „wunderlichen Werke" nämlich, die durch die verdorbenen Dünste und die von ihnen erzeugten Stöße entstehen konnten. Solche Mären, alles verzehrende Flammenmeere nämlich und riesige, erstickende Aschereregen, auch Sturzbäche und vor allem versteinerte Menschen und Tiere, sind wohl von Wandersagen über Vulkanausbrüche beeinflusst worden. Doch auch hier kam es Megenberg auf Beobachtung, zumindest auf einen Gewährsmann für jene Erscheinungen an: Der Kanzler Herzog Friedrichs von Österreich habe ihm glaubhaft berichtet, so Megenberg, dass auf einer Hochalm in den Kärntner Alpen „wohl fünfzig Menschen und Rinder [...] zu Stein geworden wären und dass die Sennerin noch unter dem Rind sitze mit einem Handschuh, recht wie sie saß, als sie beide zu Stein wurden".[181]

Nach dem Beben – der Tag danach – Hilfen? Leben? Lehren?

Wie gestaltete sich der ‚Tag danach', wie sah der Alltag der Menschen nach der Katastrophe am 18. Oktober 1356 in Basel aus, wie verhielten sich die Überlebenden?

Über das Schicksal der Basler in den Tagen und Wochen nach dem Beben berichten die Chronisten wenig. Heinrich von Diessenhofen interessiert allenfalls der Umstand, dass nach den Stunden des Schreckens am 18. und 19. Oktober der Großbrand noch zehn Tage in der Stadt hauste. Und um das Unglück fortzusetzen, sei am 28. Dezember 1356 noch einmal das Erdbeben erschienen und habe zahlreiche noch aufrechtstehende Außenmauern zum Einsturz gebracht.[182] Auch Konrad von Waltenkofen und mancher andere Chronist wissen von Nachbeben, die bis zum Ende des Jahres die Menschen in Atem gehalten hätten: „Manchmal waren sie groß, manchmal klein".[183] Und Fritsche Closener aus Straßburg ergänzt, dass kein Basler zunächst in der Stadt bleiben konnte; unter Zelten in Gärten und Feldern seien die Leute gelegen und hätten großen Hunger gelitten.[184] Doch wie lange hausten die Menschen in ihren Notunterkünften? Ob der Ratsbeschluss vom Juni 1357, dass die Hütten auf dem Petersplatz und um die Vorstädte bis zum 15. August abgebrochen werden und die Leute wieder in die Stadt ziehen müssen, so schnell hat umgesetzt werden können?[185]

Auch andere Chronisten und weitere Quellen verschleiern die Bewältigung des Extremereignisses von 1356 mehr, als dass sie die Situation erhellten: Da sind die offenbar sofort nach der Katastrophe einsetzenden Hilfsaktionen durch Straßburg, Freiburg im Breisgau, Colmar, Schlettstadt, Mülhausen, Neuenburg und Rheinfelden, wovon die erst um 1425 niedergeschriebene ‚Berner Chronik' des Conrad Justinger berichtet: Jedenfalls – Abordnungen aus diesen Städten sollen den Baslern geholfen haben, „ihre Gassen zu räumen".[186] Da gibt es schon im November 1356 Aufrufe zur Erdbebenhilfe in der Diözese Konstanz, und auch Herzog Albrecht von Österreich soll 400 starke Männer aus dem Schwarzwald nach Basel geschickt haben. Da sind die nach dem Basler Erdbeben getroffenen Notverordnungen des Rates über die Einrichtung des baupolizeilichen Kollegiums der ‚Fünfer' und über Höchstlöhne für Bauhandwerker, was Wunder, denn im Stadtgebiet beiderseits des Rheins gab es um 1350 allein ca. 1000 private Liegenschaften, die repariert oder wieder aufgebaut werden wollten. Da erließ der Rat weitere Restriktionen zum Holzhandel und zu den provisorischen Verkaufshallen – sie wurden schon im Frühsommer 1357 wieder aufgehoben. Da hat die neuere Bauforschung im sogenannten Lohnhof-Eckturm und in den Dachwerken einiger Basler Stadthäuser Dendrodaten für das Jahr 1357 gefunden, die vom Wiederaufbau zeugen. Da gibt es Ratsurteile gegen Plünderer, auch zahlreiche Urkunden über Häuserverkäufe, verlorene Gültbriefe und Erwerbungen von Wäldern durch den Rat. Da sind endlich seit dem Jahre 1361/62 die Stadtrechnungen überliefert, die einerseits ein großangelegtes Reparatur- und Neubauprogramm der Stadtbefestigungen (1361–1401) dokumentieren, bei dem hunderte von Grabsteinen aus dem Friedhof der 1349 ermordeten Basler Judengemeinde als Spolien verwendet wurden, andererseits trotz dieser außerordentlichen Belastungen eine prosperierende Kreditpolitik des Rates belegen, also gewissermaßen die Rückkehr zur Normalität.[187]

Nicht nur eine ungnädige Natur: Hunger

Arme Leute und ihr Hunger – Bettlerkarrieren

„So wird dich die Armut übereilen wie ein Fußgänger und der Mangel wie ein gewappneter Mann.“ (Sprüche, 6,11)

Armut und Hunger waren die bedeutendsten sozialen Probleme in jeder größeren Stadt des spätmittelalterlichen Europa.[188] Und dies gilt stets gleich, ob man nun jenem bedrückenden Phänomen mit Hilfe von Steuerquellen zu Leibe rückt oder ob man aus der rechtlich kategorisierenden und normierenden Sicht städtischer Urkunden und Satzungen sowie aus dem eingeschränkten Gesichtskreis der Chronisten beispielsweise auf das erschreckende Ausmaß, ja die Selbstverständlichkeit hungernder Kinderbettler blickt, auf die *kind, diu nieman hant*, wie es 1228 lapidar und pointiert eine St. Galler Stiftung fomulierte[189], oder auf die „starken“ Knechte, die sich, wie die Klingenberger Chronik zum großen Hungerjahr 1438 vermerkt, auf den Gassen oberrheinischer Städte „vor Hunger gewunden“ und noch nicht einmal *umb die kost* Arbeit gefunden hätten.[190] Bettlerinnen und Bettler hatten früh zu lernen, wie die Grundbedürfnisse des Lebens zu buchstabieren waren: *lem* hieß Brot und *boszhart* bedeutete Fleisch, *leberte* meinte Eier und *wenderich* stand für Käse. Der Basler Rat hat dieses Glossar des ‚Rotwelschen‘, der Sprache der *giler*, der Gauner, und der *lamen*, der vagierenden Bettler, zu Zwecken der ‚guten Polizei‘ um die Mitte des 15. Jahrhunderts aufschreiben lassen.[191] Ob die derart *barlenden* (sprechenden) Menschen ihr tägliches Brot fanden, das steht auf einem anderen Blatt.

Über dieses Leben auf der Straße erzählt uns wieder Burkard Zink, diesmal als Chronist des eigenen Lebens. Dem jungen Burkard wurde Armut „zum Schicksal und zur Lebensform“, und dies war für ihn gewiss kein „gottgewollter und damit Gott wohlgefälliger Zustand“ gewesen, wie man dies in den Begründungen spätmittelalterlicher Almosenstiftungen allfällig notierte.[192] Als nichtsesshafter, unbehauster Scholar nämlich zog Zink jahrelang durch süddeutsche Städte rund um seine Vaterstadt Memmingen.[193] Es war eine Wanderschaft nach Brot, denn Bildung musste von vielen, so auch von Zink „erhungert“ werden.[194] Und Armut zwang viele zum Betteln. Aber auch das wollte freilich erst einmal „erlernt“ werden.[195] Schüler, als Sonderform der Bettelkinder, genossen dabei gegenüber anderen Vaganten im 15. Jahrhundert noch Privilegien, die für das Überleben kleine, freilich höchst wichtige Vorteile erschlossen.[196] Der wohlhabend gewordene reichsstädtische Chronist Burkard Zink aber deutete seine jugendliche Bettelei als einen schmerzlichen sozialen Abstieg, eine für ihn nicht nur in der Rückschau emotional nahezu unerträgliche Lebensform voller Scham, die er nur aus schierer Not ‚erlernte‘.

Wenn es richtig ist, dass Armut sowohl als gesellschaftliches Phänomen real beschrieben als auch an den „Auffassungen von der Armut bei denjenigen, die nicht arm waren“, abgelesen werden kann[197], dann beruhte bürgerliche Ehrbarkeit als Gegenentwurf zu Armut und Bedürftigkeit in erster Linie darauf, wie über einen Menschen in der Nachbarschaft, in der Pfarre, in der Gemeinde gesprochen wurde. Das war in Wien, London, Barcelona, Nürnberg und eben auch in Memmingen so: ‚Offene‘ Bettlerinnen und Bettler wurden früher oder später marginalisiert.[198] Jenes Sprechen über den Einzelnen, der Leumund, war sowohl mit Inklusions- als auch Exklusionserscheinungen verbunden. Burkard Zink verstand seine einstige Bettelei als letzten Akt sozialer Exklusion, als Vertreibung aus dem bürgerlichen Haus der Verwandtschaft und aus seiner sozialen Gruppe: Ich *schemet mich zu petlen*, schreibt er. Lieber wollte er hungern, kaufte ein Pfennig-Brot und schnitt aus dem geringen Laib noch winzigere *stucklen*, die er als einzige Mahlzeit am Tage verzehrte, solange, bis er kein Geld mehr hatte. Da half auch das gute Zureden eines „reichen“ Schusters nichts, bei dem er in Biberach untergekommen war. *Gern* gäbe man hier, so versicherte der „ehrbare Mann“, *den armen schuelern*. Zink aber wollte „überhaupt nicht betteln“.[199] Erst als er in die Schule nach Ehingen kam, will er sein Verhalten geändert haben. Ihn habe dort „die Gemeinschaft mit seinesgleichen“ getragen[200], das Vorbild der „großen Bachanten“, der älteren Schüler. Überall hätten die in der Stadt nach Brot gesungen. Halt gab mithin die Überlebensgemeinschaft der Scholaren, Inklusion vermittelten ihre Gruppensolidaritäten. Zink lief mit den alten und großen Schülern „und kam an“. „Bettler singen in Deutschland um Almosen“[201] und selbst in den ärmsten Gemeinschaften, in jenen informell-okkasionellen Gruppen der Scholaren, gab es Leistungshierarchien. Zink war besser als andere: „Ich hätte selbst für vier genug gebettelt“ – Tüchtigkeit, das ist für den bürgerlich-kaufmännischen Chronisten des eigenen Lebens entscheidend![202] Und auch deswegen *schemet* er sich fortan nicht mehr, ja gewann durch seinen Bettelgesang „genug, so dass ich gut zu essen hatte“[203] – die Sorge um das tägliche Brot als Schicksal des Unbehaustseins, der Bedürftigkeit.

Ganz anders war dagegen die Einstellung des Basler Druckers und Schulmeisters Thomas Platter zur Bettelei. Platter, im Februar 1499 geboren, stammte aus einer bäuerlichen Familie im Wallis, wurde nach dem Tod seines Vaters im Alter von sieben und acht Jahren als sogenanntes Verdingkind zu anderen Bauern geschickt, um mit dem Hüten von Ziegen und Kühen auf den Almen seinen Lebensunterhalt zu fristen. Er kam mit neun Jahren zu einem Priester in die Ausbildung und schloss sich um 1513 einer Gruppe fahrender Schüler um seinen Vetter Paul Summermatter an. Ihn musste der junge Thomas jahrelang „ernähren" – ein Bettelsklave.[204] In Luzern, der ersten städtischen Station der Wanderschaft nach wenig Brot und noch weniger Wissen, „ging ich heischen, dass ich den Paulus auch gut durchfütterte," schreibt Platter in seinen Lebenserinnerungen, „denn wenn ich in ein Wirtshaus kam, hörten mich die Leute gerne die Walliser Sprache reden und gaben mir freizügig".[205] Thomas Platter kannte offenbar keine Scham. Aber fröhliche Tage mit genug Brot, Fleisch und Wein waren rar. Auf der langen, zehnjährigen Scholarenfahrt, ruhelos von einem Ort zum anderen, reiste der schiere Hunger mit, er war oft der Küchenmeister. Platter erzählt viele derartige Kalamitäten: So hatte auf einer Wanderschaft von Dresden nach Breslau die Scholarengruppe „ettliche Tage nichts zu essen als rohe, gesalzene Zwiebeln und manche Tage [nur] gebratene Eicheln, holzige Äpfel und Birnen." Und Jahre später litt Platter in Ulm derart an Hunger, „dass ich," wie er berichtet, „den Hunden auf der Gasse die Knochen abjagte und sie abnagte, auch in der Schule die Brosamen aus den Spalten [des Fußbodens] klaubte und sie aß" – Bettlerkarrieren und persönliche Katastrophen im Auf und Ab des alltäglichen Hungers.[206]

Versorgungskatastrophen und ‚Gemeiner Nutzen' – der große Hunger 1437 bis 1440

„Vor Hunger sollen sie verschmachten und verzehrt werden vom Fieber und von jähem Tod. Ich will der Tiere Zähne unter sie schicken und der Schlangen Gift."
(5. Mose, 32,24)

„Darum werden ihre Plagen auf einen Tag kommen: Tod, Leid und Hunger; mit Feuer wird sie verbrannt werden; denn stark ist Gott der Herr, der sie richten wird."
(Offenbarung des Johannes, 18,8)

Hungerjahre oder, wie die Zeitgenossen sagten, Teuerungen sind der Vormoderne eigen, sie prägten mit den Epidemien, die gelegentlich zeitgleich mit dem Hunger ins Land kamen, die Geschichte Europas mehr als Krieg und Frie-

Der Hl. Christophorus im Augsburger Dom – auf dem Saum seines Gewandes trägt er die Getreidepreise des Hunger- und Seuchenjahres 1491

den.[207] Die unendlich vielen Hungerjahre seit dem frühen Mittelalter haben eine tiefe Spur des Schreckens in Europa hinterlassen. Die letzten Hungerkrisen „alten Typs“ (Ernest Labrousse) ereigneten sich in den Jahren 1816/17 und 1846/47. „Nach Ursachen, Verlauf und Auswirkungen“ fanden sie ihren Wurzelgrund „in vorindustriellen Produktions- und Wirtschaftsformen“, was heißt: in einer weithin vorherrschenden Monokultur des Getreideanbaus und in den Unzulänglichkeiten des Transportsystems. Die wenig diversifizierte Nahrungsmittelproduktion war zu unelastisch, sie versagte regelmäßig in Krisen. Die mangelnde Infrastruktur ließ bei Missernten keinen schnellen überregionalen Austausch zu. Daher kam es in schlechten Jahren zu sprunghaft, massiv ansteigenden Preisen beim Getreide, dem hauptsächlichen Nahrungs- und Kalorienlieferanten, auch weil die Sozialgruppen der ärmeren Bevölkerung kaum Lebensmittel des gehobeneren Bedarfs wie Fleisch nachzufragen vermochten.[208] Und „besitzlos oder in die Kategorien der kleinsten Vermögen“ einzuordnen waren 50 bis 60 Prozent der steuerzahlenden Bevölkerung spätmittelalterlicher Städte.[209] Allein während des 15. Jahrhunderts kam es in Mitteleuropa in den Jahren 1400, 1415, 1437–1439/40, um 1460, 1480–1483, 1490/91 sowie um 1500 zu erheblichen Teuerungskrisen, zu Hungerkatastrophen. Jede Generation mithin hatte an solchen kollektiven Schrecken mindestens einmal teil.

Als besonders gravierend erwiesen sich die in kurzer Zeit aufeinanderfolgenden Versorgungskrisen der 1430er Jahre. Sie kulminierten zwischen 1437 und 1440. Seit 1431 war es zu einem „regelrechten Kälteeinbruch“ gekommen.[210] Bitterkalte, schneereiche Winter und Frühjahrswochen mit späten Frosteinbrüchen hinterließen in den Aufzeichnungen der Chronisten ihre Signaturen. Eberhard Windecke erinnerte den Winter 1436/37 als extrem kalt[211], und ein unbekannter Pariser Bürger berichtet in seinem Journal, dass es in der Winterskälte der 1430er Jahre hungernde Wölfe in die nördlichen Vororte der Seine-Stadt trieb. Am 16. Dezember 1439 sollen Wolfsrudel vier Bewohnerinnen der Stadt und 17 Frauen in der Umgebung angegriffen und tödlich verletzt haben.[212] Die Situation der Pariser verschärfte sich noch durch die entsetzlichen Kämpfe, die sich die Kronen Frankreichs und Englands um die Île de France lieferten. Zu Beginn des Jahres 1438 hatten sich in Paris Brot und Wein so verteuert, dass sich, wie der Anonymus seinem Tagebuch anvertraut, „nur wenige Leute an Brot satt aßen, und die armen Menschen überhaupt keinen Wein tranken noch Fleisch aßen, wenn man es ihnen nicht schenkte; sie aßen nur weiße Rüben und Kohlstrünke, ohne Brot in die Glut gelegt, und jede Nacht und jeden Tag schrieen kleine Kinder und Frauen und Männer: ‚Ich sterbe! Ach, sanfter süßer Gott, ich sterbe vor Hunger und Kälte!‘“.[213]

Kalte Jahre in Zeichnungen: Nürnberger Zeitgenossen über 1436, als Wein und Korn erfroren und 1442, als ein Winter sein strenges Regiment führte

Die Welt ist verrückt und steckt voller Widersprüchlichkeiten. Epidemien nämlich brachten für die, die sie überlebten, eine Zeit glücklichen Wohlergehens. *Alle ding* waren *gar wolfail*, schreibt Burkard Zink über den Herbst 1420, in dem die Pest ins Land gekommen war: Ein Schaff oder ca. 150 Kilogramm Korn (Brotgetreide) habe 75 Pfennige gekostet, berichtet Zink, ein Pfund oder

472 Gramm Fleisch einen billigen Pfennig, ein Schenkmaß oder ungefähr ein Liter des geringsten Weins vom Tal der Kocher 3 Heller, gute Landweine seien dagegen schon für 3 oder 4 Pfennige pro Liter zu haben gewesen. Und für ein Fuder Brennholz habe man auf 27 bis 36 Pfennige gegeben. Pestjahre waren Armenjahre: „Es war jeder reich, der nun weiterleben durfte, aber es starben viele über alle Maßen".[214] Bei Missernten dagegen gingen die Getreidepreise auf den städtischen Märkten mit ihren begrenzten Einzugsgebieten rasant nach oben. Die Masse der Bevölkerung konnte sich nun einmal hauptsächlich nur von Cerealien, von Brot und ‚Küchenspeise' (Getreide-, Erbsen- und Bohnenmus) ernähren, ganz ähnlich armen Leuten im heutigen Uganda, die nur Posho und Matoke, Maisbrei und Kochbananen mit Bohnen, essen. Die schreckliche Teuerung der 1430er Jahre herrschte auch in der Stadt Augsburg und Burkard Zink berichtet ausführlich davon. Im Jahre 1433 hatte ein Schaff Roggen (ca. 150 Kilogramm) noch 136 Pfennige gekostet, sieben Jahre später schwankte der Preis zwischen 1200 und 1320 Pfennigen.[215] Im Vergleich dazu verdiente nach Zinks Angaben zu Augsburg ein *arm man* im Tagelohn 10 bis 12 Pfennige.[216]

Bei der Ernährung in spätmittelalterlichen deutschen Städten geht die Forschung beim Verbrauch Erwachsener „in einigermaßen gesicherten Lebensumständen" von durchschnittlichen 200 kg Brotgetreide und 50 kg Fleisch pro Person und Jahr sowie von mittleren 1,3 Liter Wein pro Kopf und Tag aus.[217] Bei einem daraus abgeleiteten hypothetischen Wochenverbrauch von 3,5 kg Brotgetreide, 952 Gramm Fleisch und 9,1 Liter Wein pro Person hätte diese Grundversorgung im Jahre 1439 allein, was die Cerealien angeht, 28 bzw. 31 Pfennige gekostet. Der von Zink zitierte „arme Mann", der gewöhnliche Tagelöhner, kam bei der im Spätmittelalter geltenden durchschnittlichen Fünf-Tage-Woche – die vielen Heiligenfeste waren schuld daran – auf 50 bis 60 Pfennige. Doch täglich über das ganze Jahr auch Arbeit zu finden, das war ein eher seltenes Privileg.[218] Die Not, ja die unmittelbare Bedrohung für das nackte Überleben in Extremjahren spiegeln sich in solchen Missverhältnissen – eine Lohn-Preis-Schere des Verderbens.

Und Vorsorge vor solchen Krisen? Besaßen denn die Menschen keine Vorräte? Halfen nicht die Städte mit Brot und Mehl?

Stolz berichtet Thomas Platter davon, dass er um 1529, noch bevor sein Haushalt in Basel fertig eingerichtet war, ein kleines Fass Wein besorgt habe, und betont: Es habe zwar lange gereicht, er und seine Frau hätten aber auch nie, „wie arm wir auch zuerst gewesen sind", ohne Wein und Brot gegessen.[219] Doch Platter gehörte damals schon zu den einigermaßen Gutsituierten. 25 bis über 40 Prozent der Einwohner oberdeutscher Städte des 15. Jahrhunderts verfügten dagegen über keine Vorräte an Lebensmitteln. In Augsburg machten im Jahre 1408 die nicht zur Vermögensteuer veranlagten Haushalte ungefähr 34 Prozent aus, 1475 war deren Zahl auf 66 Prozent gestiegen.[220] Und diese Menschen lebten buchstäblich von der Hand in den Mund: Im Nürnberg des 15. Jahrhunderts empfingen die städtischen Bauhandwerker und Tagelöhner samstags schon vor der Mittagszeit ihre Wochenlöhne, damit, wie es hieß, ihre Frauen und Kinder auf dem Wochenmarkt Lebensmittel früh am Tag und damit noch wohlfeil einkaufen könnten.[221]

Die Reichen und Mächtigen dagegen bezogen die Naturalabgaben ihrer bäuerlichen Grundholden auf dem Lande und blickten derart teilweise auf gewaltige Getreideberge, die auf den Dachböden ihrer großen Stadthäuser lagerten. Der Frankfurter Stadtadlige Arnold von Holzhausen hatte 1488 in seinem Haus zwischen 250 und 266 Tonnen Brotgetreide aufhäufen lassen. Trotz dieser sehr ungleichmäßigen Verteilung kann man davon ausgehen, dass in den größeren Städten „zumindest in Ausnahmesituationen“ bei der Bevölkerung Brotgetreide lagerte, das „die Ernährung aller Einwohner über den Zeitpunkt der nächstfolgenden Ernte hinaus sicherstellen konnte.“[222] Allerdings war unter den ‚Gewaltigen‘ städtischer Führungseliten nicht immer die Einsicht verbreitet, man müsse den anderen Einwohnern in einer Hungerkrise helfen, wenn man doch auch an ihnen verdienen könnte. Unser Gewährsmann Burkard Zink, der in seiner Chronik immer wieder auf die eigene Hunger- und Bettel-Erfahrung zurückkommt, jede Krise in der Getreideversorgung, jede Fleischteuerung, jeden Obstmangel beobachtet, ereifert sich denn auch über einen gewissen Herbart Fideler, der in der Hungerkrise 1438/39 aus Eigennutz, weil er meinte, der Preis werde noch höher steigen, dem Augsburger Rat kein Getreide aus seinem vollen Speicher verkaufen wollte.[223]

Die großen Städte selbst besaßen eigene Getreidespeicher, in den Nürnberger Lagerstätten beispielsweise wurden Vorräte im Höchstfall für „gut 4 Monate“ vorgehalten.[224] Insgesamt aber blieb diese auch völlig unsystematisch betriebene öffentliche Vorratshaltung weit hinter der privaten Vorsorge zurück. Die mangelnde Finanzkraft, auch das fehlende Verständnis für sozialpolitische Notwendigkeiten bestimmten die Handlungsräson in den Ratsstuben. Bezeichnend, dass sich 1445 Basler Ratsherren der Einführung einer Vermögensteuer zur Finanzierung eines Großeinkaufes an Brotgetreide mit dem Argument verweigerten: „das geschehe doch allein der Armen wegen, damit denen Korn gegeben werden könne; die Reichen hätten es von sich selbst aus“.[225] Die ursprüngliche Formel – „wir Bürger, arm und reich“ – hatte man im 15. Jahrhundert weit hinter sich gelassen.

Nun, die Ratsherren Augsburgs machten es während der Hungerkatastrophe der Jahre 1438/39 besser. Das rechnete ihnen Burkard Zink hoch an. Die „Gewaltigen" blieben nicht ruhig auf ihren warmen Kissen in der Ratsstube sitzen. Es galt, schon allein aus Furcht vor Unruhen dem Stadtfrieden zu dienen und den Gemeinen Nutzen zu handhaben: Getreide sollte beschafft werden, so lautete der Beschluss, damit „die armen Leute Korn mochten haben und nicht Hungers stürben." Man wollte durch öffentliche Interventionen die Marktpreise kontrollieren. Burkard Zink, der in jener Zeit als Sachwalter der reichsstädtischen Getreidepolitik für die öffentlichen Speicher, für Bestandserhebungen auch in privaten Haushalten, für Zukäufe und Ausgaben zuständig war, beschreibt mithin aus nächster Nähe die Aktivitäten seiner Ratsherren, erzählt *von dem korn, das man von Österreich pracht.*[226]

Nachrichten waren damals nach Augsburg gedrungen, dass in Österreich und Mähren Getreide im Überfluss vorhanden sei. Außerdem sollten größere Mengen zu wohlfeilen Preisen auf dem Wiener Getreidemarkt zu haben sein. Der Rat schickte zwei Gesandte nach Wien. Denen gelang es, bis zum Winter 1438/39 ungefähr 2000 Schaff oder 300 Tonnen Roggen und Weizen sowie 30 Schaff (4,5 Tonnen) Erbsen für das Mus aufzukaufen. Zu Schiff ließ man die Fracht über Donau und Isar bis nach Landshut bringen, wo man unerwartet auf Hindernisse stieß. Denn Herzog Ludwig der Bärtige von Bayern-Ingolstadt verweigerte den Weitertransport des Augsburger Getreides durch sein Land. Gegenüber Nördlingen hatte der Bayern-Fürst zu Beginn des Jahres 1438 schon die gleiche restriktive Handelspolitik verfolgt.[227] Burkard Zink bebte noch Jahre später vor Zorn über diesen „untreuen Fürsten", über seinen feudalen ‚Herrennutz', über die hohen Unkosten, 1.000 Goldgulden(!), welche die Lagerhaltung des Getreides in Landshut und Freising sowie der Transport in kleinen Tranchen und in weiten Umwegen um die Gebiete des Herzogtums Bayern-Ingolstadt verschlang, endlich über die erhebliche Verzögerung der Aktion, die erst im Mai 1439 beendet werden konnte: „Man soll den Fürsten daran erinnern und soll's ihm nimmer vergessen" – punktum![228]

Und so kam den Augsburgern ihr österreichisches Korn, das Zink zusammen mit den Transportkosten auf ursprünglich etwa 9 Pfund Pfennige pro Schaff als günstig gegenüber den herrschenden Augsburger Marktpreisen von 10 bis 11 Pfund bezifferte, mit etwa 12 Pfund teuer zu stehen. Der Rat ließ das Getreide dennoch für 9 Pfund oder 1080 Pfennige pro Schaff ausgeben, weit unter den Marktpreisen also, und zwar an jeden, wie Zink versichert, der es erwerben wollte, bis zur Höchstgrenze von einem Schaff (ca. 150 Kilogramm) pro Kauf. „Das geschah," stellt Zink zufrieden fest, „den armen Leuten zu gut und [gereichte ihnen] zur Hilfe." Verkauft wurde dieses Getreide bis auf Jakobi, bis zum 25. Juli 1439, „als das neue Korn kam." Und für diese neue Ernte erwarteten die Bauern, wie Zink berichtet, den nämlichen Preis von 9 Pfund pro Schaff. Der Augsburger Rat aber hieß Zink, den übriggebliebenen Rest des alten Getreides, ca. 28 Tonnen Roggen und Weizen, für 6 Pfund pro Schaff auf den Markt zu werfen. Und so fiel der Preis durch die von Zink gepriesene Intervention des Rates in jenen glücklichen Sommerwochen auf bis zu 3 Pfund für das Schaff. „Gott sei gelobt!", setzt der Chronist hinzu.[229]

Am Ende der Katastrophenzeit der 1430er Jahre zog Burkard Zink, der stets kritisch gegenüber den Mächtigen im Rat eingestellte stadtbürgerliche Chronist, sein Resümee: „Es ist sehr ernsthaft zu bemerken: Hätte es das Korn der ehrwürdigen Stadt Augsburg nicht gegeben, wären viele arme Leute den Hungertod gestorben. Denn ich glaube, ein Schaff Roggen wäre [ohne diese Intervention] auf 20 Pfund Pfennige oder noch mehr gestiegen."[230] Die häufig kurios anmutenden Notizen der städtischen Chroniken des Spätmittelalters über das alltägliche Wetter, die Fehden und die Ernte erweisen sich vor diesem Hintergrund als verlässliche Seismographen realer Bedürftigkeit.

Die Menschen und das Feuer: Brennende Städte – Helfen, Löschen

„Prometheus aber formte aus Wasser und Erde Menschen und gab ihnen auch das Feuer, indem er es heimlich vor Zeus in einem Narthexstengel barg." (Apollodor, 1,7,1,1; Übersetzung: Gottwein.de)

„Und der erste Engel posaunte: und es ward ein Hagel und Feuer, mit Blut gemengt, und fiel auf die Erde; und der dritte Teil der Bäume verbrannte, und alles grüne Gras verbrannte." (Offenbarung des Johannes, 8,7)

Brennende Städte

9. Mai 1476: Feuersturm in Frankenberg – Wigand Gerstenberg erlebt seine brennende Stadt

Alss die glocke 1 slug, da entzündet sich Feuer in einem großen, reichen, mit Schiefer gedeckten Eckhaus am Untermarkt und verbreitet sich in rasender Eile in der ganzen Altstadt. Es war der 9. Mai 1476 in Frankenberg, einer Kleinstadt im Nordhessischen. Gesehen hat den Brand Wigand Gerstenberg. Er hat dieses Erleben in seiner Stadtchronik festgehalten. Gerstenberg, 1457 in Frankenberg geboren, war nach seinem Erfurter Artistenstudium, der grundlegenden Ausbildung in den sieben freien Künsten, besonders in Latein, als Altarist in der Frankenberger Pfarrkirche Liebfrauen bepfründet und von 1494 bis 1506 mit Unterbrechungen als Kaplan am Hof der Landgrafen von Hessen-Marburg tätig.[231] Die Stadtchronik entstand um 1506, als Gerstenberg endgültig in die Vaterstadt an der Eder zurückgekehrt war. Der Text zum Stadtbrand 1476 kann als eine der besten deutschsprachigen Reportagen des 15. Jahrhunderts gelesen werden.[232]

Gerstenberg hat genau beobachtet und nennt für Entstehen und Ausbreitung des Brandes vier Gründe: Heiß seien die Wochen zuvor gewesen, alles war ausgetrocknet. Zudem habe es kein Wasser in der Stadt gegeben, es konnte nicht gelöscht werden – eine Wasserleitung von der Eder herauf wurde erst 1502 gebaut. Außerdem sei kaum jemand in der Stadt gewesen, als das Feuer ausbrach. Häuser und Gassen waren zu dieser Tageszeit nahezu menschenleer: Viele Leute hätten draußen vor der Stadt auf ihren Feldern, in ihren Gärten und Wiesen gearbeitet – die agrarisch geprägte und überformte Kleinstadt des

1405 – es brennt in Bern: Löschen mit Feuereimern, retten, evakuieren!

Spätmittelalters. Endlich habe sich, so Gerstenberg, von der Eder herauf genau beim Ausbruch des Brandes ein Sturm erhoben, der die Funken über das Stadtgebiet verteilte. Bezeichnenderweise aber erwähnt Gerstenberg nicht die vorherrschende Fachwerkbauweise und die zahlreichen Weichdächer als Gründe für die rasende Ausbreitung des Brandes.[233]

Jedenfalls – im Nu brannte es in Frankenberg an allen Ecken und Enden. Die wenigen Menschen in der Stadt standen dem Feuer machtlos gegenüber: Frauen und Kinder mühten sich vergeblich, Eimer mit Wasser von der Eder herbeizuschleppen. Vergeblich war das verzweifelte Treiben der Wenigen auf den Dächern, die dort *gossen, slugin, leschetin.* Vergeblich war, dass diejenigen, die vor der Stadt auf den Feldern gearbeitet hatten, nun herbeistürzten, dass

Frankenberg im Wiederaufbau: Fachwerkgerüste aufschlagen, Dächer decken, Gefache durch mit Lehm verstrichenes Flechtwerk ausfüllen!

Leute aus den nächst gelegenen Dörfern herbeieilten. Alle Hilfe kam zu spät: Die Gassen waren wie in Basel 1356 durch einstürzende Häuser unpassierbar geworden. Hilflos mussten die Menschen mitansehen, wie das Rathaus Feuer fing und unter dem Donner der dort stehenden geladenen Kanonen abbrannte, wie mit dem im Rathaus lagernden Archiv auch das Gedächtnis und die rechtliche Fundation der Gemeinde, ihre Privilegien, ausgelöscht wurden, wie ab 4 Uhr nachmittags, drei Stunden nach dem Brandausbruch, aus der Pfarrkirche die Flammen schlugen – das Bleidach des Chorturmes schmolz unter der unsäglichen Hitze des Feuers und aus den Wasserspeiern des Daches schoss das geschmolzene Metall wie Regenwasser herunter –, wie endlich das Feuer auf die Neustadt übersprang.

Die Menschen flohen aus der Stadt. Niemand konnte einigen alten Leuten und Kindern zu Hilfe kommen, die sich auf den Platz der ehemaligen Burg gerettet hatten und nun vor Hitze und Rauch Todesqualen litten. Gerettet wurde wenigstens das Vieh – „Pferde, Kühe, Schweine, Ziegen, Gänse und dergleichen“, schreibt Gerstenberg –, das am späten Nachmittag im alltäglichen Trott von der Weide kam: Alle Tore und Pforten waren geschlossen worden.

Die Vergeblichkeit menschlichen Tuns angesichts der hereinbrechenden Naturgewalten offenbart sich für Gerstenberg wie für alle Chronisten im Schadensausmaß der Katastrophe: In Frankenberg zog man abends um 6 Uhr, als es noch überall züngelte und schwelte, erste Bilanz: „Die zwei Stadtteile mit den [...] drei Kirchen und mit den Häusern und ihrem Inventar“ waren vernichtet worden. Nur wenige, von Gerstenberg genau bezeichnete Gebäude und Gassen hatte das Feuer verschont.[234]

Wigand Gerstenberg als Augenzeuge – Wahrnehmungen und Vorstellungen

Auch der anscheinend so realistische Bericht Wigand Gerstenbergs über die Zerstörungen in Frankenberg will kein Schadensrapport sein. Den Chronisten interessiert in erster Linie nur die Wirklichkeit seiner ‚Geschichte‘ und in dieser Hinsicht mussten die Zerstörungen gewaltig, ja verheerend sein. Auffallend ist freilich: Bei dem ganzen tatsächlichen oder nur inszenierten Schrecken verliert Gerstenberg kein genaueres Wort über mögliche Opfer.[235] Doch fassen wir in Gerstenbergs Schreckensszenario wiederum lediglich das Immergleiche spätmittelalterlicher und frühneuzeitlicher Katastrophenkommunikation: Extremereignisse seien Indizien für Gottes Zorn? Zunächst scheint es so: „Also kam ein

Unglück nach dem anderen“[236], schreibt Gerstenberg nicht nur mit dem Blick auf die Kette der Extremereignisse von 1476. Denn Gerstenberg erzählt die vom mythischen Dunkel des 6. Jahrhunderts an dargestellte ‚Geschichte‘ Frankenbergs insgesamt als atemberaubende Abfolge von „Unglücken“, von Schadensfehden kleinadliger Placker und fürstlicher Räuber, von schrecklichen Niederlagen der Frankenberger gegen den Adel, von Feuersbrünsten, Pestepidemien und Hungersnöten. Diese konstruierte und historisierte „Kausalkette“[237] der Katastrophen findet auch in stilistisch-kompositorischer Hinsicht ihre dramatischen Höhepunkte in dem Großfeuer von 1476 und in den ungeheuren wie ungeheuerlichen Bedrückungen der Stadt durch ein in Gerstenbergs Darstellung als Zustand absoluter Gesetzlosigkeit geschildertes schlechtes fürstliches Regiment zwischen 1483 und 1499, die bemerkenswerte Abrechnung eines ehemaligen klerikalen Höflings mit seinem Herrn Landgraf Wilhelm III. von Hessen-Marburg.[238]

Die *unglucke* in der Geschichte Frankenbergs sind für den Chronisten überraschenderweise nun nicht in erster Linie Signaturen Gottes, Vorzeichen der Apokalypse, die, wie schon vielfach berichtet, die Phantasie der Menschen des Mittelalters besetzt hielten und ihre Daseinsängste bedienten.[239] Gerstenbergs ‚Geschichte‘ folgt einem anderen Bauplan: Er deutet die Unglücksfälle in der Geschichte Frankenbergs vielmehr historisch, nahezu säkular, zumindest kausal, auch im Sinne zeitgenössischer politischer Normen. Gegen dieses ganze Elend bieten für den Kleriker allein die herkömmlichen Ordnungen der Gemeinde Schutz: ‚Friede‘ und ‚Eintracht‘, das konkrete friedliche Zusammenleben und die kollektive Identität, jene normativen kulturellen Imaginationen der Bürger-Genossenschaft, widerstehen, so sein diesseitiges Credo, allem Unglück. Gerstenberg schreibt seine Chronik dezidiert *vor eyn gedechtenisse,* für die Erinnerung[240], dafür, wie es zu Beginn der Historie programmatisch heißt, „den Gemeinen Nutzen der Stadt zu leben, ihn zu verbessern und aufzubauen sowie in Eintracht dafür einzustehen, dass ein gutes Regiment herrsche“.[241]

Der ‚Gemeine Nutzen‘[242], jener „umfassendste Begriff zur Legitimation von politischem Handeln“ im Mittelalter, sozusagen die „verdinglichte Form“ der Gemeinde[243], wird für Gerstenberg sinnfällig im dauernden Abwehrkampf gegen den *eigin nottz,* der zum Verderben eines Gemeinwesens „gegenüber Gott und der Welt“ führe. Der ‚Gemeine Nutzen‘ wie der komplementäre Begriff der ‚Hausnotdurft‘ werden für ihn offenbar in der Selbstbehauptung der Kommune und des stadtbürgerlichen Hauses gegen Naturgewalten ebenso wie gegen adligfürstlichen ‚Herrennutz‘. ‚Freiheit‘ und ‚Eigentum‘ der Bürger seien dadurch bedroht. Wohlfahrt und Friede werden nach Gerstenberg erreicht im Zusammenstehen aller Bürger, in der Solidarität der Gemeinde.[244] Die Geschichte der

Stadt aus Trümmern und Unglücken präsentiert, begründet, legitimiert in ihren Beispielen das ‚Herkommen' ebenso wie sie die Gegenwart der Stadt Frankenberg bewältigt.[245] Aus dieser Legitimität gewinnt für Gerstenberg das städtische Gemeinwesen auch seine Zukunft. In ähnlicher Weise kolportierte Burkard Zink in seiner Augsburger Chronik die Gerüchte über den erwähnten, alles vernichtenden Stadtbrand im tirolischen Hall, bei dem über 50 Menschen den Tod gefunden haben sollen, als Beispiel der Folgen mangelnder Solidarität und fehlendem Gemeinnutz: Die Stadt Hall sei durch das Feuer verzehrt worden, schreibt Zink, weil die „Bürger [...] sehr unfreundlich miteinander lebten und oft gegeneinander im Aufruhr standen. Handbüchsen und Pulver hätten sie deswegen in ihren Häusern gelagert".[246] Und der Berner Chronist Konrad Justinger stellte den verheerenden Großbrand im Bern des Jahres 1405 in den Zusammenhang des stadtbürgerlichen Gleichheitsdenkens, das dem Gemeinen Nutzen komplementär war: Bei der Nichteinhaltung dieses Grundsatzes richte Gott die Kommune.[247] Mithin war auch der Gemeine Nutzen nicht Ausfluss eines säkularen Politikmodells, sondern in Gottes Welt eingebunden. Und derart wachte Gott über die daraus hervorgehenden Regeln und bestrafte Regelverstöße.

Am Abend des Schreckenstages in Frankenberg und am Morgen danach

Wigand Gerstenberg beschreibt als Betroffener und Augenzeuge das Geschehen unmittelbar nach dem Stadtbrand sowie die langen Monate des Wiederaufbaus der Stadt Frankenberg, insgesamt ein Bericht über eine ‚Ökonomie ohne Haus'[248], eine Ökonomie am Abgrund, ja des nackten Überlebens. Wie „Heiden oder Zigeuner", so Gerstenberg, hätten sich die Frankenberger am Nachmittag des 9. Mai 1476 vor ihren Stadttoren niedergelassen. Unordnung, ja Chaos allenthalben: Man hatte nichts zu essen, nichts gab es zu trinken; hier schrien Kinder, „nackt und bloß", vor Hunger, „dort schrieen die Alten wegen der großen Schäden". Pferde liefen herrenlos auf den Feldern.

Doch schon am nächsten Tag raffte man sich auf, die Leute begannen mit den Aufräumungsarbeiten. Der, dem das Feuer noch den Keller seines Hauses gelassen hatte, versuchte sich recht und schlecht dort einzurichten. Die Kleriker und die alten Frauen fanden Platz im Schulhaus, das vom Feuer verschont worden war. Die anderen Bürger und Einwohner versuchten es mit Notquartieren, je fünf oder sechs Familien teilten sich eines der unversehrten Häuser oder Scheunen. Viele Menschen, besonders unter dem jungen, ledigen Volk, verließen Frankenberg, zogen in die nächsten Städte und Dörfer, sie kamen nie wieder. Andere bauten sich Behelfsunterkünfte, Hütten und Verschläge, um darin zu hausen. Gekocht wurde in Garküchen, organisiert von den Nachbarschaften, „jeweils von acht, zehn oder zwölf Haushalten". Unterstützung fanden die Obdachlosen von der Stadt Treysa, seit 1450 ebenfalls landgräflich-hessisch und rund 40 Kilometer im Südosten von Frankenberg gelegen. Drei Wagen voll Brot und Kleider schickte der dortige Rat als Soforthilfe, was Gerstenberg als besondere Geste städtischer Solidarität wertet: „Solch eine Treue sollten die von Frankenberg mit Recht nimmermehr gegen die von Treysa vergessen". Und Landgraf Heinrich III., „der fromme Fürst", ließ den Frankenbergern viel Brotgetreide und Bauholz zukommen, er erteilte ihnen wieder ihre Privilegien, er „war ihnen ein gnädiger Herr".[249]

Die Frankenberger begannen zwar sofort mit dem Wiederaufbau der Kirchen und der Privathäuser, wovon gleichsam als Memoria für den Selbstbehauptungswillen der Bürger auch eine der Federzeichnungen in der Stadtchronik Gerstenbergs zeugt. Doch vor dem Wintereinbruch war man bei weitem noch nicht fertig. Und der Winter, der am 18. November 1476 mit viel Schnee einsetzte, war „hart" und ungewöhnlich lang: Bis Anfang April 1477 blieb der Schnee liegen. In die Kellerlöcher und die Scheunen zog eisige Kälte, die Menschen hungerten. Vieh, das vor Wintereinbruch unter kein Dach gekommen war, erfror oder ging ein, weil kein Futterstroh mehr vorhanden war. Man hatte das Stroh zur Dachdeckung verwendet. Überlebende Tiere mussten verkauft werden, um die Zimmermannsarbeiten zu bezahlen. Und so fehlten die Zugtiere, um die Felder zu bestellen, und der Stallmist, um sie zu düngen, so dass im Jahr darauf *wenich fruchte wuchs* – der Teufelskreis einer Hungersnot. Zu alldem, zu Hunger, Kälte und Not, gesellte sich noch eine „eigenartige Krankheit" (möglicherweise Cholera, Typhus, Ruhr oder Fleckfieber als typische Epidemien im Gefolge von Unterernährung und mangelnder Hygiene), an der „viele Leute" gestorben sein sollen.[250]

Feuer in der Stadt – eine kleine Brandchronologie für Basel

Basel, eine der Leitstädte für die Beobachtungen in diesem Buch, blieb wie Frankenberg und viele andere Städte von größeren Schadensfeuern nicht verschont, auch hier sind die Stadtchroniken voll von grauenhaften Feuersbrünsten. Die Stadt, während des 13. und 14. Jahrhunderts im wesentlichen noch aus Holz gebaut, wurde im Februar 1258 von einem Brand heimgesucht, bei dem das Predigerkloster „und ein großer Teil der Stadt“ untergingen.[251] Am 13. September 1294 sollen über 600 Häuser zerstört worden sein – gewiss eine blanke Übertreibung. Die Größeren Colmarer Annalen wissen davon zu berichten, dass in einem Basler Anwesen an der Gerbergasse allein zwanzig Menschen in den Flammen den Tod gefunden hätten.[252] Vier Jahre später, im August 1298, brannte das Barfüßerkloster ab.[253] Kleinbasel wurde im Juli 1327[254] und am 1. Mai 1354[255] von Feuerstürmen schwer verwüstet. Alles bisher Dagewesene stellte dann das große Erdbeben von 1356 und der davon ausgelöste Stadtbrand in den Schatten. An anderer Stelle haben wir davon erzählt.

21 Jahre nach dieser totalen Vernichtung der Stadt wurde am 26. Februar 1377 der Basler Marktplatz durch ein Feuer verwüstet, zwei Tage darauf brannte es auf dem Spalenberg.[256] Der letzte Großbrand im mittelalterlichen Basel, von dem die Chronistik eifrig Notiz nahm, ereignete sich schließlich vierzig Jahre später: Am 5. Juli 1417 brach im Haus zur Tanne an der Streitgasse Feuer aus, verbreitete sich rasch in den inneren Quartieren, wütete bis hinaus in die Albanvorstadt. Rund 250 „Hofstätten“ gingen im Flammenmeer verloren.[257] Von überallher, von Rheinfelden, Mülhausen, Laufenburg, Neuenburg, Solothurn, von Freiburg/Br. erreichten die Stadt Beileidsbezeugungen. Delsberg, eine Stadt des Basler Bischofs, überließ den Baslern sogar einen Wald für den Wiederaufbau.[258] Das waren Formen von gegenseitiger Hilfe und sorgender Wahrnehmung, die im eidgenössischen und oberrheinischen Raum seit dem 14. Jahrhundert in vielfältiger Weise (wie beim Basler Erdbeben 1356) auszumachen sind und von den Stadtregierungen fein beachtet wurden.[259]

Solche exzeptionellen Großbrände, zu denen sich in Basel noch ein Feuersturm im April 1495 gesellte, waren eine auffällige Erscheinung in den spätmittelalterlichen Städten. Sie gehörten freilich nicht wie Geburt und Tod, Krankheit und Epidemien, Arbeit und Ernährung zum Alltag der Menschen. Es waren, wie gesehen, aufwühlende, schreckenerregende, unerhörte Ereignisse, mit denen der Stadtbewohner des 14. bis 16. Jahrhunderts in seinem Lebenslauf doch eher seltener konfrontiert wurde. Die zeitgenössischen Chroniken – voll von diesen, teilweise auch aufgebauschten Schreckensgeschichten – prägen insofern ein entstelltes, zu einseitiges Bild, täuschen in ihrer bedrängenden Sensationslust ein immerwährendes Inferno vor, das der Wirklichkeit nicht entsprochen hat. Städtischer Alltag war dagegen von jeher gekennzeichnet durch die ‚kleinen‘ Brände, durch individuelle Katastrophen. Hier ein Haus, dort eine Scheune – dies interessierte die Chronisten kaum. Solche Nachrichten sind jedoch zuhauf in den nüchternen Rechnungen dieser Zeit zu finden. Die Basler Wochenrechnungen registrierten fein säuberlich jeden der Brände im Stadtgebiet. Die Belege beruhen auf den Notaten über ausgezahlte Feuergelder an Zünfte, Einzelpersonen, Stadtknechte etc., auf den Ausgaben für das Sturmgeläut. Wir haben diese Brandbekämpfungsmaßnahmen einer Stadt, diesen ganz ungewöhnlichen Einblick in den städtischen Alltag, in folgender Übersicht zusammengestellt:[260]

Brandstatistik von Basel (1445–1549)

1445 IX 10	Ort unbekannt
1445 XII 18	Ort unbekannt
1446 III 5	Ort unbekannt
1448 III 9	Ort unbekannt
1450 I 10	Ort unbekannt
1455 IV 12	Feuer im Werkhof
1455 X 25	im Schindelhof zu St. Alban
1455 XII 27	in der St. Albansvorstadt
1458 I 14	Ort unbekannt
1458 XI 25	Ort unbekannt
1460 VIII 2	Ort unbekannt
1461 IV 25	in des Schaffners Haus „uff Burg“
1461 X 17	Ort unbekannt
1463 XI 19	Ort unbekannt
1465 VI 29	Ort unbekannt
1466 IV 1/2	in Kleinbasel (Kl. Klingental)
1468 I 30	Ort unbekannt
1468 VII 16	in Kleinbasel
1468 XII 31	Haus „zum Blauen Mann“
1471 IX 28	in der Kuttelgasse
1473 XII 4	Haus „auf dem Lindenbrunnen“
1475 X 18/27	in Kleinbasel
1478 X 3	in Kleinbasel
1482 I 5	in Kleinbasel (bei Kl. St. Clara)
1482 XI 9	„im Haus des Druckers Michel“
1483 III 21	beim Spital
1485 X 1	beim Barfüßer Kloster
1486 II 18	in Kleinbasel „bei Lemliss Haus“
1487 IX 15	in Kleinbasel
1489 I 31	in der St. Albansvorstadt

1489 IV 4	in der Hutgasse
1489 XII 12	bei St. Peter
1490 XII 11	in Kleinbasel, Sägemühle (?)
1492 XI 17	in der Weissen Gasse
1493 I 5	Brand des Linden(brunnen)turms
1493 XI 9	in der Weissen Gasse
1493 XII 7	Brand des Schultheißen-Hauses
1495 III 21	Brand der Rumelins Mühle
1495 IV 25	auf dem Heuberg
1499 II 1	„in der Rotin Haus“
1502 V 28	Ort unbekannt
1511 XII 13	am Kornmarkt
1512 V 14	am Fischmarkt
1514 VII 8	in Kleinbasel
1516 II 23	Brand im Kirchturm zu St. Martin
1516 V 10	„im Haus des Taschenmachers Galli“
1518 II 27	in Kleinbasel, vor dem Riehentor
1519 I 22	Brand bei der Kapelle St. Elisabeth
1520 IV 28	Brand in Haus des Hans Gallizian
1524 X 15	Aeschenvorstadt, Haus des Hafners
1528 IV 19–VII 11	3 Brände
1530 XII 3	Brand bei der Barfüßerkirche
1533 III 28	im Haus der Schiffleutezunft
1535 I 23	im Haus zum Sessel (Totengäßlein)
1535 I 30	in Kleinbasel, in Bondorffs Haus
1536 III 11	Brand in der St. Albansvorstadt
1537 XII 8	Ort unbekannt
1539 IX 27	in Kleinbasel
1539 XII 27	Wirtshaus zum Engel in Spalenvorstadt
1540 VII 10	im Haus „von Jorg, dem Schneider“
1545 VI 25	Brand in der Pulvermühle
1549 X 26	Ort unbekannt

Aus dem Überblick ergibt sich, dass man in den 104 Jahren zwischen 1445 und 1549 insgesamt 63-mal Brandalarm in Basel läutete und blies. Im Durchschnitt ist also alle 20 Monate irgendwo im Stadtgebiet ein Feuer ausgebrochen. Häufig allerdings brannte es nicht nur einmal im Jahr: zwei bis drei Schadensfeuer gab es in den Jahren 1445, 1455, 1458, 1461, 1468, 1482, 1489, 1493, 1495, 1528, 1535 und 1539. Ungewöhnlich ist dagegen, dass sich zwischen Mai 1502 und Dezember 1511 überhaupt keine Brände in Basel ereignet haben.[261]

Die recht genaue Datierung der Löscharbeiten durch die Wochenrechnungen gibt auch einen Eindruck von der jahreszeitlichen Verteilung der Brandfälle. Das alltägliche Feuer ist nicht im Hochsommer ausgebrochen – in den Monaten Juli und August sind insgesamt nur vier Brandgeschehen verzeichnet worden –, sondern im Winterhalbjahr. Zwischen Oktober und März mussten insgesamt 42 Brände bekämpft werden: ca. 67 Prozent aller Fälle. Das bedeutet: Die häusliche Heizung – schlecht gewartete Öfen, fehlende oder mangelhaft versorgte Kamine, unachtsamer Umgang mit der Glut – sowie das in der dunklen Jahreszeit häufiger gebrauchte Licht im Haus – Kienspäne, Wachs- und Unschlittkerzen, Öllampen – waren neben manchen anderen Ursachen Hauptquellen für die Feuergefahr im spätmittelalterlichen Basel.

Zwei letzte Beobachtungen kommen noch hinzu. Sie können allerdings bei den nicht gerade selten fehlenden Lokalisierungen der Brandherde keine absolute Signifikanz beanspruchen: Feuer dürften in Basel wesentlich häufiger in den Quartieren mit überwiegend schlechterer Bausubstanz – in Kleinbasel, in den Vorstädten – aufgetreten sein als in der eigentlichen Kernstadt. Die feuergefährdeten Gewerbe konnten in den beobachteten Jahrzehnten nur viermal als Brandverursacher dingfest gemacht werden: Im Oktober 1475 und im April 1528 waren Bäckerhäuser, im Dezember 1490 wahrscheinlich eine Sägemühle, im März 1495 eine weitere Mühle die Entstehungszentren von Bränden. Im April 1495 und im Mai 1528 fand das Feuer überdies noch in Scheunen erste Nahrung. Zumindest der letzte Brand könnte darauf zurückzuführen sein, dass „frisches und noch grünes Heu“, wie es 1529 in einer entsprechenden Satzung des Basler Rates hieß, eingebracht worden war, das durch Selbstentzündung „viele Gefährdungen wie Feuersnöte und anderes“ auslösen konnte. Die Räte verboten diese Praxis: Nur das sofort zu verwertende Futter durfte in die Stadt gefahren werden, alles andere musste bis Martini draußen in Bergehäuschen auf den Wiesen liegen bleiben. Landgraf Philipp von Hessen verordnete 1524 sogar, dass seine Städte aus Gründen der Feuergefahr soviele Scheunen wie möglich aus dem Stadtgebiet entfernen sollten. Der Nachsatz ist bezeichnend: „Wo es aber nicht bequem sei, mag man solches unterlassen“.[262]

Helfen – Löschen: Brandbekämpfung im Mittelalter I

Der Kastilier Pero Tafur besuchte im Spätsommer 1438 auf seiner Europareise Straßburg und erlebte dabei eine der häufigen, in den nahezu unbeleuchteten Gassen unheimlichen Brandnächte. Tafur berichtet mit einem gewissen Erstaunen über die Organisation der Brandbekämpfung in der Stadt am Oberrhein, über den militärischen Drill der beobachteten Ordnung, über die Schnelligkeit der anlaufenden Hilfsmaßnahmen. Sie, die Straßburger, hätten „abteilungsweise bestellte Hauptleute. Wenn Feuerslärm ertönt, wissen alle, zu welchem Feldzeichen sich ein jeder zu halten hat.“ Gleichsam in Reih und Glied ginge es dann zur Brandstelle. Strohwische und Wassergeschirre führten die Leute mit sich, manche trügen einen Karst, „andere eiserne Haken an langen Stangen“.[263]

Insbesondere größere Städte verfügten bereits seit dem Beginn des 15. Jahrhunderts bei allen zeittypischen Merkwürdigkeiten über recht schlagkräftige ‚Feuerwehren‘. Sie ersetzten die alten informellen Nachbarschaften und wussten zumindest begrenzten Bränden innerhalb der Mauern wirksam und schnell beizukommen.[264] Auch waren in den meisten der bedeutenderen Mittel- und Großstädte die öffentlichen Bauämter mehr oder minder direkt in die kommunale Brandbekämpfung einbezogen. Verfügten solche Bauhöfe doch mit ihrem spezialisierten Bauhofpersonal, ihrem Werkzeug und Fuhrpark zu allererst über das nötige Wissen und die Mittel, dem Feuer zu begegnen. Das war in Straßburg genauso wie in Nürnberg und in Basel. In den kleineren Städten wie dem hessischen Frankenberg mit ihren wesentlich geringer ausgeprägten kommunalen Verwaltungsorganisationen blieb dagegen Feuer- und Brandbekämpfung vor allem Chefsache: Der aktive wie passive Feuerschutz unterstand unmittelbar den Bürgermeistern.

Wenn ein Feuer ausbrach, musste dies sofort gemeldet werden. Das erscheint selbstverständlich: Die schnelle Information war auch damals schon die beste Voraussetzung zur erfolgreichen Brandbekämpfung. In vielen spätmittelalterlichen Städten lag allerdings diese Anzeigepflicht in erster Linie bei dem Geschädigten, mehr noch: Der Hausbesitzer war zunächst grundsätzlich am Ausbruch des Brandes schuld. Eine solche Bestimmung kennt bereits das Wiener Stadtrecht von 1221.[265] Pflichtwidriges Verhalten wurde mit schweren Geldstrafen bewehrt, Minderbemittelte und Dienstboten ließ man in Basel und Bern sogar ins Gefängnis werfen.

So unterschiedlich die Alarmierungsmaßnahmen, so individuell war auch die Organisation der Brandbekämpfung. In der Nürnberger Alarmordnung entschied man sich für ein sachliches: „sobald man bläst oder lärmt“, auch zeigten Fahnen an den Wachttürmen die Richtung des Brandherdes an; in Straßburg dagegen schrie man vom Münsterturm „Feurio", stieß ins Grüselhorn, das Signalhorn der Nachtwächter aus Messing, und stürmte. Was die Organisation der Brandwehr angeht, so kannten Braunschweig, Köln, Bamberg, Augsburg, Nürnberg, Konstanz oder Straßburg neben den verhältnismäßig wenigen Bauhandwerkern in ihren Bauhöfen bereits eine spezialisierte öffentliche Feuerwehr aus Zimmerleuten, Steinmetzen, Badern und Küblern. Beim Brandalarm hatte sich in Nürnberg der ‚Anschicker', der Gehilfe des obersten städtischen Baumeisters, unverzüglich zur Brandstelle zu begeben.[266] Der Anschicker leitete die Unternehmung ‚Feuerbekämpfung', er koordinierte zusammen mit den Feuermeistern des Rates die Löscharbeiten. Zum Einsatz kamen vor allem die geschworenen und von der Stadt bezahlten Zimmermeister – 1431 bis 1440 waren es zehn. Sie mussten zusammen mit ihren Gesellen und versehen mit Beilen und Äxten sofort zur Brandstelle eilen. Bei dieser Nürnberger ‚Feuerwehr', die einmal im Jahr bei einem öffentlichen Appell inspiziert wurde, hatten sich noch die Steinmetzmeister sowie die Bader einzufinden, die von ihren Bediensteten zusätzliche Bottiche und Zuber herbeibringen lassen sollten.

In der Stadt Frankfurt waren um 1435 ebenfalls die Zimmerer und Steindecker dazu aufgerufen, mit ihrem Werkzeug die Speerspitze der kommunalen Löschmannschaft zu bilden. Und ebenso sollten die Bader, Männer wie Frauen, „mit ihren Eimern unverzüglich" am Brandplatz erscheinen. Insgesamt aber lag in Frankfurt wie in vielen anderen Städten, in Basel, München und Wien, in Leipzig, Hamburg und Kiel, die Last der Brandbekämpfung allein bei den Zünften: Die Weinschröter, die Karrenknechte, die Mitglieder anderer Transportgewerbe und die Gärtner hatten Wasserzuber bzw. Fässer herbeizuschaffen, sie mussten die Löschwasserzufuhr sicherstellen. Die Sackträger, Hutmacher, Weinknechte und die städtischen Grabenknechte waren dazu verpflichtet, Abordnungen in unterschiedlicher Stärke zur Brandstelle zu schicken, sie sollten mit „Fischer-Lederhosen" ausgerüstet sein. Darüber hinaus waren die Zünfte der Weber, Metzger, Schmiede, Bäcker, Schuhmacher und Schneider dazu aufgerufen, ihre Brandausrüstung – jeweils 25 Ledereimer, 6 Leitern und 2 Feuerhaken – sofort zum Brandplatz zu bringen. Andere Zünfte hatten kleinere Kontingente an Gerät zu stellen. Auch die ‚Gesellschaften' der Stadt am Main mussten Feuereimer anschaffen und in ihren Häusern aufbewahren. Überdies war es Pflicht der jüdischen Gemeinde Frankfurts, 50 Eimer zu kaufen. Sie wurden im Rathaus aufgestellt und waren im Brandfall von den Juden selbst zum Feuer zu bringen.[267]

Im Grunde war jeder Stadtbürger, sei es nun in Nürnberg und München, in Hamburg und Lüneburg, dazu verpflichtet, bei Bränden zu helfen, mitanzufassen. In Nürnberg, Bamberg und Mainz sollten auch die Dirnen zum Feuer laufen, um Wasser zu schleppen. In Straßburg brachten ebenfalls Mönche, Beginen und Frauen Wasser zu den Brandstellen, die Chronik des Hieronymus Gebwiler von 1521 berichtet davon.[268]

Der ‚Gemeine Nutzen' wurde dabei in vielen Städten dadurch ‚gehandhabt', dass man der der Menschennatur innewohnenden Neigung zum Wegsehen und Fernbleiben finanzielle Anreize entgegensetzte. In Basel wurden alle zwangsrekrutierten Helfer aus den Zünften, das waren 1422 immerhin 150 Mann, für ihren Brandeinsatz vom Rat bezahlt. Als oberster Grundsatz galt dabei nicht nur in Basel, sondern auch in anderen Städten: Geschwindigkeit beim Brandeinsatz wird in besonderer Weise belohnt. Es sollte ein Anreiz dafür geschaffen werden, schnelle und damit wirksame Feuerhilfe zu ermöglichen. Den Siegern im edlen Wettlauf um den ersten ‚Glockensturm', um den vordersten, zum Brandherd gefahrenen Fasskarren mit Wasser winkten 1516 jeweils 10 Schilling Pfennig Basler Währung, das waren immerhin zwei Meistertagelöhne im Sommerhalbjahr. Den Nachkommenden stand wenigstens noch die Hälfte zu.

Freiwillige waren bei Brandeinsätzen stets hochwillkommen, auch sie lockte man durch Pfennigbeträge. Gebraucht wurden vor allem kräftige Helfer aus städtischen Unterschichtsgruppen, Kloakenreiniger und Bauhilfsarbeiter, Ballenbinder, Weinzieher, Salzlader, Sackträger und Transportarbeiter jeder Art – Männer für das Grobe eben. Hans Leberwurst, einer der „Freiheitsknaben", Randgruppenangehörige, die auf dem Basler Kohlenberg hausten, half im April 1528 zu eifrig, hat sich „zu weit" in das lichterloh brennende Haus eines Brotbäckers in der Weißen Gasse vorgewagt. Er musste seine Tollkühnheit mit dem Leben bezahlen.[269]

Nutzlose Gaffer reckten schon damals ihre Hälse und drängten als hindernde Schlachtenbummler zu den Brandstellen. Solch untätigen Zeitgenossen drohten Straßburg und Breslau Haftstrafen an. Die Stadtväter Basels ließen Müßiggänger, die an den Brandstätten flanierten, in ein Bußenregister eintragen und versuchten die Scharen der Neugierigen, die, wie es einmal hieß, „durch die Gassen, über Rheinbrücke und Kornmarkt, auf die ‚Burg' und den Fischmarkt" auf der Suche nach der nächsten Sensation gerannt seien, gleichfalls durch eine Geldstrafe zu lichten.[270] Der Münchner Rat hielt um 1372 – aus welchen Gründen auch immer – darauf, dass „die Frauen nicht mehr zu einer Feuersbrunst laufen" sollten, „wie sie es bisher getan haben".[271] In Marburg sollten um 1524 ausdrücklich nur diejenigen zur Brandstelle eilen, „die löschen, auch Wasser, Leitern und anderes dort hintragen".[272]

Überhaupt das Feuerlöschgerät: Die ersten „ledernen Eimer", 60 an der Zahl, hat Basel 1422/24 fünf Jahre nach dem erwähnten Großbrand, bei dem ein Teil der Kernstadt Raub der Flammen wurde, um teures Geld anschaffen lassen. Man unterstützte freilich bei dieser Aktion das eigene Gewerbe mittels dreisten Technologietransfers: Zwei Eimer ließ der Rat aus Frankfurt beziehen, sie gaben das Muster für alle übrigen in Basel hergestellten Feuereimer vor – Hightech und Industriespionage im Mittelalter. Mehr als 80 Rheinische Goldgulden, den Jahresverdienst eines städtischen Werkmeisters, ließ sich der Rat diese Investition kosten. Auch der Münchner Rat reagierte erst nach dem großen Feuer von 1418 mit entschiedeneren Brandschutzmaßnahmen: 1420 wurden Wasserzuber und Fässer, 1477 103 lederne Eimer zum Löschen angeschafft. Die Stadt Braunschweig legte sich 1466, Wien 1478, Bamberg 1480 lederne Feuereimer zu.[273]

Feuereimer aus Leder füllten in vielen Städten zuhauf die Inventarlisten, Handfeuerspritzen dagegen gab es in den deutschen Städten des Spätmittelalters recht selten. Nürnberg scheint ein Herstellungszentrum für dieses Gerät vor allem aus Messing gewesen zu sein. Jedenfalls erwarben Frankfurt im Jahre 1439, Augsburg 1440, München 1489 aus Nürnberg solche Hilfsmittel zum Feuerlöschen. In Nürnberg selbst sind Handdruckspritzen erst 1452 im Baumeisterbuch Lutz Steinlingers bezeugt.[274]

Verteilt war das mühsam angeschaffte Feuerlöschgerät weiträumig im gesamten Stadtgebiet. In Basel mussten seit 1422 in jedem Zunfthaus vier Ledereimer, zwei Feuerleitern und die gleiche Anzahl Gabeln zum Aufrichten der Leitern bereitliegen. Feuerleitern hingen auch noch an bestimmten Stellen in anderen Teilen der oberrheinischen Stadt. In Nürnberg hielten 1452 die Viertelsmeister, die sechs Feuermeister, die Mühlenbesitzer, die Kirchenpfleger und andere Personen 44 Handspritzen und 300 lederne Wassereimer zur Brandbekämpfung vor. Außerdem standen zur nämlichen Zeit an sechs geeigneten Plätzen in kleinen Schuppen je zwei Karren, auf die 25 gefüllte Wasserbottiche geladen waren. Im Bauhof der Stadt hatte man noch einmal vier bis fünf Fuhrwerke mit Wasserfässern untergestellt. Überdies ließ der Rat an 49 Stellen im Stadtgebiet je zwei Feuerleitern und Haken aufhängen. Jeder Nürnberger Müller endlich verfügte neben seinen zwei Feuerspritzen noch über Eimer und Bottiche, Gerätschaften, die auf Kosten der Stadt angeschafft worden waren und daher auch vierteljährlich kontrolliert wurden.[275]

Mittelalterliche Städte waren in den Nächten stockdunkel. Wenn es in der Nacht irgendwo in den Gassen brannte, war die ausreichende Beleuchtung der Stadt eine dringende Notwendigkeit, um Chaos zu vermeiden. In Frankfurt waren ebenso wie in Augsburg und Konstanz alle Bewohner, die in ihren Häusern Laternen oder Feuerpfannen besaßen, aufgerufen, diese, „so es Nacht wäre", herauszuhängen und zu entzünden, um so mit den Löscharbeiten auch die Sicherheit der Stadt zu befördern.[276]

Sicherheit und Ordnung: Brandbekämpfung im Mittelalter II

„Sicherheit zuerst" – bei einem Stadtbrand war es neben der Eindämmung des Feuers ebenso vornehmste Aufgabe des Rates, für die Aufrechterhaltung der Ordnung innerhalb der Mauern zu sorgen, die Verteidigungsfähigkeit der Kommune nach außen herzustellen. Basel, Nürnberg, Frankfurt und Köln ließen dafür ihre berittenen Söldner auf dem Kornmarkt, vor dem Schönen Brunnen, vor den Römer bzw. im Schützenhof auf dem Neumarkt zusammenziehen. Dort hatten sie sich jeweils zur Verfügung des Rates zu halten. In den meisten Städten sorgten dagegen die Aufgebote der Bürger für Ruhe und Ordnung. Sie dienten zur Abschreckung von Plünderern, die im Chaos eines Stadtbrandes ihr Unwesen treiben wollten. Sie standen bereit, um die Wehrfähigkeit der Kommune auch in der Situation großer innerer Not zu demonstrieren.[277] Fritsche Closener berichtet davon, dass sich 1333 bei einem Brandalarm die Straßburger Handwerke bewaffnet vor dem Münster versammelt hätten. Im Straßburger Schwörbrief von 1349 wurden denn auch tatsächlich die Zünfte der Ölleute, Müller und Tuchscherer eben dazu verpflichtet. Scharwächter sorgten überdies für die Sicherung des geretteten Hausrats.[278] Auch in Basel begegnete der Rat dem Feuer zunächst mit Schwert und Hellebarde – alle bewaffneten Bürger über 14 Jahren wurden einberufen –, dann erst mit Eimern und Feuerhaken – übrigens kein Phänomen, das auf Europa beschränkt gewesen wäre. Hans Dernschwam berichtete in seinem Reisetagebuch (1553) davon, dass in Konstantinopel nur die Janitscharen befugt waren, die Brandbekämpfung durchzuführen: „die tun und gebieten wie in einer Schlacht".[279] Erasmus von Rotterdam bemerkte 1526, als ein Pulverturm Basels durch einen Blitzeinschlag explodiert war, zu solcher militärischen Inszenierung, zu diesem Spektakel unter bunten Bannern spöttisch, es sei angeraten, den Waffenträgern bei diesen Anlässen nicht zu begegnen: Das Eisen mache die Geister kühn, besonders wenn nirgends Gefahr drohe.[280]

Stadtbrand und äußere Bedrohung, das waren beileibe keine Hirngespinste, keine Sicherheitsneurosen oder Überkompensationen hasenfüßiger Stadtpolitiker. Die mittelalterliche Stadt war vornehmlich Festung, und selbst mittlere Städte verfolgten eine Außenpolitik, die Militäraktionen, Scharmützel, Raubzüge, Plünderungen und Brandschatzungen in ihr Handlungskalkül einbezog. Ein Beispiel nur von vielen: Im Frühjahr und Sommer 1456 hatten die bewaffneten Auseinandersetzungen zwischen den beiden Linien des Hauses Hessen in der Mainzer Stiftsfehde auch ihre Schatten auf Marburg geworfen. Warnungen und Gerüchte, Brandstifter seien unterwegs, waren dem Rat am 7. April und am 30. Juni zugeflogen. Die Marburger Stadtväter agierten daher sehr vorsichtig, sie schickten ihre Stadtknechte durch die Gassen: Die sollten den Bürgern gebieten, „Löschwasser in ihren Häusern bereitzustellen". Zudem hatten die Wirte ein Auge auf ihre fremden Gäste zu werfen. Dennoch wurde im Stadtgebiet gezündelt, ein Brand brach aus.[281]

Damit sind wir bei der Ordnung, mithin bei den Bau- und Feuerordnungen in mittelalterlichen Städten: Die mittelalterliche Stadt bestand aus Holz, Lehm, Ried und Stroh. Überall waren diese Materialien wesentlich preisgünstiger zu haben als Bruchsteine, Ziegel und Schiefer. Sie wurden bei dem Überwiegen minderbemittelter Sozialgruppen wesentlich stärker zum Hausbau benutzt, als es manche Stadtbeschreibungen nahezulegen scheinen, die nur von den prächtig ausgestatteten Oberschichts- und Stadtadelshäusern in den Kernquartieren der Städte zu berichten wissen.[282]

In diesem Bereich sind bisher nur graduelle, keine grundlegenden Entwicklungsunterschiede zwischen dem Spätmittelalter und der frühen Neuzeit festgestellt worden: In Lemgo zum Beispiel wurde sogar nach dem Vordringen des Massivbaus während des 15. Jahrhunderts seit 1550 in einer Art Trendwende wieder verstärkt mit Holz gebaut. Im wesentlich früher und stärker urbanisierten Flandern, in Gent, Antwerpen und Brügge, datiert man den Beginn des „versteningsproces" auf die Mitte des 16. Jahrhunderts, während in Florenz schon um 1400 damit begonnen worden war, Holzbauten durch Steingebäude zu ersetzen.[283] Abgesehen von Zonen, in denen wie beispielsweise in Goslar Naturstein, insbesondere Schiefer, in nahegelegenen Brüchen kostengünstig gewonnen werden konnte, prägte nicht nur in den Vorstädten oder den Randgruppenquartieren, sondern auch in den Kernvierteln das Schindeldach, auch die Holz- bzw. Fachwerkbauweise mit Flechtwerkausfachung das bauliche Bild selbst der größeren Kommunen des 14. bis 17. Jahrhunderts zumindest in Oberdeutschland, von den kleinen Städten oder den Dörfern ganz zu schweigen. Der Basler Thomas Platter, im ländlich-alpinen Wallis aufgewachsen, sah als vierzehnjähriger Scholar um 1513 zu Luzern „die ersten Ziegeldächer. Da verwunderte ich mich über die rote Dacheindeckung," notiert er in der Rückschau auf seine Jugendzeit.[284] Und so gab es in Schlettstadt und Frankfurt am Main beispielsweise um 1374 und 1386 wie selbstverständlich noch zahlreiche Häuser mit Strohdächern. Enea Silvio Piccolomini beklagte um 1455, dass die meisten der Wiener Häuser durch Holzdächer verunstaltet seien. Und noch Jahrzehnte später wird in einer Stadtbeschreibung Wiens (1492) hervorgehoben, dass man hier zwar großartig gebaute, „zierliche“ Bürgerhäuser bewundern könne, „allein eine Unzierde ist, dass viele der Häuser mit Schindeln und wenig mit Ziegeln gedeckt sind“.[285]

In diese gleichsam stillstehenden Formen des Bauens mit Holz und Stroh versuchten die städtischen Räte da und dort regulierend einzugreifen. Hildesheimer, Frankfurter und Marburger, Basler, Berner und Luzerner, auch Brügger Ratsherren versuchten, mit öffentlichen Zuschüssen besonders Haushalten mit sehr geringen Vermögen Anreize zu bieten, die Dächer von Stroh auf Ziegel umgestalten zu lassen, was häufig wohl schon an der statischen Belastbarkeit des Dachgebälks scheiterte.[286] Selbst in Brüssel und Nürnberg wurden erst in den 1340er Jahren allgemeine Verbote gegen Bedachungen aus Stroh erlassen.[287] In kleineren Städten ergingen solche Satzungen bezeichnenderweise erst ein bis zwei Jahrhunderte später. Dahingestellt sei, ob diese papierenen Vorschriften im Laufe des 15. und 16. Jahrhunderts je fruchteten. Denn selbst Bischof Ulrich Putsch bezeichnete 1436 die kostspielige Ziegelbedachung eines Turmes seines Brixener Schlosses ausdrücklich als „Schmuck“.[288] Den konnte und wollte sich nun nicht jeder leisten, schon gar nicht der geizige Kölner Hermann Weinsberg. Der ließ im Jahre 1582 eines seiner Zinshäuser zwar zur Straße hin mit Stein, zur Hofseite aber – wie schon zuvor – mit Stroh decken.[289] Hinzugefügt sei, dass der Basler Ludwig von Eptingen 1487 nach einem Hagelschaden nur für die Reparatur der Dächer seines Hofes und eines weiteren Anwesens schon allein rund 5000 Ziegel benötigte. Ein Dachdecker brauchte für die Renovierung 36 Tage – ein teures Unterfangen![290] Es kam jedenfalls nicht von ungefähr, dass Daniel Speckle in seinem Idealstadtentwurf um die Mitte des 16. Jahrhunderts darauf abhob, im Interesse der Feuersicherheit alle Häuser ganz oder wenigstens im Untergeschoß massiv aus Stein zu bauen und die Dächer mit Ziegeln zu versehen.[291]

Genauso wirkungslos scheint der jahrhundertelange Kampf der Stadtregierungen gewesen zu sein, zur Verbesserung der Feuersicherheit Überbauungen, Erker, Lauben und Altane zu verbieten. Verwiesen sei nur auf Straßburg, wo der Rat bereits 1298 nach einem großen Brand vorkragende Obergeschosse untersagte.[292] Doch – Konsequenz bei derartiger Brandverhütung kann man den städtischen Räten auch nicht gerade bescheinigen. Typisch erscheint die Haltung des Ulmer Rates, der 1399 zwar vorspringende Obergeschosse untersagte, aber schon 1420 diese Anordnung wieder zurücknahm: Die Gebäude seien ihrer Zier beraubt worden, hieß es.[293] Selbst der ansonsten eher restriktive Nürnberger Rat hat, wie Endres Tucher in seinem Baumeisterbuch berichtet, seit 1462 etlichen Privatleuten „vergönnt", einen „Erker" bauen zu lassen.[294] Dazu passt die Notiz in der ‚Mainzer Chronik': Die Wormser hätten 1385 in ihrem Aufruhr gegen den Klerus jeden Erker an den Häusern der Geistlichen abgeschnitten.[295] Und endlich hat man in Konstanz zwar vereinzelt seit 1540 Schutzmauern zwischen den Häusern aufgerichtet, aber nicht aus Gründen der Feuersicherheit, sondern um Belästigungen durch Rauch zu verhindern. Dagegen ließen die Stadträte von Basel, Wien, Nürnberg, Konstanz, Limburg an der Lahn, Marburg, Siegen und Duisburg durchaus mit Konsequenz Rauchfänge, Kamine und Herde in Privathäusern besichtigen.[296]

Im Ganzen – aus der Sicht der Moderne dürfen wir es uns bei der Beurteilung der Brandverhütungs- und -bekämpfungsmaßnahmen nicht zu leicht machen. Die baupolizeilichen und finanziellen Maßnahmen größerer mittel- und westeuropäischer Stadtregierungen hatten bei allen Widersprüchen und Inkonsequenzen sowie mangelnder Durchsetzungskraft im 16. Jahrhundert einen vergleichsweise respektablen Standard an Feuersicherheit gebracht. Trotz dieses wichtigen Aspektes innerer urbaner Modernisierung konnten freilich verheerende Stadtbrände nicht vollkommen verhindert werden – erinnert sei nur an die Großfeuer, die 1540 Einbeck, 1666 London und 1842 die Hamburger Innenstadt vernichtet haben –, sie gerieten aber im Vergleich zum 13. und 14. Jahrhundert zu selteneren Ereignissen. Freilich bot die Katastrophe auch die Chance zur durchgreifenden Sanierung und Umgestaltung der Stadt: Göppingen etwa brannte zwei Mal „fast restlos" ab – am Ostermontag 1425 und am 25. August 1782, um danach „nach einem klassizistischen Idealplan" neu zu entstehen.[297]

Epidemien – und kein Ende

„Darum – so spricht Gott, der Herr: Nun gehe ich gegen Dich (Jerusalem) vor. Vor den Augen der Völker werde ich mitten in dir Gericht halten. [...] Mein Auge wird kein Mitleid zeigen, und ich werde keine Schonung üben. Ein Drittel deiner Einwohner wird an der Pest sterben und durch den Hunger in der Stadt zugrunde gehen Ein anderes Drittel wird vor deinen Mauern durch das Schwert umkommen. Das letzte Drittel werde ich in alle Winde zerstreuen, und ich werde hinter ihnen das Schwert zücken. So tobt sich mein Zorn aus, und ich stille meinen Grimm an ihnen und verschaffe mir Genugtuung." (Ezechiel, 5, 8–13)

Sterbenszeiten

„Als ich einmal frühmorgens – andere Geistliche waren nicht da – am Fenster der Sakristei von San Vigilio stand, sah ich eine Frau zum Grab ihres Mannes gehen, der tags zuvor gestorben war. Und ich sah, wie sie beim Beten selbst tot zusammenbrach und sie [darauf hin] neben ihrem Mann beerdigt und ins Grab gelegt wurde. Wie ein Schaf wurde sie ohne Bahre beigesetzt. Es gab auch keinen, der gesungen hätte. Und ich kann berichten, daß durch derartige Ereignisse in der Bevölkerung eine solche Panik entstand, daß viele Wohlhabende mit ihren Familien auf die Dörfer flohen und die Häuser, die ihnen gehörten, zurückließen. Und die Christen gingen einander aus dem Weg wie der Hase dem Löwen oder ein Gesunder dem Aussätzigen."[298]

Am 2. Juni 1348 war eine Epidemie nach Trient gekommen, die dort für Monate ihr fürchterliches Regiment errichtete. Sie kann als die Pest identifiziert werden. Der Kanoniker Johannes von Parma, der als Überlebender seine schreckliche Zeitgenossenschaft in einem der wenigen detaillierteren Pestberichte verarbeitete, nennt denn auch alle Schrecken jener Krankheit: den „jähen Tod", der die Menschen ohne den Beistand ihrer Verwandten und Freunde, ohne die Tröstungen der kirchlichen Sterbesakramente mitten aus dem Leben riss, das Verscharren der Leichen gleich Tieren in Massengräbern ohne Totenbegängnis, weil sämtliche sozialen Bindungen, auch die, welche die religiösen Bruderschaften zusammenhielten, zerrissen waren, Schrecken und Panik in den Häusern, auf den Gassen und Plätzen, Flucht der Wohlhabenderen, weil sich die Menschen gegenseitig misstrauten. Johannes von Parma vergleicht jene Vereinzelnung der Menschen im panischen Misstrauen seiner Zeit mit der alt überkommenen Krankheit des Aussatzes und mit dem sozialen Tod der Aussätzigen – von der neuen Seuche der Pest hatte er sich noch kein Bild gemacht.[299]

Nach biblischem Vorbild – der Text aus dem Buch Ezechiel ist nur eines von vielen furchtbaren Exempeln – nannten die Zeitgenossen die in Europa damals noch völlig unbekannte Krankheit *pestis*. Dabei hatte man diesen Begriff schon für eine Vielzahl von Infektionen gebraucht. In einem Merkvers, entstanden um 1300, werden sie genannt: „Pestartiges Fieber, Tuberkulose, Krätze, Fallsucht, Milzbrand, Trachom und Lepra können uns anstecken."[300] Es waren allesamt Krankheiten, gegen die in jenen Jahrhunderten kein Kraut gewachsen war und die uns heute an erschreckende Bilder besonders vom afrikanischen und asiatischen Kontinent gemahnen. So leiden an Trachom, einer Augeninfektion, nach Schätzungen der Weltgesundheitsorganisation immer noch rund 500 Millionen Menschen. Die Erkrankten können daran erblinden. Die ungeheure Zahl blinder Bettler vor den Kirchentüren, Altäre mit dem Bild der Hl. Lucia, Schutzpatronin der Augenkranken, übersät mit Weihgeschenken – all dies zeigt die Not der Menschen auch im mittelalterlichen Europa. Bei aller übertreibend stereotyper Karikatur der Bauern als „schmutzig" und „gefräßig" beschreibt der Zürcher Chorherr Felix Hemmerlin in seinem ‚Buch über den Adel' (1444/51) Realitäten, indem er die Krankheitsbilder der Menschen auf dem Land herausstellt: „verfilztes Haar [Weichselzopf], triefende Augen [Trachom], ein unförmiger grindiger Leib [Grind]".[301]

Die Lepra oder der Aussatz, Begriffe für verschiedene Dermatosen, wüteten vornehmlich im hochmittelalterlichen Europa. Im 13. und 14. Jahrhundert hatte sie wahrscheinlich ihren Höhepunkt schon überschritten, sie blieb aber noch bis in die Neuzeit hinein endemisch. Die Krankheit hielt allerdings eine immerwährende Furcht vor Ansteckung wach. Der Rat der Stadt Siegen ließ noch im 16. Jahrhundert mutmaßlich vom Aussatz Befallene in das Kölner Leprosenspital ‚zu den groesen Melaten' bringen. Zwischen 1502 und 1574 unterzog man rund 25 Siegener einer derartigen Lepraschau, um sie anschließend im Siechenhaus Siegens zu isolieren. Der Verdacht reichte aus. So war es auch dem Sohn von Johann Deies widerfahren. Doch Johann Deies setzte sich zur Wehr und erreichte, dass der Sohn erneut nach Köln geschickt und dort die Diagnose revidiert wurde: Die Ärzte erkannten ihn *des aussatzes rein und ledig*.[302]

Die mittelalterliche Malaria endlich halten Epidemiologen für einen stärker das Wachstum der Bevölkerung limitierenden Faktor als die Pest: Frostharte Fiebermücken verbreiteten die Krankheit sogar in Skandinavien, am Mittelmeer ließ eine durch hohe Letalität gekennzeichnete Malariaversion, übertragen durch die Fliege Anopheles tropica, seit der Spätantike ganze Küstenstriche

Der Schnitter Tod hoch zu Ross – massenhafter Pesttod in einer Illustration zu Giovanni Boccacios ‚Decamerone' (1427)

brach fallen. Besonders schwer von Malaria, überhaupt von Sumpfkrankheiten betroffen waren die Campagna, die berüchtigten Pontinischen Sümpfe und die Stadt Pisa – hier starb Kaiser Heinrich VII. im August 1313 am Fieber. Endemisch war auch die Tuberkulose, besonders in Gruppen der spätmittelalterlichen Gesellschaften, die mehr oder weniger unterernährt waren.[303]

Die Pandemie von 1347 bis 1352 – Tote, Tote!

Wieviele Menschen starben an der Pestpandemie, die Europa im Spätmittelalter heimsuchte?

A peste, fame et bello, libera nos Domine – „Von Pest, Hunger und Krieg, erlöse uns, Herr". Das Stoßgebet, von einem Zeitzeugen des späten 14. Jahrhunderts niedergeschrieben, verdeutlicht: Die 1347 nach ca. 800 Jahren Karenz

Europa heimsuchende Pest – im 6. Jahrhundert hatte die sogenannte Justinianische Pest ihre Zerstörungswege über den Kontinent gezogen – war im Verständnis der Zeitgenossen nur eine der Geißeln, mit denen Gott die Menschen für ihre Sünden bestrafte.[304] Dennoch – die Pest von 1347 bis 1352 sowie die nachfolgenden Pestzüge bis 1400, zuerst in dänischen und schwedischen Quellen des 16. Jahrhunderts als ‚Schwarzer Tod' bezeichnet, waren eine der schwersten Katastrophen in der europäischen Geschichte. Die Seuchen und Kriege der Moderne, selbst die weltweite Fleckfieber-Epidemie von 1917 bis 1921, an der ca. 25 Mio. erkrankten und 3 Mio. Menschen starben, wirkten sich vergleichsweise weniger gravierend aus als der rasende Schrecken des 14. Jahrhunderts, dem in den nachfolgenden Säkula bis um ca. 1750 noch zahlreiche Echo-Epidemien folgten.

Während der großen Pestpandemie um 1350 nun soll sich die Bevölkerung Italiens um 70 bis 80 Prozent reduziert haben, die Kataloniens um 55 Prozent, die Englands um 40–50 Prozent. Solche Zahlen bestimmen die Handbücher, sie erfordern ‚den Mut zum Glauben'. Denn sie sind häufig aus höheren städtischen Verlustraten hochgerechnet worden oder folgen den besonders hohen Zahlen zeitgenössischer Chronisten. Bestenfalls sind sie gewonnen aus der guten Überlieferungslage für Einzelregionen.

In Frankreich hat man – lokal und regional – für die Jahre 1348/50 Pestverluste von 25 bis 50 Prozent wahrscheinlich gemacht. Vertieft wurde der demographische Einbruch in Frankreich durch die weiteren Epidemien bis 1400, dann vor allem noch infolge des Hundertjährigen Krieges. In der Ostnormandie etwa sank die Populationsrate von 1314 bis 1380 um 53 Prozent. Trotz dieser „Geißeln Frankreichs" (Jacques Heers) setzte in einer Atempause des Krieges und der Seuchen von 1388 bis 1411/15 eine allgemeine Erholung ein. Solche Rhythmen in der ‚stillstehenden' Geschichte der Bevölkerung hat man in der Provence, im Languedoc, im Pariser Becken beobachtet.

In Dänemark, Schweden und Norwegen drang die Pest erst vergleichsweise spät ab 1350 und infolge der dünnen Besiedlung und geringen Städtedichte auch nur sehr langsam vor, dafür aber anscheinend umso nachhaltiger. Die Mortalitätsrate soll in Norwegen bis zu 70 Prozent betragen haben.

In Deutschland berichten fast ausschließlich die literarisch tätigen Zeitzeugen über das Ausmaß des großen Sterbens. 1349/50 sollen beispielsweise in Mainz 6.000, in Münster 11.000, in Erfurt 12.000, in Straßburg 16.000 Menschen gestorben sein. Zumindest für Münster, wo ca. 16.000 Einwohner gelebt haben könnten, erscheinen solche Zahlen als stark überzogen. Aber auch in der Lübecker Chronistik geht die Rede von 1.500 Toten pro Tag und davon, dass von 1.000

Einwohnern keine 10 am Leben geblieben seien. Doch selbst exakt überlieferte zeitgenössische Zahlen bergen methodische Probleme. In Bremen z. B. ließ (einer Notiz von 1364 zufolge) der Rat die Pesttoten des Jahres 1351 zählen. Man ermittelte eine Gesamtzahl von 6.966 Opfern. Dazu kamen noch geschätzte – nicht gezählte – 7.000 Tote des sogenannten niederen Volkes: Arme, Bettler, Vagabunden. Das ergäbe einen Verlust von ca. 14.000 Menschen. Akzeptiert man diese Zahlen, bleibt die Relation zur unbekannten Gesamtbevölkerung noch offen. Zum Vergleich: Köln, die größte deutsche Stadt, hatte um 1350 ungefähr 35.000, höchstens 40.000 Bewohner. Bremen dagegen war mit Sicherheit erheblich kleiner, wieviel man ansetzt – ob 10.000–12.000 oder 20.000 Einwohner –, bleibt Ermessenssache. Die in der Literatur für Bremen genannten Zahlen 35–40 Prozent oder sogar 60–80 Prozent Pesttote sind also reine Schätzwerte.

Fasst man all dies in seiner realen Eindringlichkeit und verwirrenden Widersprüchlichkeit zusammen, wird man in deutschen – wie allgemein in mitteleuropäischen – Städten davon auszugehen haben, dass ungefähr ein Drittel der Einwohnerschaft die große Pestpandemie von 1347 bis 1352 nicht überlebte. Von den Menschenverlusten auf dem platten Land dagegen, mithin 90 bis 95 Prozent der Gesamtbevölkerung, lässt sich zumindest in den deutschsprachigen Ländern kaum etwas sagen.

Wege der Pandemie 1347 bis 1351

Wie kam die Pest um 1350 nach Europa und wie verbreitete sie sich? Die Pest war enzootisch unter den Murmeltieren in der trockenen Hochebene Zentralasiens. Die große Seidenstraße durchquerte dieses Gebiet, das mit dem heutigen Turkestan identisch ist. Kurz nach 1340 war die Seuche entlang der Seidenstraße nach Westen in das mongolische Khanat der Goldenen Horde mit der Hauptresidenz Sarai am Unterlauf der Wolga vorgedrungen. In direkten Kontakt mit Europäern kam die Krankheit im Schwarzmeerhafen Caffa, dem heutigen Feodosia, auf der Krim. Die Genuesen hatten dort um 1266 eine Kolonie gegründet. Über die „unification microbienne du monde", wie der französische Sozialhistoriker Emanel LeRoy Ladurie dies nannte, kam die Pest nach Europa.[305] 1343 und noch einmal 1345/46 wurde Caffa von Djanibek, einem Khan der Tataren, belagert. Im Jahre 1346 brach die Pest in seinem Heer aus. Gabriele de Mussis aus Piacenza, der auf der Krim lebte, berichtet davon:

„Als die Tartaren, von Kampf und Pestseuche geschwächt, bestürzt und in jeder Hinsicht verblüfft zur Kenntnis nehmen mußten, daß ihre Zahl immer

Im zehnten Graben des achten Höllenkreises – zwei mit Krätze bedeckte Alchemisten in einer Illustration zu Dantes ‚Divina Commedia' (14. Jahrhundert)

kleiner wurde und erkannten, daß sie ohne Hoffnung auf Rettung sterben mußten, banden sie die Leichen auf Wurfmaschinen und ließen sie in die Stadt Caffa hineinkatapultieren, damit [dort] alle an dem unerträglichen Gestank zugrundegehen sollten. Man sah, wie sich die Leichen, die so hineingeworfen waren, zu Bergen türmten. Die Christen konnten sie weder beiseiteschaffen noch vor ihnen fliehen und sich nur dadurch vor den herabstürzenden [Leichnamen] retten, daß sie diese, soweit es möglich war, in den Fluten des Meeres versenkten. Bald war die ganze Luft verseucht und [ebenso] das Wasser durch üble Fäulnis vergiftet. Es breitete sich ein solcher Gestank aus, daß von Tausenden gerade einer das Heer verlassen und die Flucht wagen konnte. Auch er war verpestet und trug das Gift überallhin zu anderen Menschen, wobei er, allein wenn er gesehen wurde, Orte und Personen mit der Krankheit ansteckte. Keiner wußte eine Rettung oder konnte einen Weg zu ihr nennen."[306]

Die ‚biologische Kriegsführung' der Tartaren hatte zumindest den zweifelhaften Erfolg, dass die Infektion in rasender Schnelligkeit um sich griff: Die Krankheit geriet in das weitverzweigte Kommumnikationssystem des genuesischen Handels. Die Seuche befiel 1347 von Caffa aus Konstantinopel und Kairo, die Galeeren Genuas brachten sie nach Messina. Schon 541 war die bereits erwähnte Justinianische Pest in ähnlicher Weise von Ägypten aus in die levantinischen Hafenstädte gelangt und hatte im Winter 543 Mitteleuropa erreicht.

Typisch war bereits 1346/47 das Muster der weiteren Ausbreitung: Die Pest griff von einem verseuchten Hafen auf den nächsten über, ruhte dort eine Weile, um dann in einer zweiten Phase das Hinterland zu verheeren und gleichzeitig zur nächsten Hafenstadt weiterzuziehen. So wurden zu Beginn des Jahres 1348 von Messina aus die Häfen in Pisa, Genua, Venedig, Marseille und Barcelona infiziert. Im April 1348 kam die Pest in Florenz an. In der Chronik des Marchionne di Coppo Stefani steht dazu folgendes zu lesen: Die Epidemie „war so schlimm und heftig, daß in einem Haus, wo sie aufgetreten war, niemand sich mehr um die Kranken kümmerte, weil diejenigen, die sie pflegten, selbst der Seuche erlagen. Von den Infizierten lebte kaum einer noch länger als drei Tage. Weder ein Arzt noch eine Medizin taugten hier etwas. Denn eine derartige Krankheit war bisher unbekannt, und die Ärzte hatten darüber nichts in Erfahrung bringen können. Es schien auch kein Heilmittel zu geben. Die Angst war so fürchterlich, daß man nicht mehr ein noch aus wußte."[307]

Das, was man sich 1347 in Europa über das ferne Indien erzählt hatte – ein unheimliches Sterben sei durch vielerlei giftige Tiere, die es vom Himmel regnete, und von Feuerbällen, die aus den Wolken fielen, verursacht worden – trat nun auch in Europa ein. Über die Seewege erreichte die Pest die Gascogne-Häfen Bordeaux und Bayonne, die unter englischer Herrschaft standen. Die Epidemie stieß von dort aus im Juni 1348 in den Norden Europas vor: Die Hafenstadt Weymouth im südwestenglischen Dorset war das erste Opfer auf den britischen Inseln. Nach einer Winterpause eroberte die Pest im Frühjahr 1349 England und Schottland, wütete in der östlichen Hälfte Irlands. Über See und den hansischen Handelswegen folgend kam sie von England aus nach Calais, Bergen und Oslo, nach Köln und Kopenhagen, nach Hamburg, Lübeck und

Domenico di Bartolo Ghezzis Ansichten vom Treiben in einem Spital – Ärzte und ihre Heilkünste (um 1440)

Novgorod. Im Jahre 1352 hatte sie Moskau erfasst und wandte sich von da aus noch einmal nach Süden, um in Kiew den letzten Außenposten des europäischen Handelsnetzes zu erreichen. Fast ein geschlossener Ring des Todes war über See und Wasser um Europa gelegt worden.

Die Verzweiflung der Menschen und die Kunst der Ärzte

Wie erklärten sich die Menschen des 14. und 15. Jahrhunderts die schreckliche Krankheit? War ein Kraut gegen sie gewachsen, konnte es gefunden werden? Selbstverständlich stand Gottes Zorn an erster Stelle bei dem Bemühen, die säkulare Pest in das Weltgeschehen einzuordnen. Und in ihren Flüchen gaben die Menschen der damaligen Zeit ihren Ängsten vor dieser neuen Krankheit Ausdruck: *Daß dir die Pestilenz ankom.*[308]

Die zeitgenössische Medizin hatte kaum Antworten auf die neue Krankheit. Ärzte wie Guy de Chauliac und Gelehrte wie Konrad von Megenberg ordneten ihre durchaus zutreffenden Beobachtungen in die Humoralpathologie, in die Krankheitslehre von den Mischungen der Körpersäfte antiker Autoritäten wie Hippokrates und Galenos, ein. Diese klassische Säfte- und Temperamentelehre interpretierte die Pest als Fäulnis innerer Organe, hervorgerufen durch einen Überschuss von feucht-warmem Blut. Innere Fäulnis war dabei bedingt durch äußere Fäulnis. Die Vorstellung hielt sich bis ins 19. Jahrhundert: Ansteckende Krankheiten übertrügen sich entweder durch verdorbene Nahrung oder durch Luftverpestung. Die schlechte Luft sei dabei durch Ausdünstungen, durch sogenannte Miasmen, erzeugt worden. Davon haben wir schon bei der Darstellung der zeitgenössischen Vorstellungen über die Ursachen von Erdbeben berichtet.[309] Bereits von den antiken Autoritäten wurde daher vor feuchtschwülem Klima und Südwinden gewarnt. Noch in der Anlage von Westend-Siedlungen in den Städten der Hochindustrialisierung der zweiten Hälfte des 19. Jahrhunderts machten sich diese Prädispositionen bemerkbar.

Neben der klassischen Miasmalehre wurde von dem umbrischen Arzt Gentile da Foligno die Pesthauchtheorie, das Contagion, entwickelt. Er schrieb die Pest der ungünstigen Planeten-Konstellation von Mars, Jupiter und Saturn am 20. März 1345 zu. Dadurch seien giftige Ausdünstungen von Meer und Land in die Luft gelangt und dort erhitzt worden. Von dort hätten sie sich als *aer corruptus*, als „krankmachender Dunst“, auf die Erde herabgesenkt. Der eingeatmete Pesthauch werde dann, so Foligno, um Herz und Lunge gesammelt und dort nochmals zu einer „Giftmasse“ umgebildet. Die ausgeatmete Luft eines Kranken könne dann auch andere Menschen anstecken.

Für die Verbreitung von Miasma- und Contagionslehre war entscheidend, dass das viel rezipierte Pariser Pestgutachten vom Spätsommer 1348 sich diese Theorien zur Erklärungsgrundlage nahm. Die therapeutischen Folgerungen, die darin wie in vielen anderen Pestgutachten gezogen wurden, zeigen die Hilflosigkeit der zeitgenössischen Medizin. Das Pariser Pestgutachten empfahl die Maxime des antiken Arztes Galenos als Richtschnur des Handelns: *Cito longe fugas et tarde redeas* – „Fliehe schnell weit weg und kehre erst spät zurück“, eine Lebensweisheit, an die sich die Päpste im Avignon des 14. Jahrhunderts genauso wie noch 300 Jahre später die Kölner Familie Weinsberg hielt. Daneben: keine körperlichen Anstrengungen, um das Einatmen der Miasmen zu vermeiden, Musik, Freude und Heiterkeit zum Ausgleich der Temperamente, übelriechende Substanzen, insbesondere den berühmt gewordenen Theriak, vor die Nase gehalten, als Prophylaktikum zur Vorbeugung gegen Miasmen und Pesthauch, und endlich eine Pestdiät gegen fäulniserregende Nahrungsingredienzen.[310]

Die „Pest" – Was ist das für eine Krankheit?

War die Krankheit, von der die Zeitgenossen als ‚pestis' sprachen, überhaupt die Pest, hervorgerufen durch Yersinia pestis, eine Bakterienart, die 1894 durch den Schweizer Tropenarzt Alexandre Yersin isoliert wurde? Zeitgenossen wie der Florentiner Chronist Matteo Villani oder der Limburger Ratssekretär Tilemann Elhen von Wolfhagen beschrieben Symptome, nannten Beulen sowie Lymphknotenschwellungen in der Leiste, in den Achselhöhlen. Das sind Indizien, die untrüglich auf die heute noch bekannte und gelegentlich z. B. in den USA ausbrechende Beulenpest hinweisen. Lange rang dagegen die historische und medizingeschichtliche Forschung um die Frage der Übertragungswege der Krankheit. Allenfalls historiographisch ist dabei der vor allem in den 1970er Jahren tobende gelehrte Streit zwischen den Anhängern der sogenannten ‚Ratten-Schule' und der ‚Floh-Schule' noch von Interesse. Denn die neuere Forschung hat indessen herausgestellt, dass die Pest primär eine bei etlichen Nagetierarten verbreitete Zoonose darstellt – im Jahre 1970 waren in außereuropäischen Ländern 26 solcher endemischer Ansteckungsherde bekannt.[311] Die Pest von 1347 ging, wie erwähnt, von einer Zoonose unter Nagetieren Innerasiens aus. Außerdem ist in Rechnung zu stellen, dass neben den vielzitierten Ratten noch rund 370 andere Wirtstiere angesteckt werden können, auch Haustiere wie Katzen und Hunde. Unter problematischen hygienischen Verhältnissen waren sie und ihre Flöhe also die idealen Überträger. Dazu kamen noch homologe Infektionsmöglichkeiten, vor allem durch Mensch zu Mensch-Infektionsketten sowie durch den Menschenfloh, der wie die 30 anderen bekannten Floharten auch die Krankheit übertragen kann.

Neben der verbreiteten Beulenpest existieren noch zwei weitere Pestarten, die sekundäre bzw. primäre Lungenpest.[312] Die Beulenpest kann dabei jederzeit in die beiden anderen Formen übergehen. Das ist bei den Pestausbrüchen des Spätmittelalters wohl auch stets in mehr oder minder großer Ausprägung zu vermuten. Bei der schon 1365 von dem Arzt Guy de Chauliac rein empirisch beschriebenen Beulenpest kam neben Fieber, toxischen Erscheinungen, Erbrechen und der charakteristischen Ausbildung von Bubonen (Beulen) wohl häufig noch eine sekundäre Hautpest hinzu. Sie äußert sich in Hautausschlag, Pusteln und Karbunkeln, ist oft mit Haut- und Schleimhautblutungen verbunden und könnte zusammen mit den toxischen Erscheinungen der Beulenpest, die zu Nekrosen und ausgedehnten, scharf abgegrenzten subkutanen Blutungen führen, zum Namen „Schwarzer Tod" beigetragen haben. In Kanonisationsakten und anderen zeitgenössischen Quellen werden solche „lenticulae" oder „Pestpunkte" als untrügliches Indiz des Pesttodes angesehen.[313]

Im Endstadium der Krankheit kann es nun dazu kommen, dass die Pesterreger die Barriere der Lymphknoten durchbrechen und die sekundäre Lungenpest hervorrufen. Der bei der Lungenpest als Symptom schon zeitgenössisch beschriebene Husten mit blutigem Sputum enthält zudem eine große Zahl von Bakterien, so dass die Erkrankten hochgradig infektiös sind. Es konnte daher zu einer Übertragung von Mensch zu Mensch, mithin zur Verbreitung der primären Lungenpest, kommen. Dennoch scheint die Lungenpest als Primärerkrankung verhältnismäßig selten gewesen zu sein. Über den Anteil beider Hauptverlaufsformen – Beulen- und Lungenpest – an den einzelnen Pestzügen herrscht Unklarheit. Fest steht zweierlei: Zum einen gab es wohl keine Epidemie, bei der eine Krankheitsform allein auftrat. Zum anderen kann mit Sicherheit davon ausgegangen werden, dass bei der Beulenpest 20 bis 40 Prozent der Erkrankten am Leben blieben, während die Lungenpest ohne Chemotherapeutik, d. h. vor den 1950er Jahren, praktisch immer tödlich war. Die Infizierten starben bereits nach wenigen Tagen.

In der historischen Analyse der Pest sind auch die allgemeinen Umweltfaktoren und hygienischen Verhältnisse zu bedenken: Individuelle Momente – Wohnen, Alter, Gesundheitszustand, Immunisierung – und damit zusammenhängende objektive Merkmale – sozialer Status, allgemeine Hygienebedingungen, die Unterschiede von Stadt und Land, überhaupt die klimatischen Verhältnisse – bestimmten Richtung und Verlauf der Seuchen.

Das *grot sterven* in Norddeutschland – Zeiten und Wege der Pest

„In diesem Jahr [1348] begann sie [die Pest] auch die Alpen zu überqueren und sich in der Provence, in Savoien, der Dauphiné, in Burgund, an der Küste von Marseille […] auszubreiten."[314] Was Matteo Villani in Florenz aus einer gewissen örtlichen und zeitlichen Distanz berichtet, beobachtete ein Gesandter der Hansestadt Hamburg, der an der päpstlichen Kurie in Avignon weilte, wohl unmittelbar: „An Neuigkeiten ist zu berichten,", schreibt er, erschreckt von den wildesten Gerüchten, seinen Ratsherren nach Hamburg, „daß das Mittelmeer, an welchem die Stadt Marseille liegt, in jener Gegend so giftig ist, daß es alle an ihm wohnenden Menschen tötet, und ungefähr die Hälfte der Einwohner jener Stadt ist gestorben. Viele Burgen sind aus diesem Grunde menschenleer, und man sagt allgemein, daß auch die Gewürze, die vor und nach dem Weihnachtsfest [1347] ankamen, infiziert seien".[315]

Was aus so fernen Gegenden im Frühjahr und Sommer 1348 an neuen, höchst kuriosen ‚Zeitungen' an die Unterelbe drang, das überfiel zwei Jahre später, im Juni 1350, mit all seinem Schrecken, einer riesigen, unaufhaltsamen Feuerwalze gleich, Hamburg und Lübeck, die Städte und Dörfer Schleswig-Holsteins.[316] Detmar, der Lesemeister des Lübecker Franziskanerklosters zu St. Katharinen, beschreibt in seiner Chronik die Zeiten und Wege der Pest: 1346 sei das *grot sterven* in Jerusalem, dem religiösen Fluchtpunkt des damaligen geographischen Weltwissens, ausgebrochen und habe dann in vielen Umwegen über Apulien, Frankreich, England, Flandern, Norwegen und Schweden auch Nordjütland und Seeland erreicht, von dort aus sei die Pest entlang der gesamten südlichen Ostseeküste weitergewandert. Schon an Pfingsten 1350, also am 16. Mai, soll die Pest in Lübeck ausgebrochen sein. „Die Leute starben nur so dahin," notiert Detmar, „und viele auch aus Angst und Furcht vor der Vorstellung, ihr Land bliebe unbewohnt zurück".[317] Und in der Tat: In Kiel erlaubte der Bremer Erzbischof am 24. Juni 1350 die Errichtung eines neuen Friedhofes auf einem von der Stadt gekauften Grundstück in der Brunswik vor dem Schuhmachertor – die vielen Pesttoten machten den Platzbedarf wie übrigens auch in Hamburg, wo der spätere St. Gertruden-Kirchhof zunächst als Pestfriedhof genutzt wurde, dringlich.[318]

Auch auf dem Land wurden eigene Friedhöfe für die Pesttoten angelegt, sie sind freilich selten erhalten geblieben. In Lehmbek, einem Weiler in der Nähe Rendsburgs, hat ca. 300 Meter östlich der Ansiedlung ein solcher Begräbnisplatz für Pesttote die Zeiten überdauert. Opfer der Epidemien von 1350 – die Mär geht, dass damals das ganze Dorf ausgestorben sei, was allerdings völlig unwahrscheinlich ist – und 1629 sind offenbar dort bestattet worden. Die Pesttoten des Jahres 1350 sollen auf flache Feldsteine gelegt, mit Kalk bestreut und mit Erde bedeckt worden sein. Vermutlich wurden solche Beobachtungen 1899 bei Arbeiten an dem Friedhof angestellt, Ausgrabungsakten haben sich allerdings nicht erhalten. Jedenfalls – der Lehmbeker Friedhof ist, gleich ob Pesttote von 1350, 1629 oder von anderen Epidemien dort beerdigt wurden, mit seinem umgebenden Steinwall und seinen mächtigen Eichen eine weithin sichtbare Landmarke, ein historisches Mahnmal zugleich für den Schwarzen Tod in der Vormoderne.[319]

Opferzahlen sind zuhauf überliefert. Doch kann man ihnen trauen? In Lübeck kamen im Juli und August 1350 28 Prozent der Hausbesitzer und 35 Prozent der Ratsherren zu Tode, und die Zahl der vor dem Rat errichteten bürgerlichen Testamente schnellte in den Monaten Juli bis Oktober jenes Schreckensjahres auf 129 hoch. Furcht und Not drücken sich in solchem Verhalten deutlich aus, denn im langjährigen Schnitt traten sonst gerade einmal sechs Bürger pro Jahr als Testatoren vor den Rat. Bereits im Spätjahr 1349 hatte sich in Lübeck die Zahl der Testamente erhöht, allein Nachrichten über den Ausbruch der Seuche im fernen England bewirkten dies.[320]

Schrecken und Tod in diesem ‚annus horribilis' 1350 überall: In Ripen sind vom 20. Juli bis zum 2. September 16 Verstorbene im dortigen Nekrolog eingetragen, sie hatten für ihr Seelenheil ein Anniversar, ein Jahrgedächtnis, gestiftet. 1349 waren es dagegen nur zwei gewesen. Im Dominikanerkloster Wismars erinnerte noch im 19. Jahrhundert eine Inschrift daran, dass im Jahre 1350 innerhalb eines einzigen Monats mehr als 2.000 Menschen an der Pest gestorben sein sollen. Kein Wunder, dass dort im Juli jenen Jahres der Trauergesang der Klagefrauen nicht verstummen wollte, er wurde untersagt. Und am 29. September 1350 stifteten in Krempe einige Bürger dem Vicerektor der dortigen Pfarre Johann von Luttekense eine Vikarie – aus Dankbarkeit: Er habe sich während der gerade wütenden Pest in besonderer Weise der Erkrankten angenommen, er sei nicht geflohen wie seine Kremper Mitpriester.[321]

An dem Verhalten der wohlhabenderen Bürger Ripens und Lübecks, im Angesicht der Gefahr ihr Haus zu bestellen, Seelgeräte zu stiften oder Testamente zu errichten, auch an den Lebensäußerungen aus Kiel, Wismar und Krempe lässt sich die Verlaufsform der Pest im Jahre 1350 gut erkennen. Die Seuche kam nach Jütland, Schleswig, Holstein und Lübeck offenbar sowohl auf dem Seeweg von den britischen Inseln her als auch über Land von Süden aus, was nur die engen Verbindungen des hansischen Handels nach England, in das Rheinland und nach Westfalen belegt. Aktiv war die Krankheit vornehmlich im Sommerhalbjahr.[322]

Wer freilich von den Überlebenden im November 1350 gehofft hatte, der Spuk sei nun endgültig dahin, sah sich schwer getäuscht: In Lübeck, Hamburg und in weiten Teilen Schleswigs und Holsteins kam das Große Sterben bereits 1358 wieder. Erneut hauste der Schwarze Tod 1367/68 im Land – der Konvent des Benediktinerinnenklosters Preetz beispielsweise beklagte am 18. Mai 1368 den Pesttod der *soror Gertrud Smalenzee*. In den Jahren 1375/76 und 1387/88 erschien die grausame Seuche wiederum, 1387/88 offenbar vermischt mit einer Grippeepidemie, die vielen Menschen das Leben kostete. Nach dem Chronisten Detmar sollen es im Sommer 1388 16.000 Lübecker gewesen sein, welche die Seuche dahin raffte. Im Jahr zuvor schon hatten die Hamburger Ratsherren alle Priester der Stadt Messe für die Reinhaltung der Luft, zur Abwehr der pestverursachenden Miasmen lesen lassen. Pestzeiten herrschten im Norden des Reiches weiterhin mit einiger Sicherheit in den Jahren 1396, 1413 und 1420/21, aus dieser Zeit sind auch Pestnachrichten aus Rendsburg überliefert. Der Schwarze Tod erschien 1438/39 wieder, wovon etwa die Eiderstedter

Chronik berichtet. Die Pest war 1449 bis 1451 präsent, sie behauptete 1464/65 auch in Plön ihr Regiment, sie kam endlich 1483 bis 1485 ins Land. Damals ließen die frommen Preetzer Schwestern „Kraut“ gegen die Pestilenz kaufen.[323]

Insgesamt kann die Seuche im Zeitraum zwischen 1350 und 1550 durchschnittlich alle 12,5 Jahre in Schleswig, Holstein, Lübeck und Hamburg nachgewiesen werden. Eine besonders hohe Frequenz ist von 1350 bis 1406 auszumachen, als die Pest im Mittel alle acht Jahre Land und Städte verheerte.

Die Pest und die Menschen im Norden – krank sein, sterben, überleben und stiften

Wer starb denn eigentlich an der Pest? Machte die Krankheit Unterschiede unter den Menschen? Erwähnt wurde schon, dass 1350 während der großen Pandemie in Hamburg und Kiel, übrigens auch in Straßburg, Pestfriedhöfe angelegt werden mussten, um die vielen Toten bestatten zu können. Der Lübecker Chronist Detmar berichtet 1350 davon, dass während der Seuche an einem einzigen *naturliken*, von einer Vesperzeit zur anderen währenden Tag, dem Laurentiustag (10. August), 2.500 Menschen gestorben und in Massengräbern verscharrt worden sein sollen.[324] Die Zahl ist wohl maßlos übertrieben, aber das Faktum stimmt. Es ist ein Glücksfall, dass die Lübecker Stadtarchäologie eines jener Massengräber, von denen auch Boccaccios ‚Decamerone‘ für Florenz berichtet, im Jahre 1990 direkt an der Südwand des Heilig-Geist-Hospitals gefunden hat.[325] In zwei Gruben lagen dort dicht an dicht in fünf bis sechs Schichten Skelette übereinander. Dazwischen war nur gelegentlich etwas Erde eingestreut. Die Verstorbenen müssen also, bis die Grube voll war, mehr oder weniger offen dagelegen haben, gerade so, wie sie von den Leichenbestattern, die durch die Gassen zogen und wahllos die Toten einsammelten, hineingelegt worden waren. Dabei handelte es sich bei den Lübecker Funden keineswegs um die Skelette von Unterschichtsangehörigen. Sie sind vielmehr durchaus mit Populationsstichproben vergleichbar, die Sozialgruppen aus Mittel- und Oberschichten angehörten. Ungefähr 800 Pesttote hat man derart in den beiden Gruben gezählt. Bei geschätzten ca. 15.000 Einwohnern wären das allein schon etwas mehr als 5 Prozent der gesamten Stadtpopulation.

Die ‚harten‘ anthropologischen Daten des Lübecker Pestmassengrabes von 1350 zeigen, dass beim Sterben das Geschlecht keine Rolle spielte – es wurde der auch andernorts für Lübeck bezeugte Männerüberschuss festgestellt –, das Alter hingegen wohl. Signifikant war die Seuchensterblichkeit in der Gruppe

Ein Blick in ein Massengrab des Mittelalters – Lübecker Pesttote aus dem Jahr 1350

der 15- bis 25-Jährigen und in der Altersklasse 50 bis 54. Der erste Pestzug in Lübeck fand demnach seine Opfer unter den jungen Erwachsenen und den älteren Menschen, möglicherweise Zeichen dafür, dass die Pest als neue Krankheit eine Bevölkerung ohne Immunitätsschutz traf. Freilich haben auch spätere Beobachter der Seuche auf dieses merkwürdige altersspezifische Phänomen des Pesttodes abgehoben: So berichtet Johannes Possilge in seiner Lübecker Chronik zum Pestjahr 1406, „dass viele junge Kinder, aber auch Jungfrauen und alte Leute gestorben" seien. Johann Hertze, dem ersten Autor der Lübecker Ratschronik, fiel beim Krankheitsverlauf der Pest in den Jahren 1463/64 zumindest die hohe Sterblichkeit unter dem „jungen Volk" auf.[326]

Wenn die Seuche im Sterben alle sozialen Unterschiede gleich machte, welche Auswirkungen hatte dann die Pest in wirtschaftlicher Hinsicht und in den religiösen Lebensformen?

Im wirtschaftlichen Leben der Fernhandelsstadt Lübeck hinterließ die Pestpandemie von 1350 tiefe Spuren. Der Rentenmarkt der Stadt, in den Gewinne aus dem Handel flossen und längerfristig angelegt wurden, brach im dritten Quartal 1350 zusammen, der Geldumsatz sank fast auf Null.[327] Zwar kam es am Ende jenes Jahres wieder zu einem deutlichen Aufschwung am Rentenmarkt, die überlebenden Erben kapitalisierten die ihnen zugefallenen Renten, aber die geldsuchenden Rentenverkäufer konnten ihren Geldbedarf nicht in der vorher gekannten Weise befriedigen. Geld war und blieb knapp, der Zinssatz stieg von 5 auf 6,14 Prozent. Er normalisierte sich erst 1352 wieder. Ähnlich krisenhafte Phänomene zeigte der Lübecker Immobilienmarkt. Hier kam es in den Pestjahren 1350 und 1367 zu einer hohen Beschleunigung des Grundbesitzwechsels. Die Gründe lagen vornehmlich in der massenhaften Zahlungsunfähigkeit von Schuldnern. Als Hauptbetroffene derartiger Bankrotte wurden Handwerker, in der Hauptsache kleine Meisterbetriebe ohne Gesellen und Lehrlinge, dingfest gemacht. Sie konnten mit ihrer geringen Kapitalausstattung die langen Wochen und Monate ohne Arbeit während eines Pestzuges nicht überstehen.

Die Schwierigkeiten des Renten- und Immobilienmarktes waren lediglich Symptome für die gesamtwirtschaftliche Krise. In Lübeck lag 1350 der Handel völlig darnieder, in Hamburg kam es zu einer deutlich verringerten Produktion im Hauptexportgewerbe, der Seebrauerei. Auf dem Land verfielen ab 1350 die Preise für Agrarprodukte, für Butter, Vieh, Gerste, Roggen und Hafer. Preetzer Klosterrechnungen belegen solches. Erst im Laufe des 15. Jahrhunderts erholte sich die Landwirtschaft wieder.[328]

Die Sorge um das Seelenheil trieb die Menschen des Mittelalters zu Stiftungen: Mägde kauften sich mit ihren wenigen ersparten Pfennigen in die Jahr-

Ein Heiliger mit einer Pestbeule: St. Rochus von Benedikt Dreyer am ehemaligen Lettner der Marienkirche zu Lübeck (1520/22)

gedächtnisse ihrer Pfarren oder nahegelegener Klöster ein, Reiche investierten die Gewinne ihrer gewerblichen Tätigkeit in teilweise riesige Almosenstiftungen. Es war das schlechte Gewissen wegen ihrer Wucherei, das Kaufleute des Mittelalters wahrscheinlich erst im Angesicht des Todes zu Höllenqualen trieb, und doch waren solche Schenkungen auch eine Angelegenheit des bleibenden Prestiges der Stifter. Erwähnt sei nur die Inschrift, die im westlichen Flügel des nördlichen Kreuzganges im Lübecker Franziskanerkloster zu St. Katharinen angebracht ist. Sie erinnert an das Pestjahr 1350 und an die Spenden, die zum Bau des Klosters getätigt wurden: „1000 mit 50 und dreimal hundert waren als Jahre seit Dir, Christus, vergangen, da vernichtete eine Epidemie mehr als die Hälfte dieser Erde. Füge dreimal 1 hinzu, da kam das Kloster wieder zu neuer Stärke, auch die am Boden liegende Bibliothek entstand auf diese Weise wieder. Durch die, welche die Krankheit niedermetzelte, hat Gott dieses Kloster wiederaufgebaut. Von den dahingegangenen, ausgehauchten Körpern sei Gutes.“[329]

Und in der Tat: Nach dem Pestzug des Jahres 1350 müssen den Lübecker Kirchen und Klöstern erhebliche Mittel aus Spenden und Stiftungen zugeflossen sein. Das Johanniskloster, das Heilig-Geist-Hospital, das Domkapitel kauften im Umland der Stadt zahlreiche Grundstücke und Ländereien auf.

Stiftungen für die ewige Seligkeit waren das eine, für das Hier und Jetzt linderten Pestheilige die verbreitete Furcht der Menschen. In Illiez im Wallis wurden Bruderschaften der Heiligen Rochus und Sebastian gegründet, in Kiel 1350 der Hl. Sebastian verehrt, Schutzpatrone vor der Pest, deren große ‚Karrieren‘ freilich erst in der zweiten Hälfte des 15. Jahrhunderts begannen.[330] Vor allem Rochus wurde in der Zeit um 1500 zu einem wahren Modeheiligen. Obwohl er zu den von der Kirche unkanonisierten Verehrten des frommen Laienvolkes gehörte, verbreitete sich sein Kult offenbar von Italien aus, befördert durch den Buchdruck, in ungeheurer Geschwindigkeit in Deutschland und Europa. Der Hl. Rochus gehörte unmittelbar vor der Reformation zu den meistverehrten Heiligen der Christenheit. Im Jahre 1480 tauchte die Rochus-Verehrung nördlich der Alpen auf, 1484 findet man sie in Nürnberg, dem ersten deutschen Zentrum, in dem ein Rochusfriedhof und eine Rochuskapelle entstanden. Während der 1490er Jahre ist der Rochus-Kult vornehmlich in den weiteren großen Handels- und Gewerbezentren Europas, in Brügge, Antwerpen, Köln und in Lübeck, anzutreffen. Lübeck entwickelte sich dabei zum zweiten Zentrum der Rochusmode in Deutschland. Kultzeugnisse des neuen Pestheiligen gibt es zuhauf: in Sammlungen von Heiligenviten, in Mess- und Gebetbüchern, auf Altarretabeln etc. Zu Ehren des Pestpatrons gründeten namhafte Lübecker Kaufleute 1511 eine Rochusbruderschaft und stifteten dafür auch eine eigene Vikarie im Dom. Unter den von Benedikt Dreyer während der Jahre 1520 bis 1522 geschaffenen Holzskulpturen am Lettner der Marienkirche – er wurde im Zweiten Weltkrieg vernichtet – befand sich selbstverständlich auch der Heilige Rochus im Verein mit den anderen Pestheiligen Antonius und Sebastian. Der reiche Kaufherr Hans Salige und die Testamentsvollstrecker des Großkaufmanns Godert Wiggerinck haben damals, als wieder einmal die Pest ihr grimmiges Werk verrichtete, den Lettnerneubau durch ihre Stiftungen ermöglicht.

Die Pest und die Juden – ein Blick auf die Städte an der Ostsee

Die Pest tötete auch die Juden. Sie fielen entweder der Krankheit selbst zum Opfer oder starben durch christliche Mörder. Die moderne Forschung hat zwar einen direkten ursächlichen Zusammenhang zwischen dem Judenmord und der Pestpandemie der Mitte des 14. Jahrhunderts ausgeschlossen, es kam mithin nie zu einer zeitlichen Koinzidenz von lokalem Pestzug und Judenpogrom. Aber der Massenmord an den Juden gehört zur „Krise des Sterbens“ genauso wie die zahlreichen anderen Teilkrisen: die rapiden Geldentwertungen und die steigenden Preise, die erwähnt wurden, die Unzahl von Aufständen in den Städten und auf dem Land, die ekstatischen Erregungszustände, die sich in Geißlerumzügen und Massenwallfahrten kund taten und weithin die Aufmerksamkeit der Zeitgenossen erregten. Es setzte eine vorher so nicht gekannte Kritik an der Kirche ein, der Garantin des Heils wie der gottgewollten Welt. „Unrast“ füllte die Gesellschaft jener Zeit, mehr als je zuvor. Alles schien in Unordnung geraten zu sein, man sprach von einer verkehrten, einer verrückten Welt. Unsicherheit und Angst breiteten sich aus, beutelten die Geister und bestimmten den Gang der Dinge.[331]

Die Pestjahre 1348 bis 1350 begleitete in Deutschland die umfang- und opferreichste Verfolgung der Juden im Spätmittelalter überhaupt, mindestens 400 jüdische Gemeinden im gesamten Reich waren von ihr betroffen. Ausnahmen bildeten wenige Regionen, hauptsächlich Österreich und Böhmen. Spontane Aktionen einer erschreckten Bevölkerung im Angesicht des massenhaften Sterbens durch die Pest waren indes äußerst selten. Der Judenmord wurde vielmehr in aller Regel von den städtischen Räten systematisch geplant, er wurde wie z. B. in Erfurt und Straßburg auch von einflussreichen Oppositionsgruppen benutzt, um eine Revolte gegen den amtierenden Rat zu inszenieren.

Die Pogrome selbst trafen wahllos alle, Männer, Frauen und Kinder, bis auf die, welche sich taufen ließen.[332]

Der Straßburger Chronist Fritsche Closener, einer von vielen, berichtet zum 9. Februar 1349 von einem solchen Geschehen, davon, dass die Juden in einer planmäßigen Aktion eines politisch destabilisierten Rates in der *Juden gaße* eingesperrt wurden. Am darauffolgenden Dienstag habe die Ratsopposition mit Unterstützung der Zünfte – sie seien unter Waffen vor dem Münster versammelt gewesen – den Rat abgesetzt und zugleich ein neues Kollegium gewählt. „Am Mittwoch," fährt Closener lapidar fort, „schwur man dem Rat [...]. Am Freitag fing man die Juden, am Samstag verbrannte man die Juden. Das waren wohl an die zweitausend, wie man schätzte. Welche sich aber wollten taufen lassen, die ließ man leben. Es wurden auch viele junge Kinder vom Feuer[tod] gegen den Willen ihrer Mütter und Väter verschont."[333]

Furchtbare Pogrome und hundertfacher Judenmord hatten seit November 1348 eine Blutspur durch die Städte im Reich gezogen. Neben den traditionellen Stereotypen Ritualmord und Hostienschändung war dabei ein neues, drittes Begründungssyndrom für den Judenmord aufgekommen: die Brunnenvergiftung.[334] Die Legende, schon 1321 in Südfrankreich aufgetaucht, verbreitete sich von Savoyen aus in Windeseile in Deutschland. Die Gerüchte über angebliche Vergiftungen durch die Juden erreichten zusammen mit der Pest im Juli 1350 auch die Hansestädte an der Ostsee: Lübeck, Wismar, Rostock und Stralsund.[335]

In diesen Sommerwochen, in denen die Epidemie täglich ihre Opfer forderte, die festgefügte Welt zerbrach und die Apokalypse nahe schien, verloren auch die sonst als Kaufleute kühl kalkulierenden Ratsherren jener Städte jegliche Kontrolle. Doch dies scheint nur so.[336] Jedenfalls – im Mai/Juni 1350 ging dem Rostocker Rat ein Schreiben Visbys zu: Die Juden, heißt es da in exaltiertem Alarmismus, wollten die gesamte Christenheit vergiften. Schlimme Nachrichten aus Stockholm und anderen Städten habe man empfangen, neun dieser Giftmischer seien verhaftet worden, sogar ein Priester habe derartige Untaten gestanden.[337] Eilig trafen sich daraufhin die Räte von Rostock, Wismar und Stralsund. Lübeck als Zentrum hansischer Kommunikation und Moderation sowie als Haupt jener Städtegruppe wurde benachrichtigt. Der Lübecker Rat war es dann auch, der in einem nach dem 1. Juli 1350 verfassten Brief an Herzog Otto von Braunschweig-Lüneburg, einem erstaunlichen Dokument christlichen Judenhasses, die Vertretung der Seestädte nach außen übernahm. Es galt die Fama von den Juden und ihren Giftkünsten kräftig und atemlos zu fördern.[338]

Die Räte von Stralsund, Rostock und Wismar hätten sich, schreibt Lübeck, wegen der Not der Pest versammelt, die Anstifter der Giftmorde unter den grausamen Juden und den verbrecherischen Christen müssten dingfest gemacht werden. Denn man wisse doch, wie sich alles verhalte: Die Juden Mosseke und David hätten Geld und Gift aufgebracht, damit die Christenheit verdorben werden möge. Zwei Gefangene, christliche Handlanger der Juden, hätten solches Verbrechen in den wendischen Ländern gestanden. Schließlich gäbe es auch Briefe der Ratsherren von Visby und Thorn, die diese Verschwörungen der Juden bezeugten. Konsequent, so versicherten die Lübecker, seien sie selbst gegen Giftmischer vorgegangen: Einen Christen namens Keyenort hätten sie, die Ratsherren, verbrennen, eine Frau lebendig begraben lassen. Beide hätten öffentlich gestanden, Gift hergestellt und von Preußen her sämtliche Städte mit vergifteten Würmern verseucht zu haben. Das Gift stamme von einem unter Mist begrabenen toten Jungen. Viel Volk sei auf diese Weise um das Leben gebracht worden. Herzog Otto, so heißt es in dem Schreiben Lübecks weiter, solle den Juden seinen Schutz entziehen und sie vernichten, denn nur so könnte das Sterben ein Ende finden.

Außenseiter und Stigmatisierte, seien es Juden oder Christen, waren und sind in Ausnahmesituationen unterschiedslos höchst gefährdet, in den Jahren 1349/50 aber auch Mönche und Kleriker. Den Vikar Michel Hildensem hat man in jenen Wochen zu Rostock *inhumaniter*, wie er im Rahmen seines Prozesses gegen den Rostocker Rat vor der päpstlichen Kurie angibt, gefoltert und 26 Wochen lang gefesselt im Kerker schmachten lassen. Zwei andere Rostocker Kleriker wurden als Giftmischer lebendig unter dem Galgen begraben.[339]

Das systematisch von Visby, Thorn, Rostock und vor allem von Lübeck gestreute Gerücht vertrieb oder tötete die Juden in Wismar, Rostock und Stralsund.[340] Die Hysterie um dieses Gerücht ist in einer Wismarer ‚Bürgersprache' vom 11. Juli 1350 in verschriftlichte Maßnahmen geronnen: Jeder, der einen anderen (auch einen Christen) mit Gift rechtmäßig dingfest machen kann, heißt es, soll 20 Mark lübisch als Belohnung erhalten; jeder kann zu diesem Zweck Häuser und Winkel, wo immer er das will, durchsuchen.[341] Unrast und Unordnung – derart vom allgemeinen Willen im Anblick des großen Sterbens hysterisch gewordener Bürger getrieben und von Räten gelenkt, welche die Chance nutzten, die Juden als Leute der Stadtherren endlich vollständig loszuwerden, fand die jüdische Geschichte in den mittelalterlichen Seestädten ein Ende. Während des 15. Jahrhunderts gab es bis zur Sternberger Katastrophe 1492, als aufgrund einer angeblichen Hostienschändung 27 Menschen den Feuertod zu erleiden hatten, jüdische Ansiedlungen nur noch in Greifswald und in den kleinen Landstädten Mecklenburgs.

Der Lübecker Franziskaner-Chronist Detmar verteidigte noch 35 Jahre später die Verbrechen des Jahres 1350 mit der Bekräftigung der kursierenden Verschwörungstheorien: Reiche Juden in den großen Städten hätten beschlossen, so Detmar, die Christen zu verderben, denn sie „wollten nun König und Herren werden über die ganze Christenheit".[342] Doch es gab wie stets hellsichtigere Zeitgenossen: Der Straßburger Chronist Fritsche Closener erklärte den massenhaften Mord an den Juden in seiner oberrheinischen Stadt 1349, wie erwähnt, als Folge der starken Verschuldung einflussreicher Kräfte, der systematischen Planung durch Rat und Ratsopposition sowie der leichtgläubigen Verblendung der Menschen in unsicherer Pestzeit. Die Pfänder und Schuldbriefe, mithin die Instrumentarien des Geldhandels, für welche die christliche Umwelt Juden benötigte und sie in ihren Städten wohnen ließ, seien *die vergift gewesen, die die Juden dote.*[343]

Erfahrungen aus der Epidemie?

Pestzeiten lehrten die Zeitgenossen ganz neue Erfahrungen. Schrecklich wie tröstlich zugleich mag die Vorstellung des ‚Triumphes des Todes' gewesen sein, wie sie sich etwa in dem berühmten Fresko auf dem Camposanto in Pisa, einem eindrucksvollen im Zusammenhang mit der Pestpandemie um die Mitte des 14. Jahrhunderts entstandenen ‚Memento mori', oder in dem nicht minder bekannten Totentanz Bernd Notkes, 1464 in der Lübecker Marienkirche gemalt, Bahn brach. Dass der Tod jäh und unerwartet Vertreter aller Gesellschaftsschichten, Papst, Kaiser, König, Fürst, Ritter, Jurist, Arzt, Kleriker, Mönch und Nonne, aus dem Leben reißen kann, war zwar eine uralte Lebenserfahrung, die Verbindung aber mit dem Tanzmotiv unterstrich Macht und Omnipotenz des Todes, eine Erfahrung, wie sie nur die Generationen machen konnten, die den Massentod der Pest erlebt hatten.

Die irdische Hölle des Pestalltags wird freilich in solchen Darstellungen kaum sichtbar. Sie mag aufscheinen in dem bei allem topischen Sprechen bewegenden moralischen Appell, den Antonio Pucci 1348 an seine Florentiner Mitbürger richtete:[344]

„Heute verläßt einer seinen leiblichen Bruder,/ der Vater sein Kind, wenn er es in Gefahr sieht,/ damit ihn selbst nicht die Krankheit ereile./ Viele sterben so dahin, von Hilfe und Rat verlassen,/ auch Sarazenen, Juden und Abtrünnige./ Sie dürften niemals im Stich gelassen werden!/ Oh ihr Ärzte, um Gottes Willen, und ihr Priester/ und Bettelbrüder, besucht doch aus Nächstenliebe/

Im Tod sind alle gleich – Ausschnitt aus Bernt Notkes ‚Totentanz' in der Marienkirche zu Lübeck (1464)

die, welche nach euch verlangen,/ zeigt an ihnen eure Güte,/ denkt an eure eigenen Seelen/ und schaut jetzt nicht auf den Gewinn!/ Und ihr, Verwandte, Nachbarn und Freunde,/ wenn ihr seht, daß einer zu euch flieht,/ bei Gott, zögert nicht!/ Seid hochherzig und tröstet ihn!"

„'s ist Krieg“ – Süddeutschland 1449/50 und Neuss 1474/75

A peste, fame et bello, libera nos Domine

In der traditionellen katholischen Allerheiligenlitanei findet sich in der Reihe der Katastrophen, von denen Gott die Gläubigen ‚befreien‘ möge, auch die bereits erwähnte Bitte um Verschonung von Seuche, Hunger und Krieg. Es ist kein Zufall, dass sich diese katastrophale Trias in einem Bittsatz vereint findet. Schließlich löste Krieg in einem verbrannten und geplünderten Land besonders in der Vormoderne oft eine Kettenreaktion von Hunger und Epidemien aus, die aber z. B. auch noch vom Ende des Ersten Weltkriegs allzu bekannt ist – Zermürbungskrieg, Hungersnot, Spanische Grippe mit vielen Millionen zusätzlicher Todesopfer. So musste der durch das Land fliegende Ruf „'s ist Krieg“, den Matthias Claudius so eindrücklich in sein wohl aus Anlass des Bayerischen Erbfolgekriegs 1778/79 entstandenes ‚Kriegslied‘ eingefasst hat[345], immer auch die Angst vor den nicht-militärischen Folgen der Ereignisse – vor *Hunger, böse Seuch und ihre Nöten* – auslösen: *Wenn tausend Väter, Mütter, Bräute, / So glücklich vor dem Krieg / Nun alle elend, alle arme Leute.* Und Kriege gab es zuhauf: Für die Zeit vor dem Zweiten Weltkrieg nimmt man an, dass jede Generation in Europas Mitte mindestens einmal mehr oder minder direkt von einem Krieg betroffen war. Für die individuelle Erfahrung von physischer oder ökonomischer Zerstörung, von Hunger und Leid war es dabei nicht von Belang, ob es sich um einen Großkonflikt wie etwa die Napoleonischen Kriege oder den Dreißigjährigen Krieg handelte oder ob es bei der militärischen Gewalt ‚nur‘ um eine Fehde zwischen zwei Adligen ging.

Es gieng aber alles über arm leut – der süddeutsche Städtekrieg 1449/50

Der schon öfters als Zeuge herangezogene Augsburger Bürger und Chronist Burkard Zink konnte den Kriegsereignissen der Jahre 1449 und 1450 im engeren und weiteren Umfeld seiner Stadt nur das lakonische Fazit abgewinnen, dieser Krieg sei durchweg auf dem Rücken der *arm leut* ausgetragen worden –

Krieg im Dorf – Wommelgen, geplündert von einer Soldateska (Sebastiaen Vranx, um 1615/20)

wobei ‚arm' nicht nur im ökonomischen, sondern auch im sozialen Sinne von ‚gering' zu verstehen ist. Worum ging es in jenem süddeutschen Städtekrieg, der von Juli 1449 bis Juni 1450 zwischen Schwarzwald und Fichtelgebirge ausgetragen wurde? Die machtpolitischen Spannungen zwischen den jeweils expansionswilligen Fürsten und Reichsstädten der Region hatten sich schon seit dem 14. Jahrhundert aufgebaut und bereits einen ersten Städtekrieg von 1387 bis 1389 ausgelöst, dem zwischen 1440 und 1460 ganz ähnlich gelagerte Auseinandersetzungen z. B. in Westfalen, Brandenburg, Preußen, der Nordschweiz und eben neuerlich in Franken und Schwaben folgten. Diese Konflikte wurden um konkrete Herrschaftsrechte, aber auch wegen Ehrkonflikten geführt, die – zumindest nach dem Geschmack der Fürstenpartei – auf diplomatischen Wege nicht mehr zufriedenstellend zu lösen waren. Freilich war das Ergebnis nach einem Jahr des wechselseitigen Zermürbungskriegs, das heißt der mehr oder weniger systematischen Schädigung der Herrschaftsgebiete und damit der Abhängigen des Gegners, doch wieder die Feststellung des Status quo ante durch das kaiserliche Schiedsgericht. Bemerkenswert ist dabei, dass die wohl entschiedensten Antipoden in diesem Krieg, die die meisten Städte im Reich überragende Metropole Nürnberg und der mit dem aussagekräftigen Beinamen ‚Achilles' gerühmte Hohenzoller Markgraf Albrecht von Brandenburg-Ansbach, zwar große (agrar-)wirtschaftliche und finanzielle Schäden durch den Krieg verbuchen mussten, in der Reichspolitik der kommenden Jahrzehnte aber beide noch an Bedeutung gewannen.

In der zeitgenössischen Wahrnehmung und Deutung dieser Kriegskatastrophe gab es kaum eine übernatürliche Deutungsvariante mehr – der Krieg war eine durch die Herrschenden herbeigerufene Geißel. Selbst der Reichsstädter Burkard Zink konnte den mit Augsburg im Städtebund vereinigten Nürnbergern da nur ein schlechtes Zeugnis ausstellen: *Es waren aber die von Nürnberg so stoltz und so übermüetig* [...]*, darzu so was unser aller übermuet so groß*, dass man die Chance, die Fürsten mit Geld ruhig zu stellen, leichterhand außer Acht gelassen habe – der kritische Blick des sozialen Aufsteigers auf den Rat und die ‚Herren' vom Stadtadel.[346] Den Krieg erlebten in diesem Mächte-Schach eben vor allem jene ‚kleinen' Leute als Katastrophe, die Zink so freimütig als eigentliche Opfer identifiziert hat. Aus dem Geschehen des Städtekriegs sind verschiedene Quellen erhalten, die einen bemerkenswerten Eindruck vom Alltag insbesondere auf dem vergleichsweise ungeschützten Land geben. Dazu lassen sich neben den üblichen Chroniken die aus dem 15. Jahrhundert vermehrt überlieferten Korrespondenzsammlungen, Rechnungsbestände und anderes Schriftgut der reichsstädtischen und fürstlichen Verwaltungen sowie noch eher vereinzelt zu findende Verhörprotokolle und Schadensverzeichnisse besonders ertragreich heranziehen.

Ein solches aus dem Geschehen des Städtekriegs stammendes ‚Schadensverzeichnis' wurde ab Ende August 1449 für mehrere Wochen von den Nürnberger Ratsherren Jörg Derrer und Peter Rieter geführt.[347] Offenbar sammelten sie dazu allerhand Informationen und Zeugenaussagen, die wohl dazu dienen sollten, den adligen Gegnern Übertretungen des gerade verfügten (freilich kaum wirksamen) Friedegebots König Friedrichs III. nachzuweisen. Der 16-seitige Bericht umfasst allerhand Episoden des ‚täglichen Kriegs'. Unter den zahlreichen Fällen von Viehraub gibt es auch eine nahezu komisch zu nennende Begebenheit: Einige Markgräfliche hätten, notieren Derrer und Rieter, im nördlich Nürnbergs gelegenen Dorf Lindelbach vier Schweine eines Fritz Adelmann ohne nachhaltigen Erfolg zu rauben versucht – denn die lauffreudigen Tiere *kemen aber wider heim*. Es kommen in dem Verzeichnis aber auch dramatische Schäden vor. Nicht selten wurden ganze Höfe angezündet, nachdem sich die umherstreifenden Kriegsgesellen zunächst noch der Vorräte und Gegenstände von Nutzwert bemächtigt hatten. Anders als in dem oft lakonischen Kriegsberichtsstil der Chroniken erhalten die Betroffenen und ihre Verluste hier wenigstens einen Namen. Beispielsweise wurden dem Nürnberger Hintersassen Heinz Mayer in dem tatsächlich „Brand“ genannten Flecken nördlich der Reichsstadt am 28. August jenes Jahres von aus der Nähe stammenden Niederadligen, den Stiebar vom Regensberg, Wohnhaus, Stall und Scheune *angefewret umb mittag*. Welche bitteren Konsequenzen dies für Heinz Mayer gehabt haben mag, kann man sich unschwer vorstellen. So sind im Städtekrieg und in der Folgezeit viele Hofstellen im Fränkischen aufgegeben worden; die Inhaber und ihre Familien sahen sich einfach nicht mehr in der Lage, den Hof wieder zu errichten und ein Auskommen darauf zu finden. Einen besonders herben Beigeschmack haben jene im Verzeichnis aufgeführten Fälle, in denen Bauern von ihren direkten Nachbarn, die anderen, ‚feindlichen‘ Herrschaften zugehörten, oder aus benachbarten Dörfern heraus geschädigt wurden. Der Krieg löste also auch hier, selbst unter vermeintlichen ‚Zivilisten‘ niederste Instinkte aus. Die verbrecherische Verrohung des Humanen ist bis heute allen bewaffneten Auseinandersetzungen gemein.

Anders als in dem Nürnberger Schadensverzeichnis finden sich im Kriegsbericht der gegen Graf Ulrich V. von Württemberg kämpfenden Reichsstadt Esslingen immer wieder auch Bauern als Todesopfer der wechselseitigen Zerstörungszüge: Am 12. Oktober 1449 fingen Esslinger Söldner einen Bauern im Aichwald, um ihn zwecks Lösegeldforderung in die Stadt zu bringen. Als dieser – wie der Bericht der Täterseite zugibt – ‚Zeter und Mordio‘ schrie, *do erstachen sy in.*[348] Im Februar 1450 ereignete sich ein ähnlicher, wenngleich ausführlicher geschilderter Vorfall bei einem Esslinger Streifzug am nahen Rotenberg. Nach der Gefangennahme ihres Mannes habe eine Bauersfrau dort laut um Hilfe gerufen und sei dem reichsstädtischen Trupp hinterhergelaufen. Als daraufhin einige in der Nähe befindliche württembergische Söldner dazukamen, wurde die Frau entweder von einem Esslinger Armbrustschützen mit Vorsatz angeschossen oder sie ist Opfer des folgenden Schusswechsels zwischen den Esslingern und Württembergern geworden. Der hernach geführte Streit zwischen dem Rat der Reichsstadt und dem württembergischen Landhofmeister über den tatsächlichen Ablauf zeigt, dass die Kriegführenden bisweilen durchaus Grausamkeiten im Krieg konzedieren mussten oder der anderen Partei zuschieben wollten.[349]

In anderen Fällen gab man, wie schon für Esslingen gezeigt, eigenes Unrechtsverhalten in eklatanter Non-Chalance zu. In dem umfassenden, freilich zunächst nur für ratsinterne Zwecke gedachten Kriegsbericht des Nürnberger Kriegsherrn Erhard Schürstab heißt es für den 20. Mai 1450, die städtischen

Truppen – unter ihnen neugeworbene Schweizer Söldner – hätten den markgräflichen Ort Emskirchen angegriffen: *Do werten sich die* Bauern und verwundeten oder töteten etliche aus dem Nürnberger Zug. Doch eroberten die Reichsstädtischen den Kirchhof und erschlugen nicht wenige Dörfler. *Und etlich von den Pawern waren auf dem Kirchturn, die wolten sich nit ergeben.* Also ließen die Nürnberger den Pfarrer das Kircheninventar heraustragen und *zünten do die kirchen an und brenten sie aus.*[350] Dieser Gewaltakt, bei dem weder der profane noch der geweihte Teil des Dorfes verschont blieben, ist zwar als einer der Tiefpunkte der Nürnberger Kriegsführung von 1449/50 anzusehen, steht aber neben vielen anderen, ebenfalls Tod, Verwundung und Elend bringenden Auszügen der reichsstädtischen, aber auch der fürstlichen Soldateska.

Dass Kirchen und Kleriker vom mittelalterlichen Kriegsrecht nur auf dem Papier, in der Realität allzu oft aber gar nicht geschützt wurden, zeigt – neben nicht wenigen ähnlichen Ereignissen – eine Begebenheit aus dem Umland der Reichsstadt Nördlingen. Der Pfarrer von Löpsingen war in den ersten Wochen des Kriegs auf die guten Beziehungen nach Nördlingen vertrauend in die Reichsstadt geritten. Die Prozessakten aus dem nachfolgenden Rechtsstreit zwischen dem für den anonym bleibenden Kleriker zuständigen Augsburger Domkapitel und dem Nördlinger Rat berichten, der Löpsinger Pfarrer habe dort gesehen, wie eine Nördlinger Kriegsschar sich zu einem Auszug rüstete. Als der Kleriker daraufhin zu seinem Pfarrhof zurückkehren wollte, wurde er am Löpsinger Tor aufgehalten. Selbst der Nördlinger Bürgermeister Hans Ainkürn habe ihm mit der Empfehlung, sich lieber eine Herberge am Ort zu suchen, weil er dort sicher sei, den Abzug untersagt. Das Ziel der Nördlinger an jenem Tag war nämlich Löpsingen. Dort angekommen durchschoss man die Kirchentür mit einer ‚Büchse', also einem Kleingeschütz, brach die Tür zur Sakristei auf und plünderte sie. Danach drangen die Waffenknechte in das Pfarrhaus ein. Alles, was sie dort gefunden hätten, offenbar blieb kein Nagel liegen, hätten sie *uff ir wägen geladen* und mit sich *gen Nördlingen gefürt.* Als nach getanem Kriegswerk der Priester wieder heimkehren durfte, wurde ihm obendrein noch sein Pferd abgenommen. Außerdem sagte er aus, er habe später in Nördlinger Häusern einige Gegenstände aus seinem Hof gesehen, der ehedem *ain guot wol czuogericht hausz mit fünff cziegeltächern* gewesen sei.[351] Ziegeldächer waren in den sonst strohgedeckten Dörfern durchaus ein Ausweis von Wohlstand. Derlei von beiden Seiten begangene normwidrige Übergriffe gegen Kleriker waren – wiewohl diese gerne zur Propaganda wider den Feind ausgeschlachtet wurden – nicht immer der Disziplinlosigkeit Beute machender Söldnertruppen anzulasten, sondern geschahen manchmal sogar auf kalkulierenden Befehl der Hauptleute – desolatio ecclesiarum!

Selbst wenn im Städtekrieg mit Ausnahme des kleinen Weil der Stadt keine weitere Reichsstadt von den Fürsten länger belagert oder gar eingenommen werden konnte, waren auch dort empfindliche Einschnitte zu verzeichnen. Wegen des erlahmenden Handels und Umlandverkehrs kam es selbst in der Metropole Nürnberg zu erheblichen Engpässen. Die Mächtigen mussten in solchen Situationen mit Aufständen rechnen, der Hunger hätte die rund 60 Prozent Bedürftigen und Armen, die es in Nürnberg wie in anderen großen Städten gab, auf die Gassen getrieben. Der Rat richtete daher eigens Küchen für die Armenspeisung ein. Die aus dem reichsstädtischen Landgebiet zur Reichsstadt geflohenen Bauern mussten zum Teil über Wochen und Monate in Notunterkünften auf dem Grünstreifen zwischen Stadtmauer und Landwehr kampieren – Bilder von Flüchtlingsschicksalen, die unserer Gegenwart nur allzu geläufig sind. Diese durch die zusätzlich angeworbenen Söldnerverbände noch verstärkte Enge mag ein Grund für die im Herbst 1449 grassierende, nicht näher bestimmbare Epidemie gewesen sein. Einige Wochen habe *ein großer sterb* dort gehaust, berichtet lakonisch Schürstab.[352] Flucht vor der Epidemie wäre die einzige Sicherheit gewesen, die den Zeitgenossen blieb. Um jedoch mitten im Krieg eine Massenflucht aus der Stadt zu verhindern, hatte der Rat verfügt, dass sich niemand ohne besondere Erlaubnis aus der Stadt begeben dürfe. Wegen der steigenden Todesfälle wurde weiterhin beschlossen, man solle die Gruben auf den Friedhöfen viel tiefer ausheben als bisher. Zur Abwendung der Seuche und für einen raschen Frieden bestellte der Rat am 19. September Prozessionen aller Geistlichen in den Stadtkirchen. Sie wurden fortan an jedem Freitag während des Kriegs abgehalten.[353] Die Bilanz des Sterbens in der Reichsstadt ist deutlich: Nach den Sebalder Totengeläutbüchern, die über die Todesfälle vor allem in der Oberschicht Auskunft geben, kamen im ersten halben Jahr des Kriegs fast 200 Menschen ums Leben. Im gleichen Zeitraum in den beiden Jahren vor und nach dem Krieg sowie im zweiten Kriegshalbjahr wurde dagegen nur für rund 50 Leute das Totengeläut bestellt.[354] Nimmt man an, dass die Mortalität in der zahlenmäßig wesentlich größeren Mittel- und Unterschicht eher noch höher war, erahnt man die Zahl der Seuchenopfer. Diese Zahlenverhältnisse lassen sich – neben den Gefechtstoten aus der Nürnberger Elite – eigentlich nur mit jener Epidemie erklären. Die Stadt war eine feste Burg, aber eben auch ein Gefängnis im Krieg.

Der Befund aus dem süddeutschen Städtekrieg von 1449/50 spiegelt vieles, was wir aus der jüngeren Erforschung des Kriegs und seiner Folgen im Spätmittelalter wissen.[355] Bereits im 11. und 12. Jahrhundert waren die großen, alles entscheidenden Schlachten nicht mehr das taktische Hauptmittel der Kriegführung und bei Weitem tummelten sich nicht mehr nur Ritter und bäuerliche Aufgebote auf den Schlachtfeldern. Vielmehr waren Söldnertum und Abnutzungskrieg schon damals gang und gäbe. Die höfische Literatur mit ihrer Überhöhung des Kampfes in Turnier und Krieg und die entsprechend ausgeschmückten zeitgenössischen Berichte über so bekannte Schlachten wie Bouvines 1214, Crécy 1346, Tannenberg 1410 oder Agincourt 1415 haben lange auch die Geschichtswissenschaft im Bann gehalten. Dabei prägten beispielsweise die sogenannten ‚chevauchées', strategisch abgestimmte Zerstörungszüge der Engländer in Frankreich, den Hundertjährigen Krieg mindestens genauso wie die Schlachten. Und die von ihrem Selbstverständnis her eigentlich als Priester-Ritter wirkenden Deutschordensherren bekehrten bei ihrer Eroberung und Beherrschung des Preußenlandes und des Baltikums mehr mit dem Schwert als mit der Heiligen Schrift. Der Deutsche Orden veranstaltete im 14. Jahrhundert zweimal im Jahr einen mit höfischem Gepränge inszenierten ‚Kreuzzug', für den man die ‚Heiden' oft genug erst suchen musste. Gleichwohl zogen Adlige aus ganz Europa für beide ‚Saisons' der Missionskriege in den Nordosten, um an der ‚Preußenreise' teilzunehmen. Im Mittel- und Frühneuhochdeutschen steht ‚Reise' zwar für eine bewaffnete Unternehmung, doch diese Preußenreisen waren fast schon touristische Veranstaltungen, bei denen es mehr um Kampfeslust und Machtpolitik als um Frömmigkeit ging. Die Kriege des Deutschen Ordens gegen die litauischen Großfürsten wurden nämlich auch nach deren Annahme des Christentums 1386/87 fortgeführt – bis zur nachhaltigen Niederlage des Ordens bei Tannenberg 1410.[356]

Die bis 1326 reichende ‚Chronik des Preußenlandes' des Priesterbruders Peter von Dusburg gibt beredt, ja bisweilen unverblümt Auskunft über diese wohlorganisierten Kriegsabenteuer und die wechselseitigen Zerstörungszüge des Deutschen Ordens und der litauischen Großfürsten. Nach einem besonders heftigen Einfall der Litauer unter Großfürst Vytenis drangen zum Beispiel im Sommer 1311 die Ordensbrüder mit angeblich 1.500 ‚Unterstützern' in das Gebiet Pograuden vor, „töteten und fingen viele Menschen und verwüsteten es vielfach durch Brennen und Plündern. Als sie das Land verließen, fanden sie die Heiden kampfbereit und töteten alle Gefangenen und von der Beute alles, was Leben besaß".[357] Und elf Jahre später kam es auf dem Winterfeldzug, zu dem „die erlauchten Männer und Herren Herzog Bernhard von Breslau aus Polen, der Graf von Geroldseck, die erstgeborenen Söhne der Grafen von Jülich und von Wildenburg vom Rhein, der Herr von Lichtenburg und Plichta mit seinem Bruder aus Böhmen mit vielen Rittern und Bewaffneten ins Preußenland" gekommen waren, wie so oft zu schlimmen Übergriffen, in diesem Fall im Gebiet Wayken; „durch Plündern und Niederbrennen zerstörten sie sowohl eine Burg wie auch andere Gebäude und verübten ein solches Morden unter der Bevölkerung, daß nicht ein einziger männlichen Geschlechts davonkam".[358]

Der mittelalterliche Krieg spielte sich also eher selten in großen Feldschlachten mit turniergleich aufeinanderprallenden Ritterheeren ab – der Städtekrieg von 1449/50 zeigt deutlich, was man auch von anderen Kriegen der Epoche annimmt: Die Befehlshaber wollten eine Entscheidungsschlacht offensichtlich gar nicht riskieren, sondern den Gegner schädigen und ihn damit gefügig für folgende Verhandlungen machen. So waren denn die wenigen ‚Schlachten' im Städtekrieg eher zufällige, ja fast als Unfall zu bezeichnende Groß-Scharmützel. Und nicht nur das: Seltener als es das populäre Mittelalter-Bild will, waren auch Belagerungen von Burgen oder Städten. Denn die überraschend flächendeckende Verbreitung von klein- bis großkalibrigen Feuerwaffen im spätmittelalterlichen Europa ging einher mit einer – nicht nur dadurch bedingten – Verbesserung der Befestigungswerke von Burgen und Städten. Die in der Mehrzahl seit dem 12. Jahrhundert entstehenden Städte Europas waren von ihren adligen oder kirchlichen Stadtherren nicht zuletzt als strategische Punkte gefördert und entsprechend befestigt worden. Mit zunehmender Autonomie der Stadtgemeinden übernahmen diese selbst den Aufbau, Unterhalt und Ausbau der Stadtmauern – nicht selten auch gegen die Stadtherren. Die Stadtmauer war das über viele Generationen aufgebaute Bollwerk, ja das prägende Symbol der Stadtgemeinde und ihrer Freiheit. So wurden denn neue Stadtviertel im Verlauf des Spätmittelalters in den Mauerring einbezogen, sein äußeres Werk mitsamt der Türme hat man immer höher gebaut und tiefer gestaffelt. Anders als im Dreißigjährigen Krieg wäre im Spätmittelalter wohl niemand ernsthaft auf die Idee gekommen, die über fünf Kilometer Umfang aufweisende Nürnberger Stadtbefestigung dauerhaft zu belagern. Weniger Glück hatte die wesentlich kleinere kurkölnische Landstadt Neuss am Niederrhein, die im Jahr 1474 plötzlich in das Rampenlicht der Reichspolitik rückte.

Die Stadt als Burg – die Belagerung von Neuss 1474/75

Herzog Karl ‚der Kühne' von Burgund (reg. 1465–1477), Spross eines der schillerndsten Fürstenhäuser in Westeuropa und durch einige seiner Nebenländer wie Luxemburg, Brabant oder Holland auch Fürst des römisch-deutschen Reiches, war in den 1470er-Jahren daran interessiert, seinen Einfluss auch weiter östlich geltend zu machen. Nachdem 1473 seine Verhandlungen mit Kaiser Friedrich III. um seine Rangerhöhung als König gescheitert waren, nahm Karl das Ersuchen des Kölner Erzbischofs Ruprecht, Pfalzgraf bei Rhein, auf, als Erbvogt des Kölner Erzstifts zu wirken. Hintergrund waren die scharfen Auseinandersetzungen Erzbischofs Ruprecht mit dem Domkapitel und den anderen Ständen des Erzstifts um die bischöfliche Politik. Bereits im März 1473 hatten Domkapitel und Stände den nachgeborenen hessischen Landgrafensohn und Kölner Domherrn Hermann zum ‚Hauptmann und Beschirmer' des Erzstifts eingesetzt. Ruprechts mächtiger Verbündeter Karl der Kühne nutzte die Gelegenheit, um im Reichsinnern machtpolitisch tätig zu werden. Er schloss mit dem Erzbischof im März 1474 einen Vertrag zur Wiedergewinnung der Stiftslande ab und stand Ende Juli des Jahres mit einem gewaltigen Heer vor den Mauern der wichtigsten kurkölnischen Festungsstadt Neuss am Rhein.[359]

Dorthin hatte sich nämlich der Stiftsverweser Hermann von Hessen mit Truppen des Erzstifts und der hessischen Landgrafschaft zurückgezogen. Neuss war als Stadt mit höchstens 5.000 Einwohnern zu dieser Zeit zwar eher klein, erst recht im Vergleich mit dem fast zehnmal so viele Bewohner zählenden Köln, der größten Stadt im Reich. Doch immerhin war Neuss durch seine Stadtmauer, überdies durch ein bis zu 50 Meter weit gestaffeltes Vorwerk und die Läufe von Erft, Krurbach und Rhein relativ gut geschützt. Nach der Ende Juni öffentlich verbreiteten Invasionsankündigung Karls des Kühnen hatte man sich in Neuss vorgesehen und die Stadt reichlich verproviantiert. Dennoch sah es lange düster aus: Karls Heer, das am 29. Juli 1474 vor der Stadt anlangte und tags darauf den Belagerungsring bis auf zwei kleine Rheininseln schloss, wies neben den burgundischen Truppen noch Militärspezialisten aus aller Herren Länder auf. Das Heerlager soll – an der Zahl der vorhandenen Menschen und verfügbaren Waren gemessen – einer Stadt geglichen haben. Die eilends entsandten Stadtboten, die besonders im sympathisierenden Köln, bei benachbarten Fürsten und beim Kaiser um Hilfe baten, erreichten zunächst nur Hilfsversprechen. Der in Wien sitzende Kaiser schrieb zwar – dabei erstmals an das Nationalgefühl appellierend – die Reichsglieder mit der Forderung an, zu einem Entsatzheer für die Neusser beizutragen. Doch bis die Hilfe, die im Rahmen der Politikgeschichte des spätmittelalterlichen Reichs bemerkenswert breit und bereitwillig in Angriff genommen wurde, tatsächlich anlief, vergingen einige Monate – sicherlich zu viele Monate aus Sicht der eingeschlossenen Neusser.

Dort war derweilen ein zwischen Entschlossenheit und Verzweiflung wechselnder Abwehrkampf unter Führung Hermanns von Hessen im Gange. Hermann soll in der belagerten Stadt nicht nur die anerzogenen militärischen Kenntnisse eines Fürstensohnes gezeigt, sondern darüber hinausgehende Führungsqualitäten offenbart haben. Dazu gehörte freilich auch ein strenges Regiment über die Eingeschlossenen mit steter Kontrolle, Rationierungen und Kriegsrecht. Seit dem 10. September hatten die Neusser und ihre Helfer über Monate hinweg eine Vielzahl von Großangriffen abzuwehren, die nicht nur schweren Artilleriebeschuss, sondern immer wieder auch Durchbrüche von gegnerischen Fußtruppen in Teile der Stadtbefestigung mit sich brachten. In diesen Fällen mussten, zum Teil unter Einsatz von Frauen und Kindern, eilends Ersatzstellungen bereitet und Gegenangriffe organisiert werden, um den Feind zurückzuschlagen. Einige Male gelang es sogar, das gegnerische Lager durch kalkulierte Ausbrüche zu schädigen.

Doch hinab vom Feldherrnhügel, mitten in den Alltag der belagerten Stadt und ihrer Bewohner: Die in der Form einer Reimchronik gehaltene ‚Histori des beleegs van Nuis', die der Neusser Notar und Stadtschreiber Christian Wierstraet aufgrund seiner eigenen Anschauung als direkter Augenzeuge wohl kurz nach dem Ende der Belagerung verfasst hat, gibt darüber manche bemerkenswerte Hinweise – wohlgemerkt auch zum Lobe seiner Stadt und ihrer Bürger: „Hört wahrheitsgetreu und nehmt zu Herzen / die große Not, Angst und Schmerzen / der tapferen Neusser ohne Scherzen".[360] Wierstraet berichtet darin eben nicht nur über die ‚großen' Taten, sondern auch über die täglichen Nöte in der Stadt. Zunächst verzeichnet er, dass trotz aller Vorbereitungen allmählich die Vorräte ausgingen – Brennholz, Schießpulver, Lebensmittel bildeten die absteigende Skala des Mangels im zweiten Halbjahr 1474. *Ouch enstunt der provanden grois gebrech* – deswegen requirierte man in den Bürgerhäusern Vieh, Fleisch und Speck und brachte sie in die Söldnerküche, wiewohl jeder in der Stadt für die Verteidigung zu arbeiten oder zu kämpfen hatte; in Nürnberg begnügte sich der Rat vor und während des Städtekriegs noch damit, die Getreide-Überschüsse einzusammeln. In Neuss seien, so Wierstraet, am Ende der Belagerung nurmehr drei Kühe übrig gewesen, die Milch für die Kleinkinder und Kranken geben sollten. Die Knappheit an Nahrungsmitteln war zunehmend spürbar, nur Erbsen und Wein habe es immerhin eine Zeit lang noch gegeben.[361] An Fastnacht 1475 wurde, um die Belagerer über die wahren Ver-

Die Burgunder beschießen Neuss – die Luzerner Bilderchronik des Diebold Schilling hat sich davon ein Bild gemacht (1513)

hältnisse zu narren, ein Turnier auf dem Marktplatz veranstaltet. Danach schlachtete man einen Teil der Pferde und weidete sie gänzlich aus. Die restlichen Rösser wurden dann am Karfreitag zu Notrationen verwertet – in der Osternacht *ging jeder sijn perdsvleisch kochen / up der letz in allen lochen.*[362] Die kirchlichen Fastengebote konnten schlicht nicht mehr beachtet werden!

Selbst wenn die Stadtgräben bei sich bietender Möglichkeit genutzt wurden, um allerlei (Un-)Kraut und sogar Muscheln zu sammeln, war dies doch aufgrund des Kriegsgeschehens oft genug unmöglich. Denn die Stadtbefestigung wurde nicht nur frontal beschossen, sondern auch unterminiert, was entsprechende Gegenmaßnahmen erforderte. Von oben oder unten destabilisiert stürzte zum Beispiel am Dreikönigstag 1475 die äußere Mauer am Rheintor ein. Diese für die Burgunder allzu vorteilhafte Lücke musste nun hektisch mit allerhand Unrat und Trümmerstücken ‚geflickt' und dabei besonders intensiv mit Sperrfeuer belegt werden, was auch gelang. Dazu half in den folgenden Tagen auch ein höherer Rheinpegel.[363] Aber das Kriegsgeschehen blieb bei Weitem nicht auf die Befestigung beschränkt: Zu allem Überdruss durch den herrschenden Mangel kam noch der andauernde Beschuss mit allen möglichen Geschossen, auch Brandpfeilen, in die Stadt hinein. So kam es mehrfach zu mehr oder weniger starken Bränden in der Stadt. Doch all dies brachte die Stadt nicht zu Fall. Freilich wurde die Situation immer kritischer und musste dementsprechend in den Hilfsgesuchen an befreundete Städte und Reichsglieder dargestellt werden.

Und endlich kam auch der Entsatz näher. Das Reichsheer unter Führung des Markgrafen Albrecht Achilles von Brandenburg erreichte im März Köln und setzte sich Anfang Mai von dort aus Richtung Neuss in Bewegung. Doch dauerte es bis zum 23. Mai, ehe man vor Neuss erschien. In ersten Gefechten ergab sich schon ein Vorteil für das Reichsheer. Der Kampf endete – nach einem ersten Waffenstillstand am 28. Mai – dann endgültig Ende Juni 1475 in einem militärischen Unentschieden, das aber eigentlich eine Niederlage des Burgunders war. Dass der Kaiser zeitgleich mit dem Herzog das Feld verließ, war nur ein Entgegenkommen, um den Verlierern den Abzug zu erleichtern. Sein persönlicher Einsatz in der Stadt lohnte sich für Hermann von Hessen, er wurde nun vom Kaiser zum ‚Regierer' des Erzstifts Köln bestellt und nach dem Tod Ruprechts von der Pfalz 1480 einstimmig zum neuen Erzbischof gewählt.

Die 317 Tage währende Belagerung hatte Neuss erheblich geschadet, fast schon ruiniert: Allein unter den Neusser Bürgern waren mehrere Hundert Tote zu beklagen, darunter elf Frauen. Wierstraet berichtet weiter, es seien 300 Häuser und Scheunen, 17 Stadttürme und weite Strecken der Mauer beschädigt oder ganz zerstört worden. Und die Ausgaben allein für die von der Stadt bezahlten Söldner hätten sich auf 24.000 Gulden summiert[364] – der leere Stadtsäckel steht hier auch sinnbildlich für den Zustand der ganzen Stadt.

Krieg – ein Menschenwerk

Die hier vorgestellten individuellen und kollektiven Kriegserfahrungen im 15. Jahrhundert zeigen deutlich, dass Krieg eine menschengemachte Katastrophe war (und ist), die nicht nur Tod und Verwundung durch die Kämpfe, sondern auch großes, schier unendliches Leid über die Überlebenden brachte. Die Erlebnisse im Krieg und die Wahrnehmungen des Kriegs waren und sind nicht immer und nicht allerortens gleich, aber aus der Summe der Einzelschicksale wird doch ein Mosaik des Schreckens, das – zumal bei der Nachhaltigkeit der vielgestaltigen Kriegsschäden – ein wahrlich katastrophales Bild erzeugt. Und doch musste im und nach dem Krieg weitergelebt werden. Der Nürnberger Rat nahm 1451, im Jahr nach dem überwundenen Städtekrieg, doppelt so viele Neubürger in die Stadtgemeinde auf wie sonst üblich. Und der Nürnberger Chronist Heinrich Deichsler erinnerte sich, es seien just in jenem Nachkriegsjahr so viele Hochzeiten gefeiert worden, *als nie kain man gedenkt.*[365]

Geld, Gier, Glück? Herrschaftliche Betrüger – Katastrophen des Geldes

„Ich und meine Brüder und meine Leute haben ihnen auch Geld geliehen und Getreide; laßt uns doch diese Schuld erlassen." (Nehemia 5,10)

„Denn die Weisheit beschirmt, so beschirmt Geld auch; aber die Weisheit gibt das Leben dem, der sie hat." (Prediger 7,12)

„So solltest du mein Geld zu den Wechslern getan haben, und wenn ich gekommen wäre, hätte ich das Meine zu mir genommen mit Zinsen." (Matthäus 25,27)

Die Bibel erzählt vom Umgang mit Geld und Kredit in ganz unterschiedlichen Entwicklungszuständen des Wirtschaftens. Mit der (Wieder-)Urbanisierung Europas vom 11. bis zum 13. Jahrhundert war zugleich eine Marktwirtschaft entstanden, die zunächst stark auf die Einzelstadt und ihr Umland beschränkt blieb. Es gab keinen Güterumlauf mit Ausnahme weniger Waren aus dem auswärtigen Handel und der ‚Pfennwerte', der Artikel des unmittelbaren täglichen Bedarfs, vor allem Lebensmittel und Bekleidung. Darauf hat schon um 1900 der Nationalökonom Karl Bücher hingewiesen.[366] Das umlaufende Geld bestand daher in der Hauptsache aus kleiner Münze, die ihren Wert im Gewicht, im Feingehalt Silber und dessen Marktwert, in sich trug. Und die Menge des aus dem Handelskapital fließenden Leihkapitals war noch gering. Dabei bildete die gebräuchlichste Form des städtischen Kreditverkehrs, der Rentenkauf, wie der Name schon sagt, noch ein Kaufgeschäft. So war denn auch ‚Geld' der allgemeine Begriff für die Kaufrente, für eine vergoltene Einnahme. In komplementärer Weise besaßen die öffentlichen Haushalte von Feudalherren und Städten immer noch einen vorwiegend privatwirtschaftlichen Charakter. Es gab Vermögen-, aber keine Einkommensteuern. Herren und Städte lebten von ihrem Grundbesitz, von ihren Herrschaftsrechten, von den Leistungen aus dem Marktverkehr und der Besteuerung des Konsums, von sogenannten Ungeldern.

Diese Einnahmearten erlaubten in Relation zu den Aufgaben Herren und Städten nur eine unzureichende Teilhabe am Sozialprodukt. Auf Kredit über Rentenkauf waren daher alle Städte angewiesen, und die Inhaber der Münzrechte, Herren wie Städte, versuchten häufig der lukrativen Gewinne halber, das Gewicht, den Feingehalt Silber, gerade der kleinen umlaufenden Münzen zu reduzieren. Die hohen Risiken des Zuviel wurden schon von den Zeitgenossen diskutiert. Ein Beispiel soll die gefahrvolle Nähe von Geldpolitik zum Kollaps, zur Krise öffentlicher Finanzsysteme und zur Depression lokaler bzw. regionaler Wirtschaftskreisläufe verdeutlichen.

Die Schinderlingskrise im Jahre 1459

„In der Zeit dieses Kaisers [Friedrich III.] stand es übel in seinen und in anderen Ländern, denn es gab ‚böse Münzen' [Scheidemünzen mit stark untergewichtigem Edelmetallgehalt], Teuerung, Pest an vielen Orten sowie Kriege im Reich zwischen den Fürsten und auch in seinen Ländern. Er gestattete, dass ‚böse Münzen' geschlagen wurden, die hat man Schinderlinge genannt. Wer viele alte Kupferkessel hatte, der münzte [mit diesem Kupfer anstelle von Silber] umso eifriger. (...) Da wurden die Münzherren, Münzmeister und Münzer zu großen Herren. (...) Und da nahm jegliche Herrschaft bald ein Ende. Wer aber auf die Münze und das Geld angewiesen war und es zu gebrauchen hatte, der musste verderben. Das Land nahm danach lange Zeit Schaden *an allen kauffen* [im Groß- und Kleinhandel, in der gesamten Wirtschaft]".[367]

Jakob Unrest, Chorherr im Stift Maria Saal, berichtet in seiner ‚Österreichischen Chronik' von einem Extremereignis des Jahres 1459, beschreibt die berüchtigte Schinderlingskrise, die wohl schwerste spätmittelalterliche Geldinflation, mit ihren verheerenden Folgen für weite Landstriche Süddeutschlands und Österreichs. Unrest setzt jene ‚bösen Münzen', von denen er spricht, in den Zusammenhang mit anderen Schrecknissen der Zeit, mit Hunger, Epidemien und Krieg. Der Chronist ist wütend, nahezu sprachlos über die maßlose Gier, über den ‚Goldhunger' und die unglaubliche Verantwortungslosigkeit der Herren. Er ist entsetzt über die furchtbaren ökonomischen Folgen jener Geldinflation, jener ‚Geldpest'. Er ist ratlos angesichts der Hilfslosigkeit der Betroffenen, wirksame Maßnahmen zu finden, um die langfristige wirtschaftliche Depression zu begrenzen, die aus dem ‚Geldkrieg' der Herren gegen das eigene Land hervorgegangen war.

„pecunia non olet" – das Geldsystem des Spätmittelalters

In der Tat – Geld, zumindest ausgeprägte Münzen stinken nicht, aber sie waren, wie das Beipiel lehrt, nicht so ‚hart', wie man sich das eigentlich vorstellen sollte. Um 1340/50 bildete sich ein neues mitteleuropäisches Geldsystem aus,

‚Weiche‘ Münzen – Vorder- und Rückseite eines Pfennigs der Münzstätte Landshut, 1459 oder 1460 geprägt

das bis 1460/70 verhältnismäßig stabil blieb. Es beruhte auf der Parallel-Währung von Goldmünzen und mittelschwerem Silbergeld, im Reichsgebiet nördlich der Alpen von Gulden und Groschen, sowie auf einem abgestuften, den Bedürfnissen des täglichen Marktverkehrs wie des internationalen Handels Rechnung tragenden Geld- und Währungssystem mit lokal oder regional umlaufenden Scheidemünzen, überregional gültigen Landmünzen und den ungarischen bzw. rheinischen Goldgulden als Haupthandelswährungen.[368]

Mit der Urbanisierung vom 11. bis zum 13. Jahrhundert hatte ein regelhaft gehandhabtes dynamisches Preis- und Kursdenken Einzug gehalten, das das Markthandeln zunehmend beherrschte. Es überlagerte die ältere, seit dem 11./12. Jahrhundert gewohnte „statische Werte-Ordnung des Sachgefüges“ und verdrängte sie schließlich. Die Münz- und Gewichtsverhältnisse der neuen europäischen Herrschafts- und Fernhandelszentren wie Köln, Nürnberg u. a. dominierten.[369] Das neue Münzsystem mit seinen regionalen Teilsystemen der Scheidemünzen eröffnete zugleich den feudalen wie städtischen Münzherren Tor und Tür, um am Wertgehalt der Münzen zu feilen, um an der Verrufung umlaufender Münzen und der Neuausgabe untergewichtiger Stücke kräftig zu verdienen.

Geldinflation – die Schinderlingskrise und ihre Schrecken

Die Schinderlingskrise hat in dem vielfach schon zitierten Augsburger Burkard Zink ihren besten Chronisten gefunden.[370] Zink pauschaliert nicht wie Jakob Unrest, er ist emotionsloser, schaut genauer hin, er recherchiert seine Informationen und analysiert sie. Das lässt uns die Chance, ebenfalls genauer hinzusehen. Der Reichsstädter Zink bezeichnet die Herzöge von Bayern als die Urheber der Krise. Man brauchte Geld für einen drohenden Krieg gegen Markgraf Albrecht Achilles von Brandenburg-Ansbach. Die Bayernherzöge, allen voran

Herzog Ludwig der Reiche, hätten, als ungemünzte Oettinger Pfennige verboten worden seien, jene Rohlinge tonnenweise nach München bringen lassen. Dort wurden sie in Münchner Pfennige umgeprägt und zunächst im gängigen Kurswert von 1 Goldgulden à 210 Pfennigen ausgebracht. Wie eine Epidemie hätten diese in immer größeren Massen emittierten, weit untergewichtigen, nicht ihrem Nennwert entsprechenden Pfennigmünzen – auch der Kaiser habe für seine Erblande an den Oettingern partizipiert – die Wirtschaft des Landes verseucht. Am Ende mussten 2.400 Münchner Pfennige für den Goldgulden gegeben werden, ein ungeheurer Kurssturz. Niemand wollte diese Münzen mehr annehmen. Die Geldinflation habe, so Zink weiter, in vielen Städten die Preise für die täglichen Bedürfnisse, für Brot, Wein und andere Lebensmittel, ins Maßlose getrieben. Die Löhne dagegen seien gleich geblieben. Der ‚gemeine Mann', der für 10 oder 12 Pfennige pro Tag arbeitete, hätte derart noch nicht einmal Brot im Wert von einem Pfennig kaufen können. Und was an einem Tag einen Gulden kostete, das sei am Tag darauf schon wesentlich teurer gewesen. Neben den Verlierern, den kleinen Leuten, gab es nach Zinks Bericht auch Gewinner: Augsburger Kaufleute, die in Wien für ihre guten Waren das schlechte Geld hätten akzeptieren müssen, seien insofern auf ihre Kosten gekommen, als sie dafür Tausende Liter ‚Osterwein' in Österreich sozusagen für nichts aufkauften und diese Spitzenkreszenz auf gleichfalls dort erworbenen Pferdewagen nach Augsburg führten. Im Jahre 1460 sei schließlich die Münze so im Wert gefallen gewesen, dass sie überall verboten wurde.

Soweit der nüchterne Bericht Burkard Zinks. Aber dann überfiel ihn, den bürgerlichen Chronisten, doch der gerechte Zorn: „Allmächtiger Gott," schreibt er, „wie so gütig bist du, dass du über soviel Ungerechtigkeit, Bösheit und Schalkheit hinwegsiehst, dass einer den anderen betrügt, verdirbt und um das Seine bringt, so wie es hier mit der ‚bösen Münz' geschehen ist."[371] Viele Leute seien dadurch, so setzt Zink hinzu, verdorben worden, andere aber hätten sich daran bereichert. Und Burkard Zink benennt anders als Jakob Unrest, der eher unbestimmt blieb, Roß und Reiter, bezeichnet die mit Namen, die sich an dieser untergewichtigen Münze bereicherten: Der Grazer Münzmeister, von dem ehrenwerten Kaufmann Hans Heslin sei ihm das gesagt worden, habe den Kaiser mit der bedeutenden Summe von 12.000 Pfund Wiener Pfennigen bestochen. Und der habe ihm die Konzession für die Prägung jener schlechten Münzen gegeben, jener wahrhaften ‚Schinderlinge' in dieser Zeit. In seinem Traktat über Veränderungen des Geldwertes geißelte Nicolas Oresme schon rund 100 Jahre zuvor solches Handeln und sah darin, vor allem in der untergewichtigen Nachprägung von Münzen fremder Herren, die Legitimation, einen gerechten Krieg zu führen.[372]

Extremereignisse – eine Schlussbetrachtung

Bella, pestilencie et fames fuerunt – „es ereigneten sich Kriege, Pestilenz und Hunger". (Werner Rolevinck)[373]

Wie in Werner Rolevincks Universalgeschichte so haben Katastrophen in der schriftlichen Überlieferung, in der Natur und in den Dingen vielfach ihre Spuren hinterlassen. Katastrophen haben ihre Geschichten. Einige von ihnen wurden in diesem Buch erzählt. Aus ihnen formt sich die Geschichte des Menschengeschlechts. Katastrophen kommen jäh und unerwartet, sie durchbrechen den Alltag, sie setzen ihn aus, sie wenden den Gang der Dinge und den Lauf des Lebens. Sie verursachen gravierende Schäden, sie töten Menschen und Tiere, sie verändern Landschaften. Krisen dagegen entwickeln sich langsam, sie gehen aus einem Ursachenbündel hervor. Die daraus entstehenden vielfältigen kurzzeitigen wie langdauernden Phänomene wirtschaftlicher wie sozialer Depression waren dennoch nicht minder gravierend als die Folgen plötzlich in das menschliche Leben hereinbrechender Katastrophen.

Der Katastrophenbegriff ist unscharf, wie wir erfahren haben. Allgemeines Unglück steht neben individuellem Leid, große Schäden an den Dingen neben kleinen Verlusten. Für die Geschichtsschreibung als Humanwissenschaft werden Katastrophen offenbar in ihren ‚menschlichen' Spuren. Derart sind Katastrophen Extremereignisse nur in ihrer bipolaren Beziehung zu den Menschen: Sie verursachen solche Geschehnisse oder haben sie zu erleiden.

Gegen solche einfache Erkenntnis steht der unerschütterlich scheinende Glauben des Menschengeschlechts, mit stets weiterzuentwickelnder Technik die Natur zu besiegen. Dieses hybride, säkulare Glaubensbekenntnis westlicher Bürgerlichkeit formte sich mit der Verwissenschaftlichung der Welt seit der zweiten Hälfte des 17. Jahrhunderts aus. Ihm steht der ebenso unerschütterlich scheinende christliche Gottesglaube des Mittelalters und der frühen Neuzeit gegenüber. Mensch und Natur und damit auch die Extremereignisse in den menschlichen Umwelten standen so in der Hand Gottes. Gott schenkt den Menschen die Vögel des Himmels und das Korn der Erde, er bestraft sie aber auch mit Hunger, Erdbeben, Bränden, Überschwemmungen, Sturmfluten, Epidemien. Ja, auch Krieg, Finanz- und Geldkrisen verstanden die Zeitgenossen der Vormoderne als schier unabänderliches Schicksal im unbegreifbaren Gang der Heilsgeschichte.

Die erzählten Geschichten über Katastrophen verstehen sich nur bedingt als Orientierungshilfen für Gegenwart und Zukunft, denn Menschen lernen kaum etwas aus den Erfahrungen anderer. Die Geschichte der Katastrophen ist vielmehr eine Erzählung über die Menschen und ihre Schicksale, über ihr Verhalten in ihren Umwelten, über ihre erstaunlich vielfältige Anpassungsfähigkeit an Gefahren, ihre schier unüberwindliche Beharrlichkeit in der Not, über ihren Optimismus, das Leben, wie es auch kommt, zu leben. Zu Recht bemerkte einmal Arno Borst, dass spätmittelalterliche Chronisten, „die Weltgeschichte der Stadt mit gutem Grund als Geschichte überstandener Zusammenbrüche" deuteten.[374] Die Welt- und Zeitgeschichtsschreibung formte im Reich nördlich der Alpen seit dem beginnenden 14. Jahrhundert „ein Bild der städtischen Vergangenheit", das dem Selbstbewusstsein der Gemeinde Historizität verlieh. Die Historiographie interpretierte Städte, Länder und ‚Nationen' zunehmend als „Schicksalsgemeinschaften".[375] Deswegen hielten städtische Chronisten die Erinnerung an Katastrophen wach. Sie argumentierten freilich sehr unterschiedlich mit der Geschichte jener Extremereignisse. Aus der christlich-klerikal beherrschten Katastrophenkommunikation des Spätmittelalters wie der Frühen Neuzeit sollte man allerdings nicht in jedem Fall folgern, dass Historie ausschließlich dazu benutzt wurde, „um das Walten Gottes in der Geschichte zu illustrieren".[376]

Spätmittelalterliche Geschichtsschreibung wollte Gemeinschaften auch belehren. Die von vielen in diesem Buch zitierten Chronisten entworfenen historiographischen Bilder von den kommunalen Widerstandskräften und Solidaritäten waren zugleich auch ein ‚Centrum securitatis' für Vergangenheit, Gegenwart und Zukunft der städtischen Genossenschaften.[377]

Und endlich – die Lehre aus alldem: Natur ist nach Arno Borst „immer auch die erschütterte Welt, Geschichte immer auch das Unvorhersehbare und Unbewältigte; gerade deshalb muß der Mensch immer wieder aufstehen und weitergehen" – oder wie es 600 Jahre zuvor Tilemann Elhen von Wolfhagen in seiner ‚Limburger Chronik' in der Rückschau auf die Zeit um 1350 notiert: „Danach über ein Jahr, als dieses Sterben [die Pest], die Geißler- und Römerfahrt, die ‚Judenschlacht', wie zuvor geschrieben steht, ein Ende hatten, da hob die Welt wieder an zu leben und fröhlich zu sein, und die Männer machten neue Kleider".[378]

Anmerkungen

1 www.tagesschau.de/ausland/erdbebentokio106.html (letzter Zugriff am 21.07.2011); Die Limburger Chronik, S. 25.

2 Nach Borst, Lebensformen, S. 10 und öfter.

3 Febvre, La terre.

4 Dazu nur: Herrmann, Mensch; Dirlmeier, Historische Umweltforschung; Herrmann, Umwelt; Schubert/Herrmann, Von der Angst.

5 Groh, Weltbild; Groh, Außenwelt.

6 Borst, Alpine Mentalität; Borst, Erdbeben.

7 Zur Forschungsgeschichte: Rohr, Mensch und Naturkatastrophe. Darüber hinaus nur: Schenk, Katastrophen; Ranft/Selzer, Städte aus Trümmern; Groh/Kempe/Mauelshagen, Naturkatastrophen; Körner, Stadtzerstörung und Wiederaufbau, jeweils mit ausführlichen Literaturberichten.

8 Martin Körner, Stadtzerstörung und Wiederaufbau: Thema, Forschungsstand, Fragestellung und Zwischenbilanz, in: Körner, Stadtzerstörung, Bd. I, S. 7–42, hier: S. 9 f.

9 Schubert, Alltag, S. 27.

10 Borst, Lebensformen, S. 344.

11 Schubert, Alltag, S. 23.

12 Übersetzung bei Rau, Quellen, S. 125–129, Zitat S. 125.

13 Übersetzung bei Nonn, Quellen, S. 67.

14 Rösener, Bauern, S. 13.

15 Assmann, Godeschalcus und Visio Godeschalci, S. 56–61; Borst, Drei mittelalterliche Sterbefälle, S. 579–586.

16 Assmann, Godeschalcus und Visio Godeschalci, S. 62–73.

17 Im Überblick Fouquet/Zeilinger, Urbanisierung.

18 Siehe z. B. Heinzmann, Gemeinschaft; Schenk, Lektüren; Sprandel, Chronisten.

19 Normalisiert nach Erbe, Rats-Chronik, S. 42–44.

20 Engel, Rats-Chronik, S. 15.

21 Die Chroniken der deutschen Städte, 5, S. 148 (Zitat).

22 Siehe u. a. Maschke, Aufstieg; Fouquet, Familie.

23 Die Chroniken der deutschen Städte, 5, S. 126.

24 Siehe unten S. 74–83.

25 Die Chroniken der deutschen Städte, 5, S. 180.

26 Die Chroniken der deutschen Städte, 5, S. 135 f. u. 149 f.

27 Die Chroniken der deutschen Städte, 5, S. 137.

28 Vgl. z. B. Arnold, Kind; Ulbricht, Einstellungswandel.

29 Brief an Nikolaus Hausmann vom 5. August 1528, ins Neuhochdeutsche übertragen in: Luther, Schriften 6, S. 98.

30 Die Chroniken der deutschen Städte, 5, S. 293 f.

31 Die Chroniken der deutschen Städte, 5, S. 312.
32 Die Chroniken der deutschen Städte, 5, S. 68 bzw. 182 f. (Zitat).
33 Die Chroniken der deutschen Städte, 5, S. 196.
34 Schubert, Alltag, S. 129.
35 Die Chroniken der deutschen Städte, 5, S. 113. Siehe auch unten S. 139–143.
36 Zur Klimageschichte: Pfister, Klima, I, S. 115–118.
37 Sée, Stoltz, S. 51–54.
38 Feller/Bonjour, Geschichtsschreibung, I, S. 203 f.
39 Schnitt: Basler Chroniken, VI, S. 132–134; Fridolin Ryff: Basler Chroniken, I, S. 102–104. Dazu Feller/Bonjour, Geschichtsschreibung, I, S. 200; Sée, Stoltz, S. 49 f.
40 Bis 1291/1304: Wackernagel, Geschichte, I, S. 157.
41 Wackernagel, Geschichte, II, 1, S. 270 f.
42 Harms, Stadthaushalt, I, S. 500. Zum Guldenkurs: Fouquet, Bauen, S. 505.
43 Staatsarchiv Basel, Bauakten W1.
44 Mone, Quellensammlung, II, S. 54.
45 Wackernagel, Geschichte, II, 1, S. 271.
46 Feller/Bonjour, Geschichtsschreibung, I, S. 199 f.
47 Basler Chroniken, I, S. 484 f.
48 Sée, Stoltz, S. 55 (zu 1531). Dazu Dirlmeier, Untersuchungen, S. 56, 128, 305 u. 523.
49 Beispielhaft für diese ‚Vorzeichen' die Chronik des Fridolin Ryff: Basler Chroniken, I, S. 104 f. Zu Wien z. B. Matuz, Osmanisches Reich, S. 119.
50 Sée, Stoltz, S. 52.
51 Basler Chroniken, VI, S. 135 f.
52 Fouquet, Bauen, S. 288.
53 Basler Chroniken, I, S. 112.
54 Basler Chroniken, VI, S. 135.
55 Basler Chroniken, VI, S. 136; Harms, Stadthaushalt, III, S. 405.
56 Staatsarchiv Basel, Ratsbücher B 4, f. 87v-93r; Fouquet, Bauen, S. 214.
57 Kunstdenkmäler Basel, I, S. 435 f.
58 Hagemann, Rechtsleben, I, S. 250, 257, 264, 287, 270, 308 u. 315.
59 Feller/Bonjour, Geschichtsschreibung, I, S. 207 f.
60 Basler Chroniken, VIII (Gast), S. 214 f., 228 f. u. 255 f.
61 Kunstdenkmäler Basel, I, S. 316. Zum folgenden: Fouquet, Bauen, S. 214–216.
62 Jaffé, Annales, S. 198.
63 Zu 1302: Jaffé, Annales, S. 226. Zu 1407: Basler Chroniken, VII, S. 83 (Niklaus Gerung).
64 Glaser, Klimageschichte, S. 200; Bork u. a., Landschaftsentwicklung, S. 240–249.
65 Chroniken der deutschen Städte, 8, 1, S. 132 f.
66 Pfister, Klima I, S. 115–118.
67 Cardauns, Aufzeichnungen, S. 42, 44, 45 f. u. 49.
68 Höhlbaum, Weinsberg, II, S. 136.
69 Christ, Eptingen, S. 361 f.
70 Treffeisen, Breisgaukleinstädte, S. 233 f.
71 Engel, Rats-Chronik, Nr. 28 f., 44, 137, 175 u. 218; Glaser, Klimageschichte, S. 200.

72 Staatsarchiv Basel, Finanz G 9–17; Fouquet, Bauen, S. 212 f.
73 Detlev von Liliencron, Werke, I, S. 130 f.
74 Henningsen, Bd. I, S. 118–125 (Zusammenfassung).
75 Rheinheimer, Mythos Sturmflut; Rieken, Nordsee, S. 169–236.
76 Boetii De Cataclysmo, S. 66 f.
77 Chronicon Eiderostadense, S. 24–27.
78 Behre, Meeresspiegelbewegungen, S. 35.
79 Fouquet, Umwelten, S. 35.
80 Dirlmeier/Fouquet/Fuhrmann, Europa, S. 6 f. u. 159 f.
81 Behre, Meeresspiegelbewegungen, S. 26 f.; Meier, Land unter, S. 75.
82 Behre, Meeresspiegelkurve.
83 Prange, Bedeichungsgeschichte, S. 33; Behre, Meeresspiegelbewegungen, S. 31–33 u. 35; Meier, Trutz, Blanke Hans, S. 154–156.
84 Meier, Trutz, Blanke Hans, S. 156–159.
85 Boetii De Cataclysmo, S. 48 f. Zur Flut von 1219 zuletzt: Schenk, Meeresmacht.
86 Boetii De Cataclysmo, S. 8 f.
87 Heimreich, Nordfresische Chronik, I, S. 247.
88 Hansen, Beiträge, S. 80; Petreus Schriften, S. 4, Anm. 2 mit der Begründung, dass aus dem 15. Jahrhundert „auch andere Berichte des Schleswiger Kapitels über Landverluste" herrührten.
89 Chronicon Eiderostadense, S. 6 f.
90 Chronicon Eiderostadense, S. 27–33.
91 Boetii De Cataclysmo, S. 1–3.
92 Boetii De Cataclysmo, S. 58 f. u. 66 f.
93 Boetii De Cataclysmo, S. 68 f.
94 Sax, Werke, I, S. 151–153 (Beschreibungen); II, S. 40 (Annales); Heimreich, Nordfresische Chronik, I, S. 240 f.
95 Sax, Werke, I, S. 155 f. (Beschreibungen); II, S. 43 (Annales); Heimreich, Nordfresische Chronik, I, S. 243.
96 Rheinheimer, Gott, S. 98 u. 119 f.
97 Heimreich, Nordfresische Chronik, I, S. 250 f.
98 Boetii De Cataclysmo, S. 66 f.
99 Fouquet, Zeit.
100 Boetii De Cataclysmo, S. 70 f.
101 Sax, Werke, I, S. 154 f.
102 Boetii De Cataclysmo, S. 98 f., 122 f., 126 f. u. passim.
103 Lange, Geschichte, S. 117 f.
104 Heimreich, Nordfresische Chronik, I, S. 253 f.
105 Ordericus Vitalis, Historia, S. 410–419.
106 Clanchy, England, S. 104–111; das Zitat aus Clark, Peterborough Chronicle, S. 56 (a. 1137).
107 Zeller, Seerecht, u. a. die §§ 2 und 3; Jahnke/Graßmann, Seerecht, S. 14 f. (aus den Hanserezessen).

108 Dirlmeier/Fouquet/Fuhrmann, Europa, S. 41–46; Lane, Venice, S. 52–54.
109 Ohler, Reisen, S. 73–75.
110 Rohr, Neue Quellen, S. 48. Dazu Fouquet, Vom Meer, S. 82.
111 Le Goff, Franz von Assisi, S. 70 f.
112 Siehe z. B. Esch, Erlebnis; Fouquet, Reise.
113 Röhricht/Meisner, Pilgerreise, S. 365 f.; dazu und zum Bericht Schmitz, Pilgerreise, S. 149 f. u. passim.
114 Röhricht/Meisner, Pilgerreise, S. 366–371 (Zitat).
115 Erasmus, Vertraute Gespräche, S. 14–27.
116 Fouquet, Reisebericht, S. 28.
117 Fouquet, Reise, S. 160 f., 57. T.; S. 166 f., 65. T.; S. 239 f., 150. T.
118 Esch, Parallelberichte, S. 163–166.
119 Fouquet, Reise, S. 173 f., 74. T. Der Siegesbericht: ebd., S. 166 f., 65. T.
120 Fouquet, Reisebericht, S. 28 f.
121 Esch, Parallelberichte, S. 172.
122 Zeilinger/Fouquet, Nordlandfahrer; Bullo, Il viaggio, S. 12–17 und 55–71; Helland, Beskrivelse, S. 866–908. Als greifbare Abdrucke der Originale stehen freilich nur die Transkription der Darlegung Fioravantes und de Michieles sowie eine recht konzise norwegische Übersetzung beider Berichte zur Verfügung.
123 Helland, Beskrivelse, S. 869–872. Parallelbericht in: Bullo, Il viaggio, S. 55.
124 Helland, Beskrivelse, S. 872–876; Bullo, Il viaggio, S. 56–60.
125 Helland, Beskrivelse, S. 877–879.
126 So Fioravante und de Michiele, in: Bullo, Il viaggio, S. 62.
127 Von Fioravante und de Michiele so bezeichnet, in: Bullo, Il viaggio, S. 67.
128 Helland, Beskrivelse, S. 880–883.
129 Helland, Beskrivelse, S. 883–885. Zu Querinis Beschreibungen des dortigen Lebens und Arbeitens siehe ausführlicher Zeilinger/Fouquet, Nordlandfahrer, S. 356–358.
130 Bullo, Il viaggio, S. 69.
131 Helland, Beskrivelse, S. 885–891 (Zitat S. 891).
132 Fouquet, Reise, S. 163 f.
133 Borst, Erdbeben, S. 533 (Zitat).
134 Fouquet, Reise, S. 164.
135 Postpischl, Catalogo, S. 28–31.
136 Fouquet, Reise, S. 238.
137 Fouquet, Reise, S. 209.
138 Chronikalien der Ratsbücher, S. 17. Der Text folgt weitgehend: Fouquet, Erdbeben. Dazu auch Meyer, Basler Erdbeben.
139 Sieber, Zwei neue Berichte, S. 117.
140 Francesco Petrarca, De otio religioso, S. 36. Deutsche Übersetzung nach: Widmer, Petrarca, S. 20.
141 Hammerl, Erdbeben 1348, S. 118–151; Borst, Erdbeben, S. 534. Allgemein: Graus, Pest.
142 Heinricus de Diessenhofen, S. 104 f.
143 Die Kleineren Basler Annalen, S. 57.

144 Heinricus de Diessenhofen, S. 105.
145 Waltenkofen, S. 272.
146 Widmer, Petrarca, S. 21.
147 Heinricus de Diessenhofen, S. 107.
148 Chronikalien der Ratsbücher, S. 17.
149 Annales Marbacenses, S. 123.
150 Die Grössern Basler Annalen, S. 254.
151 Chronicon Moguntinum, S. 4. Weitere Nachweise: Fouquet, Erdbeben, S. 39 f.
152 Die Chroniken der deutschen Städte, 8, S. 136 (Closener).
153 Dazu Fouquet, Erdbeben, S. 41.
154 Chronicon Moguntinum, S. 4; Die Chronik Heinrichs Taube, S. 110.
155 Bücher, Bevölkerung, S. 4.
156 Die Chronik des Erhard von Appenwiler, S. 372; Die Kleineren Basler Annalen, S. 57.
157 Die Chronik des Erhard von Appenwiler, S. 372; Wackernagel, Geschichte, Bd. II, S. 271.
158 Meghraoui, Active Normal Faulting.
159 Heinricus de Diessenhofen, S. 107; Die Chroniken der deutschen Städte, 8, S. 136 (Closener).
160 Chronikalien der Ratsbücher, S. 17.
161 Meyer, Basler Erdbeben.
162 Die Chroniken der deutschen Städte, 8, S. 136 (Closener).
163 Die Chroniken der deutschen Städte, 8, S. 110 (Closener).
164 Jenks, Prophezeiung, S. 22–24; Krüger, Das Jüngste Gericht.
165 Meyer, Basler Erdbeben, S. 158.
166 Chronicon Moguntinum, S. 4 f.
167 Hartmann, Basilea Latina, S. 51.
168 Ebendorfer, Chronica Austriae, S. 259.
169 Sieber, Zwei neue Berichte, S. 117.
170 Widmer, Petrarca, S. 22.
171 Die Chronik des Erhard von Appenwiler, S. 370 f.
172 Chronikalien der Ratsbücher, S. 17; Die Chronik des Erhard von Appenwiler, S. 371.
173 Konrad von Megenberg, Buch der Natur, S. 131–137. Dazu Rohr, Extreme Naturereignisse, S. 112–116; Sollbach, Konrad von Megenberg.
174 Konrad von Megenberg, Buch der Natur, S. 132.
175 Konrad von Megenberg, Buch der Natur, S. 132 f.
176 Konrad von Megenberg, Buch der Natur, S. 133.
177 Konrad von Megenberg, Buch der Natur, S. 134.
178 Bergdolt, Pest 1348, S. 51–55.
179 Konrad von Megenberg, Buch der Natur, S. 135.
180 Konrad von Megenberg, Buch der Natur, S. 136.
181 Konrad von Megenberg, Buch der Natur, S. 136.
182 Heinricus de Diessenhofen, S. 107. Der Anonymus vom ‚Roten Buch' berichtet als weiterer Augenzeuge von „acht Tagen“: Chronikalien der Ratsbücher, S. 17.

183 Waltenkofen, S. 272.
184 Die Chroniken der deutschen Städte, 8, S. 136 (Closener).
185 Meyer, Basler Erdbeben, S. 126.
186 Berner Chronik, S. 122, Nr. 189.
187 Fouquet, Erdbeben, S. 43 f.; Meyer, Basler Erdbeben, S. 126–140.
188 Aus der Fülle der Literatur nur: Schubert, Fahrendes Volk.
189 Mummenhoff, Findel- und Waisenhaus, S. 67.
190 Die Klingenberger Chronik, S. 222. Dazu Schubert, Gauner, S. 102.
191 Kluge, Rotwelsch, S. 8–16 (Die Basler Betrübnisse der Gyler, um 1450).
192 Zitat: Schubert, Soziale Randgruppen, S. 302 u. 304.
193 Die Chroniken der deutschen Städte, 5, S. 125–128. Dazu Fouquet, Familie, S. 291–293.
194 Schubert, Fahrendes Volk, S. 260.
195 Schubert, Fahrendes Volk, S. 261.
196 Schubert, Fahrendes Volk, S. 258 f.; Schubert, Starke Bettler, S. 871.
197 Oexle, Armut, S. 73.
198 Dazu Fouquet, Familie, S. 292.
199 Die Chroniken der deutschen Städte, 5, S. 125.
200 Schubert, Fahrendes Volk, S. 257.
201 Schubert, Starke Bettler, S. 872.
202 Zur kaufmännischen Mentalität immer noch: Maschke, Berufsbewußtsein.
203 Die Chroniken der deutschen Städte, Bd. 5, S. 125 f.
204 Le Roy Ladurie, Welt im Umbruch, S. 31–101; Platter, Lebensbeschreibung, S. 54.
205 Platter, Lebensbeschreibung, S. 37.
206 Platter, Lebensbeschreibung, S. 43 u. 51.
207 Dirlmeier, Untersuchungen, S. 39–66; Jörg, Teure.
208 von Hippel, Armut, S. 8 f.
209 Dirlmeier, Lebensbedingungen, S. 72.
210 Glaser, Klimageschichte, S. 79 f.
211 Eberhart Windeckes Denkwürdigkeiten, S. 287.
212 Journal, S. 391.
213 Übersetzung: Leben in Paris, S. 284 f.
214 Die Chroniken der deutschen Städte, 5, S. 130. Zu Maßen und Reduktionsfaktoren: Dirlmeier, Untersuchungen, S. 569 f. u. 574 f.
215 Die Chroniken der deutschen Städte, 5, S. 154 u. 160 f. Zu Uganda: Sabine C. Meyer, Der Metzger von Kampala (FAZ am Sonntag, 17.10.2010, Nr. 41)
216 Die Chroniken der deutschen Städte, Bd 5, S. 111.
217 Dirlmeier, Untersuchungen, S. 152, 293 f., 296–302, 317–328 u. 362 f.
218 Zur Fünf-Tage-Woche oder durchschnittlichen 265 Arbeitstagen pro Jahr: Dirlmeier, Untersuchungen, S. 150; Fouquet, Bauen, S. 54–57 u. 205.
219 Platter, Lebensbeschreibung, S. 96 f.
220 Rogge, Gemeiner Nutzen, S. 215 f.
221 Dirlmeier, Untersuchungen, S. 305.

222 Dirlmeier, Untersuchungen, S. 50.
223 Die Chroniken der deutschen Städte, Bd. 5, S. 162.
224 Dirlmeier, Untersuchungen, S. 52.
225 Basler Chroniken, Bd. 5, S. 279 f. Dazu Dirlmeier, Untersuchungen, S. 53–61.
226 Die Chroniken der deutschen Städte, 5, S. 159–162.
227 Jörg, Teure, S. 311 f.
228 Die Chroniken der deutschen Städte, 5, S. 159.
229 Die Chroniken der deutschen Städte, 5, S. 161.
230 Die Chroniken der deutschen Städte, 5, S. 161 f.
231 Zu Gerstenberg: Studt, Land, S. 184–189.
232 Die Chroniken des Wigand Gerstenberg, S. 456–463.
233 Fouquet, Bauen, S. 420–430.
234 Die Chroniken des Wigand Gerstenberg, S. 459.
235 Die Chroniken des Wigand Gerstenberg, S. 459 f.
236 Die Chroniken des Wigand Gerstenberg, S. 461.
237 Tersch, Unruhe, S. 299 f.
238 Die Chroniken des Wigand Gerstenberg, S. 463–467 u. 470; Demandt, Hessen, S. 216–222.
239 Dazu Roettig, Zeichen; Fouquet, Zeit.
240 Die Chroniken des Wigand Gerstenberg, S. 467.
241 Die Chroniken des Wigand Gerstenberg, S. 388.
242 Die Chroniken des Wigand Gerstenberg, S. 465.
243 Zitate: Rogge, Gemeiner Nutzen, S. 286; Schulze, Gemeinnutz, S. 597.
244 Blickle, Kommunalismus, Bd. I, S. 88–106 (Gemeiner Nutzen), 106–110 (Hausnotdurft), 110–116 (Friede), 116–127 (Gerechtigkeit und Freiheit) u. 128–130 (Zusammenfassung).
245 Zu den Begriffen ‚Exemplum' und ‚Herkommen': Graf, Exemplarische Geschichten, S. 21 f.
246 Die Chroniken der deutschen Städten, 5, S. 183.
247 Die Berner Chronik, S. 195 f., Nr. 323. Dazu Frenz, Gleichheitsdenken, S. 232 f.
248 In anderen Zusammenhängen: Groebner, Ökonomie ohne Haus.
249 Die Chroniken des Wigand Gerstenberg, S. 460.
250 Die Chroniken des Wigand Gerstenberg, S. 460–462.
251 Annales Colmarienses minores, S. 191; Basler Chroniken VI, S. 246 (Größere Basler Annalen).
252 Annales Colmarienses maiores, S. 221.
253 Wackernagel, Geschichte, Bd. I, S. 55.
254 Basler Chroniken, V, S. 19 u. 55 (Größere u. Kleinere Basler Annalen).
255 Basler Chroniken. V, S. 23 u. 56 (Größere u. Kleinere Basler Annalen).
256 Basler Chroniken, V, S. 31 (Größere Basler Annalen); VI, S. 266 (Größere Basler Annalen).
257 Basler Chroniken, IV, S. 26 (Ratsbücher). Weitere Quellenbelege bei: Fouquet, Bauen, S. 416.

258 Basler Chroniken, IV, S. 27 u. 152–155 (Ratsbücher).
259 Fouquet, Bauen. S. 416.
260 Fouquet, Bauen. S. 417 f.; Quelle: Staatsarchiv Basel, Kerbbücher 1445/46–1451/52; Finanz G 9–17.
261 Dazu u. zum folgenden: Fouquet, Bauen, S. 418 f.
262 Küch, Quellen, Bd. I, Nr. 207, S. 286.
263 Stehlin/Thommen, Reisebeschreibung Tafur, S. 56.
264 Fouquet, Bauen, S. 400–414 (mit weiterer Literatur).
265 Csendes, Wiener Stadtrechtsprivileg, S. 72.
266 Baader, Polizeiordnungen, S. 295; Endres Tuchers Baumeisterbuch, S. 147 f.
267 Wolf, Gesetze, Nr. 224, S. 309–313.
268 Stenzel, Chronik Gebwiler, S. 70.
269 Fouquet, Bauen, S. 407 f.
270 Fouquet, Bauen, S. 403 f.
271 Dirr, Stadtrecht, I, S. 508.
272 Küch, Quellen, Bd. I, Nr. 209, S. 288 (Gutachten nach 1524 V 23).
273 Fouquet, Bauen, S. 410.
274 Mummenhoff, Lutz Steinlingers Baumeisterbuch, S. 51 f.
275 Fouquet, Bauen, S. 411 f.
276 Fouquet, Bauen, S. 412.
277 Fouquet, Bauen, S. 404 f.
278 Die Choniken der deutschen Städte, 8, S. 125.
279 Hans Dernschwam's Tagebuch, S. 62 f.
280 Opus epistolarum, Bd. VI, Nr. 1756, S. 417–420, hier: S. 418 f.
281 Küch, Quellen, Bd. II, S. 132; Fouquet, Bauen, S. 413.
282 Fouquet, Annäherungen.
283 Griep, Bürgerhaus, S. 127–166; Ryckaert, Brandbestrijding, S. 254 f.; Brucker, Florenz, S. 48.
284 Platter, Lebensbeschreibung, S. 37.
285 Wolkan, Briefwechsel, Bd. I, ep. 27, S. 80–84 (1. Fassung der Beschreibung Wiens), hier: S. 80. Zur Beschreibung Wiens 1492: Wünsch, Schilderung.
286 Fouquet, Bauen, S. 421–430.
287 Ryckaert, Brandbestrijding, S. 253; Baader, Polizeiordnungen, S. 287.
288 Schaller, Ulrich II. Putsch, S. 318.
289 Höhlbaum/Lau/Stein, Das Buch Weinsberg, Bd. V, S. 199 f.
290 Christ, Eptingen, S. 407.
291 Krüger, Stadtplanung, S. 87.
292 Die Chroniken der deutschen Städte, Bd. 8, S. 94 f. (Closener).
293 Kühnel, Alltagsleben, S. 44.
294 Endres Tuchers Baumeisterbuch, S. 262–271.
295 Die Chroniken der deutschen Städte, 18, S. 52.
296 Fouquet, Bauen, S. 427 f.
297 Meckseper, Typologie, S. 51.

298 Bergdolt, Pest 1348, S. 104 f.
299 Bergdolt, Pest 1348, S. 103–107.
300 Schubert, Einführung, S. 10.
301 Reber, Hemmerlin, S. 248. Dazu Winkle, Geißeln, S. 670–692.
302 Bingener/Fouquet/Fuhrmann, Almosen, S. 61.
303 Winkle, Geißeln, S. 83–152 u. 707–781.
304 Dazu nur: Bergdolt, Der Schwarze Tod; Vasold, Pest; Winkle, Geißeln, S. 422–515. Text weitgehend nach: Dirlmeier/Fouquet/Fuhrmann, Europa, S. 18–21 u. 165 f. mit weiterer Literatur.
305 Le Roy Ladurie, Un concept.
306 Bergdolt, Pest 1348, S. 20 f.
307 Bergdolt, Pest 1348, S. 65 f.
308 Schubert, Alltag, S. 191.
309 Siehe oben S. 71 f.
310 Bergdolt, Der Schwarze Tod, S. 21–27.
311 Becht, Medizinische Implikationen, S. 81 f.
312 Dazu Bergdolt, Der Schwarze Tod, S. 17–20; Becht, Medizinische Implikationen, S. 82–85.
313 Herlihy, Der Schwarze Tod, S. 22–24.
314 Bergdolt, Pest 1348, S. 60.
315 Schrader, Rechnungsbücher, S. 93.
316 Dazu Ibs, Pest, mit weiterer Literatur.
317 Die Chroniken der deutschen Städte, 19, S. 504 f. u. 521 f.
318 Ibs, Pest, S. 91 f. u. 159–161.
319 Wulf, Pestkirchhof.
320 Ibs, Pest, S. 86–89.
321 Ibs, Pest, S. 87 u. 92.
322 Ibs, Pest, S. 75 f. u. 131.
323 Ibs, Pest, S. 97–124 mit Quellennachweisen.
324 Die Chroniken der deutschen Städte, 19, S. 521 f.
325 Dazu Prechel, Anthropologische Untersuchungen.
326 Die Chroniken der deutschen Städte, 26, S. 136, Anm. 5 (Possilge); Die Chroniken der deutschen Städte, 30, S. 361 f. (Hertze).
327 Dazu von Brandt, Lübecker Rentenmarkt; Ibs, Pest, S. 149–151.
328 Rosenplänter, Kloster Preetz, S. 390–393; Ibs, Pest, S. 151 f.
329 Ibs, Pest, S. 158 f.
330 Dazu u. zum Folgenden Dormeier, Wirtschaftlicher Erfolg, S. 292–297.
331 Dazu Graus, Pest; Fouquet, Zeit.
332 Haverkamp, Judenverfolgungen.
333 Die Chroniken der deutschen Städte, 8, S. 129 f.
334 Dazu aus der Fülle der Literatur nur Haverkamp, Judenverfolgungen.
335 Ibs, Judenverfolgungen.
336 Zum Folgenden Ibs, Judenverfolgungen mit entsprechenden Quellennachweisen.

337 Urkundenbuch der Stadt Lübeck, 3, Nr. 110B, S. 105 f.; Graus, Pest, S. 307.
338 Mecklenburgisches Urkundenbuch, 10, Nr. 7098, S. 406–408; Ibs, Judenverfolgungen, S. 30–32.
339 Die Akten des bis 1386 letztlich erfolglos geführten Prozesses sind teilweise ediert: Mecklenburgisches Urkundenbuch, 10, Nr. 7143, S. 444–456; Graus, Pest, S. 225 u. 307 f.
340 Graus, Pest, S. 299–334.
341 Mecklenburgisches Urkundenbuch, 10, Nr. 7096, S. 405; Ibs, Judenverfolgungen, S. 40.
342 Die Chroniken der deutschen Städte, 19, S. 505.
343 Die Chroniken der deutschen Städte, 8, S. 130.
344 Bergdolt, Pest 1348, S. 148.
345 Matthias Claudius, Werke, S. 236.
346 Die Chroniken der deutschen Städte, 5, S. 188 u. 190 (Zink). Dies und das Folgende in Anlehnung an Zeilinger, Lebensformen.
347 Zeilinger, Lebensformen, S. 210–216 (Staatsarchiv Nürnberg, Reichsstadt Nürnberg, Rep. 2 c, Akten des 7-farbigen Alphabets, Nr. 54).
348 Hauptstaatsarchiv Stuttgart, A 602 WR 4370 b, fol. 11v.
349 Hauptstaatsarchiv Stuttgart, A 602 WR 4370, Nr. 39 u. 41. Dazu Zeilinger, Lebensformen, S. 224.
350 Die Chroniken der deutschen Städte, 2, S. 220 f. (Nürnberg's Krieg gegen den Markgrafen Albrecht).
351 Monumenta Boica, 34, S. 469 f.
352 Die Chroniken der deutschen Städte, 2, S. 341 (Nürnberg's Krieg gegen den Markgrafen Albrecht).
353 Stahl, Nürnberger Ratsverlässe, S. 240, 244, 246 u. 261.
354 Burger, Nürnberger Totengeläutbücher, 1, S. 20–30.
355 Eine gute Einführung: Prietzel, Krieg.
356 Zum Einstieg: Paravicini, Preußenreisen.
357 Petri de Dusburg chronica, S. 421.
358 Petri de Dusburg chronica, S. 447.
359 Zu Karl dem Kühnen und der Vorgeschichte der Belagerung von Neuss: Paravicini, Karl der Kühne. Zu deren Verlauf u. a.: Bömmels, Die Neusser; Metzdorf, *Bedrängnis.*
360 Die Chroniken der deutschen Städte, 20, S. 510 (Wierstraet).
361 Die Chroniken der deutschen Städte, 20, S. 551.
362 Die Chroniken der deutschen Städte, 20, S. 562–564 u. 573.
363 Die Chroniken der deutschen Städte, 20, S. 556 f.
364 Die Chroniken der deutschen Städte, 20, S. 611 f.
365 Zeilinger, Lebensformen, S. 205; Die Chroniken der deutschen Städte, 10, S. 181 (Deichsler).
366 Bücher, Volkswirtschaft, S. 133 u. öfters.
367 Jacob Unrest, S. 12 f.
368 Spufford, Money; North, Geld; Mäkeler, Reichsmünzwesen; Fouquet, Reich, S. 339 f.

369 Witthöft, Münzfuß, S. 348.
370 Die Chroniken der deutschen Städte, 5, S. 111–115; Mäkeler, Reichsmünzwesen, S. 280 f.
371 Die Chroniken der deutschen Städte, 5, S. 113.
372 Mäkeler, Oresme.
373 Rolevinck, Fasciculus temporum, f. 267 r.
374 Borst, Erdbeben, S. 554.
375 Graus, Funktionen, S. 50 u. 55.
376 Graus, Funktionen, S. 24.
377 Graus, Funktionen, S. 55.
378 Borst, Erdbeben, S. 569; Die Limburger Chronik, S. 38.

Bibliographie

A. Allgemeines

Bork, Hans-Rudolf/Bork, Helga/Dalchow, Claus/Faust, Berno/Piorr, Hans-Peter/Schatz, Thomas: Landschaftsentwicklung in Mitteleuropa. Wirkungen des Menschen auf Landschaften, Gotha-Stuttgart 1998.

Borst, Arno: Alpine Mentalität und europäischer Horizont im Mittelalter, in: Schriften des Vereins für Geschichte des Bodensees 92 (1974), S. 1–46 (ND in: Borst, Arno: Barbaren, Ketzer und Artisten. Welten des Mittelalters, München-Zürich 1988, S. 471–527).

Borst, Arno: Das Erdbeben von 1348. Ein historischer Beitrag zur Katastrophenforschung, in: Historische Zeitschrift 233 (1981), S. 529–569.

Dirlmeier, Ulf: Historische Umweltforschung aus der Sicht der mittelalterlichen Geschichte, in: Siedlungsforschung. Archäologie-Geschichte-Geographie 6 (1988), S. 97–111.

Dirlmeier, Ulf/Fouquet, Gerhard/Fuhrmann, Bernd: Europa im Spätmittelalter 1215–1378 (Oldenbourg Grundriss der Geschichte, 8), 2. Aufl., München 2008.

Febvre, Lucien: La terre et l'évolution humaine: introduction géographique à l'histoire, Paris 1922 (ND Paris 1970).

Graus, František: Pest – Geißler – Judenmorde. Das 14. Jahrhundert als Krisenzeit (Veröffentlichungen des MPI für Geschichte, 86), 3. Aufl., Göttingen 1994.

Groh, Ruth/Groh, Dieter: Weltbild und Naturaneignung. Zur Kulturgeschichte der Natur, Frankfurt a. M. 1991.

Groh, Ruth/Groh, Dieter: Die Außenwelt der Innenwelt. Zur Kulturgeschichte der Natur 2, Frankfurt a. M. 1996.

Groh, Dieter/Kempe, Michael/Mauelshagen, Franz (Hrsg.): Naturkatastrophen. Beiträge zu ihrer Deutung, Wahrnehmung und Darstellung in Text und Bild von der Antike bis ins 20. Jahrhundert (Literatur und Anthropologie, 13/2003), Tübingen 2003.

Herrmann, Bernd (Hrsg.): Mensch und Umwelt im Mittelalter, Stuttgart 1986.

Herrmann, Bernd (Hrsg.): Umwelt in der Geschichte. Beiträge zur Umweltgeschichte, Göttingen 1989.

Körner, Martin (Hrsg.): Stadtzerstörung und Wiederaufbau, 3 Bde., Bern-Stuttgart-Wien 1999–2000.

Ranft, Andreas/Selzer, Stephan (Hrsg.): Städte aus Trümmern. Katastrophenbewältigung zwischen Antike und Moderne, Göttingen 2004.

Rohr, Christian: Mensch und Naturkatastrophe. Tendenzen und Probleme einer mentalitätsbezogenen Umweltgeschichte des Mittelalters, in: Sylvia Hahn/Reinhold Reith (Hrsg.): Umwelt-Geschichte. Arbeitsfelder – Forschungsansätze – Perspektiven (Querschnitte, 8), Wien-München 2001, S. 13–31.

SCHENK, GERRIT JASPER (Hrsg.): Katastrophen. Vom Untergang Pompejis bis zum Klimawandel, Ostfildern 2009.
SCHUBERT, ERNST: Alltag im Mittelalter. Natürliches Lebensumfeld und menschliches Miteinander, Darmstadt 2002.
SCHUBERT, ERNST/HERRMANN, BERND (Hrsg.): Von der Angst zur Ausbeutung. Umwelterfahrung zwischen Mittelalter und Neuzeit, Frankfurt a. M. 1994.

B. Quellen und Literatur der einzelnen Kapitel

Einleitung

ASSMANN, ERWIN (Bearb.): Godeschalcus und Visio Godeschalci (Quellen und Forschungen zur Geschichte Schleswig-Holsteins, 74), Neumünster 1979.
DIE CHRONIKEN DER DEUTSCHEN STÄDTE vom 14. bis ins 16. Jahrhundert, Bd. 5: Die Chroniken der schwäbischen Städte. Augsburg, Bd. 2, Leipzig 1866 (ND Göttingen 1965).
ENGEL, WILHELM (Hrsg.): Die Rats-Chronik der Stadt Würzburg (XV. und XVI. Jahrhundert) (Quellen und Forschungen zur Geschichte des Bistums und des Hochstifts Würzburg, 2), Würzburg 1950.
DIE LIMBURGER CHRONIK des Tilemann Elhen von Wolfhagen, hrsg. von ARTHUR WYSS (MGH. Deutsche Chroniken, 4,1), Berlin 1883 (ND München 1993).
LUTHER, MARTIN: Ausgewählte Schriften, Bd. 6: Briefe, ausgew., übers. und erl. von Johannes Schilling, 2. Aufl., Frankfurt a. M. 1983.
NONN, ULRICH (Hrsg.): Quellen zur Alltagsgeschichte im Früh- und Hochmittelalter (Ausgewählte Quellen zur deutschen Geschichte des Mittelalters. Freiherr vom Stein-Gedächtnisausgabe, 40a), Darmstadt 2003.
RAU, REINHOLD (Hrsg.): Quellen zur karolingischen Reichsgeschichte, Erster Teil (Ausgewählte Quellen zur deutschen Geschichte des Mittelalters. Freiherr vom Stein-Gedächtnisausgabe, 5), Darmstadt 1968.

ARNOLD, KLAUS: Kind und Gesellschaft in Mittelalter und Renaissance. Beiträge und Texte zur Geschichte der Kindheit (Sammlung Zebra, Reihe B, 2), Paderborn u. a. 1980.
BORST, ARNO: Lebensformen im Mittelalter, 2. Aufl., Berlin 1999.
BORST, ARNO: Drei mittelalterliche Sterbefälle, in: DERS.: Barbaren, Ketzer und Artisten. Welten des Mittelalters, München-Zürich 1988, S. 567–598.
DIRLMEIER, ULF: Untersuchungen zu Einkommensverhältnissen und Lebenshaltungskosten in oberdeutschen Städten des Spätmittelalters. Mitte 14. bis Anfang 16. Jahrhundert (Abhandlungen der Heidelberger Akademie der Wissenschaften, Phil.-Hist. Klasse 1978–I), Heidelberg 1978.
DIRLMEIER, Ulf: Zu den materiellen Lebensbedingungen in deutschen Städten des Spätmittelalters: Äußerer Rahmen, Einkommen, Verbrauch, in: REINHARD ELZE/GINA FASOLI (Hrsg.): Stadtadel und Bürgertum in den italienischen und deutschen Städten des Spätmittelalters (Schriften des Italienisch-Deutschen Historischen Instituts in Trient, 2), Berlin 1991, S. 59–88.

Fouquet, Gerhard: Familie, Haus und Armut in spätmittelalterlichen Städten – Das Beispiel des Augsburger Ehepaares Elisabeth Störkler und Burkard Zink, in: Andreas Gestrich/Lutz Raphael (Hrsg.): Inklusion/Exklusion. Studien zu Fremdheit und Armut von der Antike bis zur Gegenwart, Frankfurt a. M. 2004, S. 283–307.

Fouquet, Gerhard/Zeilinger, Gabriel (Hrsg.): Die Urbanisierung Europas von der Antike bis in die Moderne (Kieler Werkstücke, Reihe E, 7), Frankfurt a. M. u. a. 2009.

Heinzmann, Guido: Gemeinschaft und Identität spätmittelalterlicher Kleinstädte Westfalens. Eine mentalitätsgeschichtliche Untersuchung der Städte Dorsten, Haltern, Hamm, Lünen, Recklinghausen und Werne, Norderstedt 2006.

Jörg, Christian: Teure, Hunger, Großes Sterben. Hungersnöte und Versorgungskrisen in den Städten des Reiches während des 15. Jahrhunderts (Monographien zur Geschichte des Mittelalters, 55), Stuttgart 2008.

Maschke, Erich: Der wirtschaftliche Aufstieg des Burkard Zink (1396–1474/5) in Augsburg, in: Ders.: Städte und Menschen. Beiträge zur Geschichte der Stadt, der Wirtschaft und Gesellschaft (Vierteljahrschrift für Sozial- und Wirtschaftsgeschichte, Bh. 68), Wiesbaden 1980, S. 420–447.

Rösener, Werner: Bauern im Mittelalter, 4. Aufl., München 1993.

Rogge, Jörg: Für den Gemeinen Nutzen. Politisches Handeln und Politikverständnis von Rat und Bürgerschaft in Augsburg im Spätmittelalter (Studia Augustana, 6), Tübingen 1996.

Schenk, Gerrit Jasper: Lektüren im „Buch der Natur". Wahrnehmung, Beschreibung und Deutung von Naturkatastrophen, in: Susanne Rau/Birgit Studt (Hrsg.): Geschichte schreiben. Ein Quellenhandbuch zur Historiographie (1350–1750), Berlin 2009, S. 506–520.

Schubert, Ernst: Alltag im Mittelalter. Natürliches Lebensumfeld und menschliches Miteinander, Darmstadt 2002.

Sprandel, Rolf: Chronisten als Zeitzeugen (Kollektive Einstellungen und sozialer Wandel im Mittelalter, N.F. 3), Köln-Weimar-Wien 1993.

Ulbricht, Otto: Der Einstellungswandel zur Kindheit in Deutschland am Ende des Spätmittelalters (ca. 1470–1520), in: Zeitschrift für historische Forschung 19 (1992), S. 159–187.

Wassernöte

Basler Chroniken, hrsg. von der Historischen Gesellschaft in Basel, 10 Bde., Leipzig-Basel 1872–1976.

Cardauns, Hermann (Hrsg.): Aufzeichnungen des Kölner Bürgers Hilbrant Suderman 1489–1504, in: Annalen des historischen Vereins für den Niederrhein 33 (1879), S. 41–49.

Christ, Dorothea A. (Hrsg.): Das Familienbuch der Herren von Eptingen. Kommentar und Transkription, Liestal 1992.

Die Chroniken der deutschen Städte vom 14. bis ins 16. Jahrhundert, Bd. 8: Die Chroniken der oberrheinischen Städte. Straßburg, Bd. 1, Leipzig 1870 (ND Göttingen 1961).

Engel, Wilhelm (Hrsg.): Die Rats-Chronik der Stadt Würzburg (XV. und XVI. Jahrhundert) (Quellen und Forschungen zur Geschichte des Bistums und des Hochstifts Würzburg, 2), Würzburg 1950.

Höhlbaum, Konstantin u. a. (Hrsg.): Das Buch Weinsberg. Kölner Denkwürdigkeiten aus dem 16. Jahrhundert, 5 Bde. (Publikationen der Gesellschaft für rheinische Geschichtskunde, 3, 4 u. 16), Leipzig-Bonn 1886–1926.

Jaffé, Philipp (Hrsg.): Annales Colmarienses minores et maiores, Annales Basileenses, Chronicon Colmariense, in: Monumenta Germaniae historica. Scriptores, Bd. XVII, Hannover 1861, S. 183–270.

Mone, Franz Joseph (Hrsg.): Quellensammlung der badischen Landesgeschichte, 4 Bde., Karlsruhe 1848–1867.

Sée, Julien (Hrsg.): Hans Stoltz' Ursprung und Anfang der Statt Gebweyler. Sagen- und Tagebuch eines Bürgers von Gebweiler zur Zeit des Bauernkriegs (Les chroniques d'Alsace, 1), Colmar 1871.

Baer, Casimir Hermann u. a.: Die Kirchen, Klöster und Kapellen, Tl. I (Kunstdenkmäler Schweiz, 12: Kunstdenkmäler Basel-Stadt, 3), Basel 1941.

Feller, Richard/Bonjour, Edgar: Geschichtsschreibung der Schweiz vom Spätmittelalter zur Neuzeit, 2 Bde., 2. erw. Aufl., Basel-Stuttgart 1979.

Fouquet, Gerhard: Bauen für die Stadt. Finanzen, Organisation und Arbeit in kommunalen Baubetrieben des Spätmittelalters (Städteforschung, A, 48), Köln-Weimar-Wien 1999.

Glaser, Rüdiger: Klimageschichte Mitteleuropas. 1000 Jahre Wetter, Klima, Katastrophen, Darmstadt 2001.

Hagemann, Hans-Rudolf: Basler Rechtsleben im Mittelalter, 2 Bde., Basel-Frankfurt a. M. 1981–1987.

Harms, Bernhard: Der Stadthaushalt Basels im ausgehenden Mittelalter. Quellen und Studien zur Basler Finanzgeschichte. Erste Abteilung, 3 Bde. (Einnahmen und Ausgaben 1360–1535), Tübingen 1909–1913.

Die Kunstdenkmäler des Kantons Basel-Stadt, Bd. I, Basel 1932.

Matuz, Josef: Das Osmanische Reich, Darmstadt 1985.

Pfister, Christian: Das Klima der Schweiz von 1525–1860 und seine Bedeutung in der Geschichte von Bevölkerung und Landwirtschaft (Klimageschichte der Schweiz 1525–1860, 1), 2. Aufl., Bern-Stuttgart 1985.

Treffeisen, Jürgen: Die Breisgaukleinstädte Neuenburg, Kenzingen und Endingen in ihren Beziehungen zu Klöstern, Orden und kirchlichen Institutionen während des Mittelalters (Forschungen zur oberrheinischen Landesgeschichte, 36), Freiburg/Br.-München 1991.

Wackernagel, Rudolf: Geschichte der Stadt Basel, 3 Bde. u. 1 Bd. (Register), Basel 1907–1924 u. 1954 (ND Basel 1968).

Sturmfluten

MATTHIAE BOETII De Cataclysmo Nordstrandico Commentariorum Libri tres. Text, Übersetzung und Anmerkung, hrsg. von OTTO HARTZ (Quellen und Forschungen zur Geschichte Schleswig-Holsteins, 25), Neumünster 1940.

CHRONICON EIDEROSTADENSE VULGARE oder die gemeine Eiderstedtische Chronik 1103–1547, hrsg. u. übers. von CLAUS HEITMANN, St. Peter-Ording 1977.

HANSEN, REIMER: Beiträge zur Geschichte und Geographie Nordfrieslands im Mittelalter, in: Zeitschrift der Gesellschaft für Schleswig-Holstein-Lauenburgische Geschichte 24 (1894), S. 1–92.

M. ANTON HEIMREICHS NORDFRESISCHE CHRONIK, hrsg. von NIELS NIKOLAUS FALCK, 2 Tle., Tondern 1819 (ND Leer 1982).

DETLEV VON LILIENCRON, Werke, Bd. I: Gedichte, Epos, hrsg. von BENNO VON WIESE, Frankfurt a. M. 1977.

JOHANNES PETREUS' (gest. 1603) Schriften über Nordstrand, hrsg. von REIMER HANSEN (Quellensammlung der Gesellschaft für Schleswig-Holsteinische Geschichte, 5), Kiel 1901.

RHEINHEIMER, MARTIN: „Gott zur Ehre und dem Teufel zu Hohn und Spott". Die Randbemerkungen im Amrumer Missale, in: Zeitschrift der Gesellschaft für Schleswig-Holsteinische Geschichte 135 (2010), S. 97–130.

PETER SAX: Werke zur Geschichte Nordfrieslands und Ditmarschens, hrsg. von ALBERT A. PANTEN, 2 Bde., St. Peter-Ording 1986.

BEHRE, KARL-ERNST: Meeresspiegelbewegungen, Ödlandverluste und Landgewinnungen an der Nordsee, in: Siedlungsforschung. Archäologie – Geschichte – Geographie 23 (2005), S. 19–46.

BEHRE, KARL-ERNST: Eine neue Meeresspiegelkurve für die südliche Nordsee, in: Probleme der Küstenforschung im südlichen Nordseegebiet 28 (2003), S. 9–63.

FOUQUET, GERHARD: Städtische Umwelten im Mittelalter – Perspektiven der Sozial- und Wirtschaftsgeschichte, in: RENATE WISSUWA/GABRIEL VIERTEL/NINA KRÜGER (Hrsg.): Landesgeschichte und Archivwesen. Festschrift für Reiner Groß zum 65. Geburtstag, Dresden 2002, S. 35–72.

FOUQUET, GERHARD: Zeit und Geschichte. Endzeiterwartungen, utopisches Denken und Jahrhundertwenden im Spätmittelalter, in: HANS-PETER BECHT (Hrsg.): Millennium. Beiträge zum Jahrtausendwechsel (Sonderveröffentlichungen des Stadtarchivs Pforzheim, 3), Ubstadt-Weiher 2002, S. 29–57.

HENNINGSEN, HANS-HERBERT: Rungholt. Der Weg in die Katastrophe. Aufstieg, Blütezeit und Untergang eines bedeutenden mittelalterlichen Ortes in Nordfriesland, 2 Bde., Husum 1998–2000.

LANGE, ULRICH (Hrsg.): Geschichte Schleswig-Holsteins. Von den Anfängen bis zur Gegenwart, Neumünster 1996.

MEIER, DIRK: Trutz, Blanke Hans. Mittelalterlicher Deichbau und Existenzkampf an der schleswig-holsteinischen Nordseeküste, in: KONRAD SPINDLER (Hrsg.): Mensch und Na-

tur im mittelalterlichen Europa. Archäologische, historische und naturwissenschaftliche Befunde (Schriftenreihe Akademie Friesach, 4), Klagenfurt 1998, S. 129–168.
MEIER, DIRK: Land unter! Die Geschichte der Flutkatastrophen, Ostfildern 2005.
PRANGE, WERNER: Die Bedeichungsgeschichte der Marschen in Schleswig-Holstein, in: Probleme der Küstenforschung im südlichen Nordseegebiet 16 (1986), S. 1–53.
RHEINHEIMER, MARTIN: Mythos Sturmflut. Der Kampf gegen das Meer und die Suche nach Identität, in: Jahrbuch für Schleswig-Holstein 15 (2003), S. 9–58.
RIEKEN, BERND: „Nordsee ist Mordsee". Sturmfluten und ihre Bedeutung für die Mentalitätsgeschichte der Friesen (Nordfriisk Instituut, 186), Münster u. a. 2005.
SCHENK, GERRIT JASPER: Meeresmacht und Menschenwerk. Die Marcellusflut an der Nordseeküste im Januar 1219, in: DERS. (Hrsg.): Katastrophen. Vom Untergang Pompejis bis zum Klimawandel, Ostfildern 2009, S. 52–66.

Schiffsuntergänge

CLARK, CECILY (Hrsg.): The Peterborough Chronicle 1070–1154 (Oxford English Monographs), Oxford 1958.
ERASMUS VON ROTTERDAM: Vertraute Gespräche (Colloquia familiaria), übers. u. eingel. von HUBERT SCHIEL, Köln 1947 (ND Essen o. J.).
FOUQUET, GERHARD (Hrsg.): Die Reise eines niederadligen Anonymus ins Heilige Land im Jahre 1494 (Kieler Werkstücke E, 5), Frankfurt a. M. u. a. 2007.
JAHNKE, CARSTEN/GRASSMANN, ANTJEKATHRIN (Hrsg.): Seerecht im Hanseraum. Edition und Kommentar zum Flandrischen Copiar Nr. 9 (Veröffentlichungen zur Geschichte der Hansestadt Lübeck, Reihe B, 36), Lübeck 2003.
ORDERICUS VITALIS: Historiae ecclesiasticae libri tredecim, Bd. 4, hrsg. von AUGUSTE LE PRÉVOST, Paris 1852.
RÖHRICHT, REINHOLD/MEISNER, HEINRICH (Hrsg.): Die Pilgerreise des letzten Grafen von Katzenelnbogen (1433–1434), in: Zeitschrift für deutsches Altertum und deutsche Litteratur 26 (1882), S. 348–371.
VON ROHR, CHRISTINE (Hrsg.): Neue Quellen zur zweiten Indienfahrt Vasco da Gamas (Quellen und Forschungen zur Geschichte der Geographie und Völkerkunde, 3), Leipzig 1939.
ZELLER, HEINRICH LUDWIG: Das Seerecht von Oléron: nach der Inkunabel Tréguier (Paris, Bibliothèque nationale, Réserve, F, 2187). Diplomatischer Abdruck mit Einleitung, ergänzendem Glossar und einer Druckprobe (Sitzungsberichte der Heidelberger Akademie der Wissenschaften. Phil.-Hist. Klasse/1915, 2), Heidelberg 1915.

BULLO, CARLO: Il viaggio di M. Piero Querini e le relazioni della Repubblica Venetia colla Svezia, Venezia 1881.
CLANCHY, MICHAEL T.: England and its rulers 1066–1307, 3. Aufl., Malden/MA u. a. 2006.
DIRLMEIER, ULF/FOUQUET, GERHARD/FUHRMANN, BERND: Europa im Spätmittelalter 1215–1378 (Oldenbourg Grundriss der Geschichte), 2. Aufl., München 2008.

ESCH, ARNOLD: Vier Schweizer Parallelberichte von einer Jerusalem-Fahrt im Jahre 1519, in: NICOLAI BERNARD/QUIRINUS REICHEN (Hrsg.): Gesellschaft und Gesellschaften. Festschrift zum 65. Geburtstag von Professor Dr. Ulrich Im Hof, Bern 1982, S. 138–184.

ESCH, ARNOLD: Gemeinsames Erlebnis – individueller Bericht. Vier Parallelberichte aus einer Reisegruppe von Jerusalempilgern 1480, in: Zeitschrift für Historische Forschung 11 (1984), S. 385–416.

FOUQUET, GERHARD: Vom Meer zum Land – Indien 1502 aus der Sicht eines deutschen Reisenden, in: STEPHAN CONERMANN/JAN KUSBER (Hrsg.): Studia Eurasiatica. Kieler Festschrift für Hermann Kulke zum 65. Geburtstag (Asien und Afrika, 10), Schenefeld 2003, S. 71–94.

FOUQUET, GERHARD: Der Reisebericht nach Jerusalem 1494: ‚Erleben' – adelige Bewährung und Pilgerschaft, in: GERHARD FOUQUET. (Hrsg.): Die Reise eines niederadligen Anonymus ins Heilige Land im Jahre 1494 (Kieler Werkstücke E, 5), Frankfurt a. M. 2007, S. 19–35.

HELLAND, AMUND (Hrsg.): Topografisk-statistisk beskrivelse over Nordlands Amt (Norges Land og Folk, XVIII), Anden Del, Kristiania 1908.

LANE, FREDERICK C.: Venice. A Maritime Republic, Baltimore 1973.

LE GOFF, JACQUES: Franz von Assisi, Stuttgart 2006.

OHLER, NORBERT: Reisen im Mittelalter, München 1991.

SCHMITZ, SILVIA: Die Pilgerreise Philipps d. Ä. von Katzenelnbogen in Prosa und Vers. Untersuchungen zum dokumentarischen Charakter spätmittelalterlicher Adelsliteratur (Forschungen zur Geschichte der älteren deutschen Literatur, 11), München 1990.

ZEILINGER, GABRIEL/FOUQUET, GERHARD: Spätmittelalterliche Nordlandfahrer – Michel Beheim (1450) und Pietro Querini (1431/32), in: MICHAEL ENGELBRECHT/ULRIKE HANSSEN-DECKER/DANIEL HÖFFKER (Hrsg.): Rund um die Meere des Nordens. Festschrift für Hain Rebas, Heide 2008, S. 347–359.

Die Erde bebt

ANNALES MARBACENSES qui dicuntur, hrsg. von HERMANN BLOCH (MGH. SS.rer.Germ., 9), Hannover-Leipzig 1907.

BASLER CHRONIKEN, hrsg. von der Historischen Gesellschaft in Basel, 10 Bde., Leipzig-Basel 1872–1976.

BERGDOLT, KLAUS (Bearb.): Die Pest 138 in Italien. Fünfzig zeitgenössische Quellen, Heidelberg 1989.

CHRONICON MOGUNTINUM, hrsg. von CARL HEGEL (MGH. SS.rer.Germ., 20), Hannover 1885.

CHRONIKALIEN DER RATSBÜCHER, hrsg. von AUGUST BERNOULLI, in: Basler Chroniken, Bd. IV, S. 1–162.

DIE BERNER CHRONIK des Conrad Justinger, hrsg. von GOTTLIEB STUDER, Bern 1871.

DIE CHRONIK DES ERHARD VON APPENWILER 1439–1471, mit ihren Fortsetzungen 1472–1474: Beilage I: Die Basler Zusätze zur Sächsischen Weltchronik, hrsg. von AUGUST BERNOULLI, in: Basler Chroniken, Bd. IV, S. 365–374.

DIE CHRONIK HEINRICHS TAUBE von Selbach mit den von ihm verfaßten Biographien Eichstätter Bischöfe, hrsg. von HARRY BRESSLAU (MGH. SS.rer.Germ. NS, 1), Berlin 1922.

Die Chroniken der deutschen Städte vom 14. bis ins 16. Jahrhundert, Bd. 8: Die Chroniken der oberrheinischen Städte. Straßburg, Bd. 1, Leipzig 1870 (ND Göttingen 1961).

Die Grössern Basler Annalen nach Schnitts Handschrift (238–1416), hrsg. von August Bernoulli, in: Basler Chroniken, Bd. VI, S. 237–275.

Die Kleineren Basler Annalen (1308–1415), hrsg. von August Bernoulli, in: Basler Chroniken, Bd. V, S. 49–71.

Fouquet, Gerhard (Hrsg.): Die Reise eines niederadligen Anonymus ins Heilige Land im Jahre 1494 (Kieler Werkstücke E, 5), Frankfurt a. M. 2007.

Francesco Petrarca: De otio religioso, hrsg. von Giuseppe Rotondi (Studi e Testi, 195), Città del Vaticano 1958.

Hartmann, Alfred: Basilea Latina. Lateinische Texte zur Kultur- und Sittengeschichte der Stadt Basel im 15. und 16. Jahrhundert, Basel 1931.

Heinricus de Diessenhofen und andere Geschichtsquellen Deutschlands im späteren Mittelalter, hrsg. aus dem Nachlasse Johann Friedrich Boehmers von Alfons Huber (Fontes rerum Germanicarum, 4), Stuttgart 1868.

Konrad von Megenberg: Das ‚Buch der Natur'. Bd. II: Kritischer Text nach den Handschriften, hrsg. von Robert Luff/Georg Steer, Tübingen 2003.

Konrad von Waltenkofen, in: Beiträge zur vaterländischen Geschichte, hrsg. von der Historischen Gesellschaft in Basel 10 (1875), S. 271–272.

Luff, Robert/Steer, Georg (Hrsg.): Konrad von Megenberg. Das ‚Buch der Natur', Bd. II: Kritischer Text nach den Handschriften, Tübingen 2003.

Sieber, Ludwig: Zwei neue Berichte über das Erdbeben von 1356, in: Beiträge zur vaterländischen Geschichte 12 (1888), S. 113–124.

Sollbach, Gerhard E. (Bearb.): Konrad von Megenberg, Buch der Natur, Frankfurt a. M. 1990.

Thomas Ebendorfer: Chronica Austriae, hrsg. von Alphons Lhotsky (MGH. SS.rer.Germ. NS, 13), Berlin-Zürich 1967.

Widmer, Berthe: Francesco Petrarca über seinen Aufenthalt in Basel 1356, in: Basler Zeitschrift für Geschichte und Altertumskunde 94 (1994), S. 17–27.

Borst, Arno: Das Erdbeben von 1348. Ein historischer Beitrag zur Katastrophenforschung, in: Historische Zeitschrift 233 (1981), S. 529–569.

Bücher, Karl: Die Bevölkerung von Frankfurt am Main im XIV. und XV. Jahrhundert. Socialstatistische Studien, Bd. I, Tübingen 1886.

Fouquet, Gerhard: Das Erdbeben in Basel 1356 – für eine Kulturgeschichte der Katastrophen, in: Basler Zeitschrift für Geschichte und Altertumskunde 103 (2003), S. 31–49.

Hammerl, Christa: Das Erdbeben vom 25. Jänner 1348 – Rekonstruktion des Naturereignisses, Diss. phil., Wien 1992 (Masch.).

Jenks, Stuart: Die Prophezeiung von Ps.-Hildegard von Bingen: Eine vernachlässigte Quelle über die Geißlerzüge von 1348/49 im Lichte des Kampfes der Würzburger Kirche gegen die Flagellanten, in: Mainfränkisches Jahrbuch für Geschichte und Kunst 29 (1977), S. 9–38.

Krüger, Klaus: Das Jüngste Gericht und die alltäglichen Katastrophen. Zu Prognose und Diagnose in der spätmittelalterlichen Stadtchronistik, in: Enno Bünz/Rainer Gries/

Frank Möller (Hrsg.): Der Tag X in der Geschichte. Erwartungen und Enttäuschungen seit tausend Jahren, Stuttgart 1997, S. 79–101 u. 346–352.

Meghraoui, Mustapha u. a.: Active Normal Faulting in the Upper Rhine Graben and Paleoseismic Identification of the 1356 Basel Earthquake, in: Science 293 (2001), 5537, S. 2070–2073.

Meyer, Werner: „Da verfiele Basel überall". Das Basler Erdbeben von 1356 (184. Neujahrsblatt hrsg. von der Gesellschaft für das Gute und Gemeinnützige Basel), Basel 2006.

Postpischl, Daniele (Hrsg.): Catalogo dei terremoti italiani dall'anno 1000 al 1980 (Quaderni di ‚La Ricerca scientifica', 114/2), Bologna 1985.

Rohr, Christian: Extreme Naturereignisse im Ostalpenraum. Naturerfahrung im Spätmittelalter und am Beginn der Neuzeit, Köln-Weimar-Wien 2007.

Wackernagel, Rudolf: Geschichte der Stadt Basel, 3 Bde. u. 1 Bd. (Register), Basel 1907–24 u. 1954 (ND Basel 1968).

Hunger

Basler Chroniken, hrsg. von der Historischen Gesellschaft in Basel, 10 Bde., Leipzig-Basel 1872–1976.

Die Chroniken der deutschen Städte vom 14. bis ins 16. Jahrhundert, Bd. 5: Die Chroniken der schwäbischen Städte. Augsburg, Bd. 2, Leipzig 1866 (ND Göttingen 1965).

Eberhart Windeckes Denkwürdigkeiten zur Geschichte des Zeitalters Kaiser Sigmunds, hrsg. von Wilhelm Altmann, Berlin 1893.

Journal d'un bourgeois de Paris. De 1405 à 1449, hrsg. von Colette Beaunne, Paris 1990.

Die Klingenberger Chronik, wie sie Schodoler, Tschudi, Stumpf, Guilliman und andere benützten, hrsg. von Anton Henne von Sargans, Gotha 1861 (ND Vaduz 1994).

Kluge, Friedrich: Rotwelsch. Quellen und Wortschatz der Gaunersprache und der verwandten Geheimsprachen, Bd. I: Rotwelsches Quellenbuch, Straßburg 1901.

Leben in Paris im Hundertjährigen Krieg. Ein Tagebuch, Frankfurt a. M.-Leipzig 1992.

Platter, Thomas: Lebensbeschreibung, hrsg. von Alfred Hartmann, 2. Aufl., Basel 1999.

Dirlmeier, Ulf: Untersuchungen zu Einkommensverhältnissen und Lebenshaltungskosten in oberdeutschen Städten des Spätmittelalters. Mitte 14. bis Anfang 16. Jahrhundert (Abhandlungen der Heidelberger Akademie der Wissenschaften, Phil.-Hist. Klasse 1978–I), Heidelberg 1978.

Dirlmeier, Ulf: Zu den materiellen Lebensbedingungen in deutschen Städten des Spätmittelalters: Äußerer Rahmen, Einkommen, Verbrauch, in: Reinhard Elze/Gina Fasoli (Hrsg.): Stadtadel und Bürgertum in den italienischen und deutschen Städten des Spätmittelalters (Schriften des Italienisch-Deutschen Historischen Instituts in Trient, 2), Berlin 1991, S. 59–88.

Fouquet, Gerhard: Bauen für die Stadt. Finanzen, Organisation und Arbeit in kommunalen Baubetrieben des Spätmittelalters (Städteforschung, A, 48), Köln-Weimar-Wien 1999.

Fouquet, Gerhard: Familie, Haus und Armut in spätmittelalterlichen Städten – Das Beispiel des Augsburger Ehepaares Elisabeth Störkler und Burkard Zink, in: Andreas Gestrich/Lutz Raphael (Hrsg.): Inklusion/Exklusion. Studien zu Fremdheit und Armut von der Antike bis zur Gegenwart, Frankfurt a. M. 2004, S. 283–307.

Glaser, Rüdiger: Klimageschichte Mitteleuropas. 1000 Jahre Wetter, Klima, Katastrophen, Darmstadt 2001.

von Hippel, Wolfgang: Armut, Unterschichten, Randgruppen in der frühen Neuzeit (Enzyklopädie deutscher Geschichte, 34), München 1995.

Jörg, Christian: Teure, Hunger, Großes Sterben. Hungersnöte und Versorgungskrisen in den Städten des Reiches während des 15. Jahrhunderts (Monographien zur Geschichte des Mittelalters, 55), Stuttgart 2008.

Le Roy Ladurie, Emmanuel: Eine Welt im Umbruch. Der Aufstieg der Familie Platter im Zeitalter der Renaissance und Reformation, Stuttgart 1998.

Maschke, Erich: Das Berufsbewußtsein des mittelalterlichen Fernkaufmanns (1964), in: Erich Maschke.: Städte und Menschen. Beiträge zur Geschichte der Stadt, der Wirtschaft und Gesellschaft 1959–1977 (Vierteljahrschrift für Sozial- und Wirtschaftsgeschichte, Bh. 68), Wiesbaden 1980, S. 380–419.

Mummenhoff, Ernst: Das Findel- und Waisenhaus zu Nürnberg, orts-, kultur- und wirtschaftsgeschichtlich, in: Mitteilungen des Vereins für Geschichte der Stadt Nürnberg 21 (1915) S. 57–336.

Oexle, Otto Gerhard: Armut, Armutsbegriff und Armenfürsorge im Mittelalter, in: Christoph Sachsse/Florian Tennstedt (Hrsg.): Soziale Sicherheit und soziale Disziplinierung. Beiträge zu einer historischen Theorie der Sozialpolitik. Frankfurt a. M. 1986, S. 73–100.

Rogge, Jörg: Für den Gemeinen Nutzen. Politisches Handeln und Politikverständnis von Rat und Bürgerschaft in Augsburg im Spätmittelalter (Studia Augustana, 6), Tübingen 1996.

Schubert, Ernst: Gauner, Dirnen und Gelichter in deutschen Städten des Mittelalters, in: Cord Meckseper/Elisabeth Schraut (Hrsg.): Mentalität und Alltag im Spätmittelalter, Göttingen 1985, S. 97–128.

Schubert, Ernst: Soziale Randgruppen und Bevölkerungsentwicklung im Mittelalter, in: Saeculum 39 (1988), S. 294–339.

Schubert, Ernst: Fahrendes Volk im Mittelalter, Darmstadt 1995.

Schubert, Ernst: Der „starke Bettler". Das erste Opfer sozialer Typisierung um 1500, in: Zeitschrift für Geschichtswissenschaft 48 (2000), S. 869–893.

Feuer

Aus der Reisebeschreibung des Pero Tafur, übers. von Karl Stehlin u. Rudolf Thommen, in: Basler Zeitschrift für Geschichte und Altertumskunde 5 (1906), S. 96–122.

Baader, Joseph (Hrsg.): Nürnberger Polizeiordnungen aus dem XIII. bis XV. Jahrhundert, Stuttgart 1861 (ND Amsterdam 1966).

Basler Chroniken, hrsg. von der Historischen Gesellschaft in Basel, 10 Bde., Leipzig-Basel 1872–1976.

Die Berner Chronik des Conrad Justinger, hrsg. von Gottlieb Studer, Bern 1871.

Christ, Dorothea A. (Hrsg.): Das Familienbuch der Herren von Eptingen. Kommentar und Transkription, Liestal 1992.

Die Chroniken des Wigand Gerstenberg von Frankenberg, hrsg. von Hermann Diemar (Veröffentlichungen der Historischen Kommission für Hessen, 7), 2. unv. Aufl., Marburg 1989.

Die Chroniken der deutschen Städte vom 14. bis ins 16. Jahrhundert, Bd. 5: Die Chroniken der schwäbischen Städte. Augsburg, Bd. 2, Leipzig 1866 (ND Göttingen 1965).

Die Chroniken der deutschen Städte vom 14. bis ins 16. Jahrhundert, Bd. 8: Die Chroniken der oberrheinischen Städte. Straßburg, Bd. 1, Leipzig 1870 (ND Göttingen 1961).

Die Chroniken der deutschen Städte vom 14. bis ins 16. Jahrhundert, Bd. 18: Die Chroniken der mittelrheinischen Städte. Mainz, Bd. 2, Leipzig 1882 (ND Göttingen 1968).

Csendes, Peter: Das Wiener Stadtrechtsprivileg von 1221, Wien-Köln-Graz 1987.

Dirr, Pius (Hrsg.): Denkmäler des Münchner Stadtrechts, Bd. I: 1158–1403 (Bayerische Rechtsquellen, 1), München 1934.

Endres Tuchers Baumeisterbuch der Stadt Nürnberg (1464–1475), hrsg. von Matthias Lexer/Friedrich von Weech, Stuttgart 1862 (ND Amsterdam 1968).

Hans Dernschwam's Tagebuch einer Reise nach Konstantinopel und Kleinasien (1553/55), hrsg. von Franz Babinger (Studien zur Fugger-Geschichte, 7), München-Leipzig 1923 (ND Berlin-München 1986).

Höhlbaum, Konstantin/Lau, Friedrich/Stein, Josef (Hrsg.): Das Buch Weinsberg. Kölner Denkwürdigkeiten aus dem 16. Jahrhundert, 5 Bde. (Publikationen der Gesellschaft für rheinische Geschichtskunde, 3, 4 u. 16), Leipzig-Bonn 1886–1926.

Jaffé, Philipp (Hrsg.): Annales Colmarienses minores et maiores, Annales Basileenses, Chronicon Colmariense, in: Monumenta Germaniae historica. Scriptores, Bd. XVII, Hannover 1861, S. 183–270.

Küch, Friedrich (Hrsg.): Quellen zur Rechtsgeschichte der Stadt Marburg, 2 Bde. (Veröffentlichungen der Historischen Kommission für Hessen und Waldeck, 13, 1–2), Marburg 1918–1931 (ND Marburg 1991).

Mummenhoff, Ernst (Hrsg.): Lutz Steinlingers Baumeisterbuch vom Jahre 1452, in: Mitteilungen des Vereins für Geschichte der Stadt Nürnberg 2 (1880), S. 15–77.

Opus epistolarum des. Erasmi Rotterodami, Bd. VI, hrsg. von P.S. Allen u. D. Litt, Oxford 1926.

Platter, Thomas: Lebensbeschreibung, hrsg. von Alfred Hartmann, 2. Aufl., Basel 1999.

Schaller, Victor: Ulrich II. Putsch, Bischof von Brixen und sein Tagebuch 1427–1437, in: Zeitschrift des Ferdinandeums für Tirol und Vorarlberg 3,36 (1892), S. 227–322.

Stenzel, Karl (Hrsg.): Die Straßburger Chronik des elsässischen Humanisten Hieronymus Gebwiler, Berlin-Leipzig 1926.

Wolf, Armin (Hrsg.): Die Gesetze der Stadt Frankfurt a. M. im Mittelalter (Veröffentlichungen der Frankfurter Historischen Kommission, 13), Frankfurt a. M. 1969.

Wolkan, Rudolf (Hrsg): Der Briefwechsel des Eneas Silvius Piccolomini, 3 Bde. (Fontes rerum Austriacarum. Diplomataria et acta, 61, 62, 67 u. 68), Wien 1909–1918.

WÜNSCH, JOSEF: Eine Schilderung Wiens aus dem Jahre 1492, in: Monatsblatt des Alterthums-Vereines zu Wien 10 (1913), 1, S. 147.

BLICKLE, PETER: Kommunalismus. Skizzen einer gesellschaftlichen Organisationsform, Bd. I: Oberdeutschland; Bd. II: Europa, München 2000.

BRUCKER, GENE: Florenz in der Renaissance. Stadt, Gesellschaft, Kultur, Reinbek bei Hamburg 1990.

DEMANDT, KARL ERNST: Geschichte des Landes Hessen, 2. neubearb. Aufl., Kassel 1972 (ND Kassel 1980).

FOUQUET, GERHARD: Bauen für die Stadt. Finanzen, Organisation und Arbeit in kommunalen Baubetrieben des Spätmittelalters (Städteforschung, A, 48), Köln-Weimar-Wien 1999.

FOUQUET, GERHARD: ‚Annäherungen': Große Städte – Kleine Häuser. Wohnen und Lebensformen der Menschen im ausgehenden Mittelalter (ca. 1470–1600), in: ULF DIRLMEIER (Hrsg.): Geschichte des Wohnens. 500–1800. Hausen-Wohnen-Residieren, Bd. II, Stuttgart 1998, S. 347–504.

FOUQUET, GERHARD: Zeit und Geschichte. Endzeiterwartungen, utopisches Denken und Jahrhundertwenden im Spätmittelalter, in: HANS-PETER BECHT (Hrsg.), Millennium. Beiträge zum Jahrtausendwechsel (Sonderveröffentlichungen des Stadtarchivs Pforzheim, 3), Ubstadt-Weiher 2002, S. 29–57.

FRENZ, BARBARA: Gleichheitsdenken in deutschen Städten des 12. bis 15. Jahrhunderts. Geistesgeschichte, Quellensprache, Gesellschaftsfunktion (Städteforschung, A, 52), Köln-Weimar-Wien 2000.

GRAF, KLAUS: Exemplarische Geschichten. Thomas Lirers ‚Schwäbische Chronik' und die ‚Gmündner Kaiserchronik' (Forschungen zur Geschichte der älteren deutschen Literatur, 7), München 1987.

GRIEP, HANS-GÜNTHER: Kleine Kunstgeschichte des deutschen Bürgerhauses, 2. Aufl., Darmstadt 1992.

GROEBNER, VALENTIN: Ökonomie ohne Haus. Zum Wirtschaften armer Leute in Nürnberg am Ende des 15. Jahrhunderts (Veröffentlichungen des MPI für Geschichte, 108), Göttingen 1993.

KRÜGER, KERSTEN: Albrecht Dürer, Daniel Speckle und die Anfänge frühmoderner Stadtplanung in Deutschland, in: Mitteilungen des Vereins für Geschichte der Stadt Nürnberg 67 (1980), S. 79–97.

KÜHNEL, HARRY: Das Alltagsleben im Hause der spätmittelalterlichen Stadt, in: ALFRED HAVERKAMP (Hrsg.): Haus und Familie in der spätmittelalterlichen Stadt (Städteforschung, A, 18), Köln-Wien 1984, S. 37–65.

MECKSEPER, CORD: Zur Typologie stauferzeitlicher Stadtgrundrisse, in: Stadt in der Stauferzeit (Schriften zur staufischen Geschichte und Kunst, 2), Göppingen 1991, S. 51–78.

ROETTIG, PETRA: Zeichen und Wunder. Weissagungen um 1500, Hamburg 1999.

ROGGE, JÖRG: Für den Gemeinen Nutzen. Politisches Handeln und Politikverständnis von Rat und Bürgerschaft in Augsburg im Spätmittelalter (Studia Augustana, 6), Tübingen 1996.

RYCKAERT, MARC: Brandbestrijding en overheitsmaatregelen tegen brandgevaar tijdens het Ancien Régime, in: L'initiative publique des communes en Belgique. Fondements historiques (Ancien Régime). Actes (Crédit Communal de Belgique, collection histoire, série in-8°, 65), Brüssel 1984, S. 251–256.

SCHULZE, WINFRIED: Vom Gemeinnutz zum Eigennutz, in: Historische Zeitschrift 243 (1986), S. 591–626.

STUDT, BIRGIT: Das Land und seine Fürsten. Zur Entstehung der Landes- und dynastischen Geschichtsschreibung in Hessen und Thüringen, in: INGRID BAUMGÄRTNER/WINFRIED SCHICH (Hrsg.): Nordhessen im Mittelalter. Probleme von Identität und überregionaler Integration (Veröffentlichungen der Historischen Kommission für Hessen, 64), Marburg 2001, S. 171–196.

TERSCH, HARALD: Unruhe im Weltbild. Darstellung und Deutung des zeitgenössischen Lebens in deutschsprachigen Weltchroniken des Mittelalters, Wien-Köln-Weimar 1996.

WACKERNAGEL, RUDOLF: Geschichte der Stadt Basel, 3 Bde. u. 1 Bd. (Register), Basel 1907–24 u. 1954 (ND Basel 1968).

Epidemien

BERGDOLT, KLAUS (Bearb.): Die Pest 1348 in Italien. Fünfzig zeitgenössische Quellen, Heidelberg 1989.

DIE CHRONIKEN DER DEUTSCHEN STÄDTE vom 14. bis ins 16. Jahrhundert, Bd. 8: Die Chroniken der oberrheinischen Städte. Straßburg, Bd. 1, Leipzig 1870 (ND Göttingen 1961).

DIE CHRONIKEN DER DEUTSCHEN STÄDTE vom 14. bis ins 16. Jahrhundert, Bd. 19, 26, 28, 30: Die Chroniken der niedersächsischen Städte. Lübeck, Bd. 1–4, Leipzig 1884–1910 (ND Göttingen 1967–1968).

MECKLENBURGISCHES URKUNDENBUCH, Bd. II-XII, Schwerin 1864–1882.

REBER, BALTHASAR: Felix Hemmerlin von Zürich. Neu nach den Quellen bearbeitet, Zürich 1846.

SCHRADER, THEODOR: Die Rechnungsbücher der hamburgischen Gesandten in Avignon 1338 bis 1355, Hamburg-Leipzig 1907.

URKUNDENBUCH DER STADT LÜBECK (1139–1470), 11 Bde., Lübeck 1843–1905 (ND Osnabrück 1976).

BECHT, HANS-PETER: Medizinische Implikationen der historischen Pestforschung am Beispiel des „Schwarzen Todes" von 1347/51, in: BERNHARD KIRCHGÄSSNER/JÜRGEN SYDOW (Hrsg.): Stadt und Gesundheitspflege (Stadt in der Geschichte, 9), Sigmaringen 1982, S. 78–94.

BERGDOLT, KLAUS: Der Schwarze Tod in Europa. Die große Pest und das Ende des Mittelalters, München 1994.

BINGENER, ANDREAS/FOUQUET, GERHARD/FUHRMANN, BERND: Almosen und Sozialleistungen im Haushalt deutscher Städte des späten Mittelalters und der frühen Neuzeit, in: PETER JOHANEK (Hrsg.): Städtisches Gesundheits- und Fürsorgewesen vor 1800 (Städteforschung, A, 50), Köln-Weimar-Wien 2000, S. 41–62.

Brandt, Ahasver von: Der Lübecker Rentenmarkt von 1320–1350, Kiel 1935.
Dormeier, Heinrich: Wirtschaftlicher Erfolg, Laienfrömmigkeit und Kunst in Lübeck um 1500. Die Stiftungen des Bankiers und Großkaufmanns Godert Wiggerinck, in: Enno Bünz/Klaus-Joachim Lorenzen-Schmidt (Hrsg.): Klerus, Kirche und Frömmigkeit im spätmittelalterlichen Schleswig-Holstein (Studien zur Wirtschafts- und Sozialgeschichte Schleswig-Holsteins, 41), Neumünster 2006, S. 275–297.
Fouquet, Gerhard: Zeit und Geschichte. Endzeiterwartungen, utopisches Denken und Jahrhundertwenden im Spätmittelalter, in: Hans-Peter Becht (Hrsg.): Millennium. Beiträge zum Jahrtausendwechsel (Sonderveröffentlichungen des Stadtarchivs Pforzheim, 3), Ubstadt-Weiher 2002, S. 29–57.
Graus, František: Pest – Geißler – Judenmorde. Das 14. Jahrhundert als Krisenzeit (Veröffentlichungen des MPI für Geschichte, 86), 3. Aufl., Göttingen 1994.
Haverkamp, Alfred: Die Judenverfolgungen zur Zeit des Schwarzen Todes im Gesellschaftsgefüge deutscher Städte, in: Ders. (Hrsg.): Zur Geschichte der Juden im Deutschland des späten Mittelalters und der frühen Neuzeit, Stuttgart 1981, S. 27–93.
Herlihy, David: Der Schwarze Tod und die Verwandlung Europas, Berlin 1998.
Ibs, Jürgen Hartwig: Die Pest in Schleswig-Holstein 1350 bis 1547/48. Eine sozialgeschichtliche Studie über die wiederkehrende Katastrophe, Frankfurt a. M. u. a. 1994.
Ibs, Jürgen Hartwig: Judenverfolgungen in Hansestädten des südwestlichen Ostseeraumes zur Zeit des Schwarzen Todes, in: Hansische Geschichtsblätter 113 (1995), S. 27–47.
Le Roy Ladurie, Emmanuel: Un concept: L'unification microbienne du monde. 14e-17e siècles, in: Schweizerische Zeitschrift für Geschichte 23 (1975), S. 627–696.
Prechel, Monika: Anthropologische Untersuchungen der Skelettreste aus einem Pestmassengrab am Heilig-Geist-Hospital zu Lübeck, in: Lübecker Schriften zur Archäologie und Kulturgeschichte 24 (1996), S. 323–339.
Rosenplänter, Johannes: Kloster Preetz und seine Grundherrschaft. Sozialgefüge, Wirtschaftsbeziehungen und religiöser Alltag eines holsteinischen Frauenkloster um 1250–1550 (Quellen und Forschungen zur Geschichte Schleswig-Holsteins, 114), Neumünster 2009.
Schubert, Ernst: Einführung in die Grundprobleme der deutschen Geschichte im Spätmittelalter, Darmstadt 1992.
Vasold, Manfred: Die Pest. Ende eines Mythos, Darmstadt 2003.
Winkle, Stefan: Geißeln der Menschheit. Kulturgeschichte der Seuchen, Düsseldorf-Zürich 1997.
Wulf, Christian: Der Pestkirchhof in Lehmbek, in: Jahrbuch der Heimatgemeinschaft des Kreises Eckernförde 15 (1957), S. 254–256.

Krieg

Burger, Helene (Hrsg.): Nürnberger Totengeläutbücher. Bd. I: St. Sebald 1439–1517 (Freie Schriftenfolge der Gesellschaft für Familienforschung in Franken, 13), Neustadt a. d. Aisch 1961.

DIE CHRONIKEN DER DEUTSCHEN STÄDTE vom 14. bis ins 16. Jahrhundert, Bd. 2 u. 10: Die Chroniken der fränkischen Städte. Nürnberg, Bd. 2 u. 4, Leipzig 1864–1872 (ND Göttingen 1961).
DIE CHRONIKEN DER DEUTSCHEN STÄDTE vom 14. bis ins 16. Jahrhundert, Bd. 5: Die Chroniken der schwäbischen Städte. Augsburg, Bd. 4, Leipzig 1866 (ND Göttingen 1961).
DIE CHRONIKEN DER DEUTSCHEN STÄDTE vom 14. bis ins 16. Jahrhundert, Bd. 20: Die Chroniken der westfälischen und niederrheinischen Städte. Dortmund, Neuß, Bd. 1, Leipzig 1887 (ND Göttingen 1969).
MATTHIAS CLAUDIUS: Sämtliche Werke, 7. Aufl., München 1991.
MONUMENTA BOICA, Bd. 34: Monumenta episcopatus Augustani, München 1834.
PETRI DE DUSBURG CHRONICA terre Prussie / Peter von Dusburg. Chronik des Preußenlandes, hrsg. von KLAUS SCHOLZ u. DIETER WOJTECKI (Ausgewählte Quellen zur deutschen Geschichte des Mittelalters, 25), Darmstadt 1984.
STAHL, IRENE (Hrsg.): Die Nürnberger Ratsverlässe, Heft 1: 1449–1450 (Schriften des Zentralinstituts für fränkische Landeskunde und allgemeine Regionalforschung, 23/I), Neustadt a. d. Aisch 1983.

ABERTH, JOHN: From the Brink of the Apocalypse. Confronting Famine, War, Plague, and Death in the Later Middle Ages, 2. Aufl., London-New York 2010.
BÖMMELS, NICOLAUS: Die Neusser unter dem Druck der Belagerung, in: Neuss, Burgund und das Reich (Schriftenreihe des Stadtarchivs Neuss, 6), Neuss 1975, S. 255–287.
METZDORF, JENS; *Bedrängnis, Angst und große Mühsal* – Die Belagerung von Neuss durch Karl den Kühnen 1474/75, in: OLAF WAGENER/HEIKO LASS (Hrsg.): *...wurfen hin in steine/grôze und niht kleine...* Belagerungen und Belagerungsanlagen im Mittelalter (Beihefte zur Mediaevistik, 7), Frankfurt a. M. u. a. 2006, S. 167–188.
PARAVICINI, WERNER: Karl der Kühne. Das Ende des Hauses Burgund (Persönlichkeit und Geschichte, 94/95), Göttingen-Zürich-Frankfurt a. M. 1976.
PARAVICINI, WERNER: Die Preußenreisen des europäischen Adels, in: Historische Zeitschrift 232 (1981), S. 25–38.
PRIETZEL, MALTE: Krieg im Mittelalter, Darmstadt 2006.
ZEILINGER, GABRIEL: Lebensformen im Krieg. Eine Alltags- und Erfahrungsgeschichte des süddeutschen Städtekriegs 1449/50 (Vierteljahrschrift für Sozial- und Wirtschaftsgeschichte, Bh. 196), Stuttgart 2007.

Katastrophen des Geldes

DIE CHRONIKEN DER DEUTSCHEN STÄDTE vom 14. bis ins 16. Jahrhundert, Bd. 5: Die Chroniken der schwäbischen Städte. Augsburg, Bd. 4, Leipzig 1866 (ND Göttingen 1961).
JACOB UNREST: Österreichische Reimchronik, hrsg. von KARL GROSSMANN (MGH. Scriptores, N.S. 11), Weimar 1957.

BÜCHER, KARL: Die Entstehung der Volkswirtschaft. Vorträge und Aufsätze, Bd. 1, 14./15. Aufl., Tübingen 1920.

FOUQUET, GERHARD: Das Reich in den europäischen Wirtschaftsräumen des Mittelalters, in: BERND SCHNEIDMÜLLER/STEFAN WEINFURTER (Hrsg.): Heilig – Römisch – Deutsch. Das Reich im mittelalterlichen Europa, Dresden 2006, S. 323–344.
MÄKELER, HENDRIK: Nicolas Oresme und Gabriel Biel. Zur Geldtheorie im späten Mittelalter, in: Scripta Mercaturae. Zeitschrift für Wirtschafts- und Sozialgeschichte 37 (2003), S. 56–94.
MÄKELER, HENDRIK: Reichsmünzwesen im späten Mittelalter, Tl. I: Das 14. Jahrhundert (Vierteljahrschrift für Sozial- und Wirtschaftsgeschichte, Bh. 209), Stuttgart 2010.
NORTH, MICHAEL: Das Geld und seine Geschichte vom Mittelalter bis zur Gegenwart, München 1994.
SPUFFORD, PETER: Money and its Use in Medieval Europe, Cambridge 1988.
WITTHÖFT, HARALD: Art. Münzfuß, in: Reallexikon der Germanischen Altertumskunde, Bd. 20, Berlin-New York 2002, S. 337–350.

Schlussbetrachtung

DIE LIMBURGER CHRONIK des Tilemann Elhen von Wolfhagen, hrsg. von ARTHUR WYSS (MGH. Deutsche Chroniken, 4,1), Berlin 1883 (ND München 1993).
ROLEVINCK, WERNER: Fasciculus temporum, Schlettstadt 1474.

BORST, ARNO: Das Erdbeben von 1348. Ein historischer Beitrag zur Katastrophenforschung, in: Historische Zeitschrift 233 (1981), S. 529–569.
GRAUS, FRANTIŠEK: Funktionen der spätmittelalterlichen Geschichtsschreibung, in: HANS PATZE (Hrsg.): Geschichtsschreibung und Geschichtsbewußtsein im späten Mittelalter (Vorträge und Forschungen, 31), Sigmaringen 1987, S. 11–55.

Bildnachweis

Umschlagabbildung, S. 110: akg-images / Electa
S. 23: aus: Die Kunstdenkmäler des Kantons Basel-Stadt, Band I, Verlag von E. Birkhäuser & Cie., Basel 1932, S. 144
S. 28: aus: Die Kunstdenkmäler des Kantons Basel-Stadt, Band I, Verlag von E. Birkhäuser & Cie., Basel 1932, S. 465
S. 38: Dirk Meier
S. 41: „Die Fährroute von Husum nach Pellworm zu Liliencrons Lebzeiten" von Waltraut und Hans-Herbert Henningsen; Bearbeitung: Ilka Schmidt
S. 43: Landtcarte Von dem Alten Nordfriedlande Anno 1240, Frisia Cimbrica Antiqua von Johannes Mejer, 1652 (abgedruckt in der Danckwerthschen Chronik)
S. 51: Fotoarchiv St. Annen – die Lübecker Museen; Neg.-Nr. B-15954 St. Marien Gedenktafel, Schiffbruch, 1489
S. 62: aus: Christian Wurstisen, Baßler Chronik, Basel 1580, S. 175
S. 65: Werner Meyer, Basel
S. 77, 79: aus: Jörg, Christian, Teure, Hunger, Großes Sterben. (Monographien zur Geschichte des Mittelalters, Band 55). Hiersemann Stuttgart 2008, S. 94, 380
S. 85: Burgerbibliothek Bern, Mss.h.h.I.1, p. 289
S. 86: Universitätsbibliothek Kassel, Landesbibliothek und Murhardsche Bibliothek der Stadt Kassel, Signatur 4° MS. HasS. 26, fol. 34r
S. 105: Biblioteque nationale de France
S. 108: Biblioteca Marciana, Venice, Italy/ The Bridgeman Art Library Nationality XIR 159052
S. 117: Bereich Archäologie und Denkmalpflege der Hansestadt Lübeck
S. 119: Bildarchiv Foto Marburg
S. 125: akg-images
S. 127: Stiftung museum kunst palast, Düsseldorf, Inv. Nr. M 47
S. 136: Bayerische Staatsbibliothek München, 2 Inc. S. a. 302, hh6v
S. 141: Staatliche Münzsammlung München